Praxis der Sinus-Milieus®

Bertram Barth · Berthold Bodo Flaig
Norbert Schäuble · Manfred Tautscher
(Hrsg.)

Praxis der Sinus-Milieus®

Gegenwart und Zukunft eines
modernen Gesellschafts- und
Zielgruppenmodells

Herausgeber
Bertram Barth
Wien, Österreich

Norbert Schäuble
Heidelberg, Deutschland

Berthold Bodo Flaig
Heidelberg, Deutschland

Manfred Tautscher
Heidelberg, Deutschland

ISBN 978-3-658-19334-8   ISBN 978-3-658-19335-5 (eBook)
https://doi.org/10.1007/978-3-658-19335-5

Die Deutsche Nationalbibliothek verzeichnet diese Publikation in der Deutschen National-bibliografie; detaillierte bibliografische Daten sind im Internet über http://dnb.d-nb.de abrufbar.

Springer VS
© Springer Fachmedien Wiesbaden GmbH 2018
Das Werk einschließlich aller seiner Teile ist urheberrechtlich geschützt. Jede Verwertung, die nicht ausdrücklich vom Urheberrechtsgesetz zugelassen ist, bedarf der vorherigen Zustimmung des Verlags. Das gilt insbesondere für Vervielfältigungen, Bearbeitungen, Übersetzungen, Mikroverfilmungen und die Einspeicherung und Verarbeitung in elektronischen Systemen.
Die Wiedergabe von Gebrauchsnamen, Handelsnamen, Warenbezeichnungen usw. in diesem Werk berechtigt auch ohne besondere Kennzeichnung nicht zu der Annahme, dass solche Namen im Sinne der Warenzeichen- und Markenschutz-Gesetzgebung als frei zu betrachten wären und daher von jedermann benutzt werden dürften.
Der Verlag, die Autoren und die Herausgeber gehen davon aus, dass die Angaben und Informationen in diesem Werk zum Zeitpunkt der Veröffentlichung vollständig und korrekt sind. Weder der Verlag noch die Autoren oder die Herausgeber übernehmen, ausdrücklich oder implizit, Gewähr für den Inhalt des Werkes, etwaige Fehler oder Äußerungen. Der Verlag bleibt im Hinblick auf geografische Zuordnungen und Gebietsbezeichnungen in veröffentlichten Karten und Institutionsadressen neutral.

Lektorat: Katrin Emmerich

Springer VS ist Teil von Springer Nature
Die eingetragene Gesellschaft ist Springer Fachmedien Wiesbaden GmbH
Die Anschrift der Gesellschaft ist: Abraham-Lincoln-Str. 46, 65189 Wiesbaden, Germany

Vorwort

Seit ihrer „Erfindung" Ende der 1970er Jahre wurden viele Hundert Projekte mit dem gesellschaftswissenschaftlichen Zielgruppenmodell der Sinus-Milieus durchgeführt, meist empirische Forschungsprojekte und meist unveröffentlichte Auftragsarbeiten. Aber es gibt auch zahlreiche publizierte Studien mit und zu den Sinus-Milieus – zu so unterschiedlichen Themen wie Alltagsästhetik, Gleichstellungspolitik, politische Strategien, religiöse und kirchliche Orientierungen, jugendliche Lebenswelten, Gesundheitseinstellungen, Erziehungsstile, Naturbewusstsein, Geldanlageverhalten, Massenkommunikation, Internetnutzung, Tourismus und und und.

Was es bis dato nicht gibt, ist ein Grundlagenwerk, d. h. eine autoritative Darstellung des Milieuansatzes von SINUS und dessen Anwendungsmöglichkeiten, also eine – möglichst breit zugängliche – Veröffentlichung, die die Gültigkeit der Sinus-Milieus im Kontext der soziokulturellen Dynamik begründet, ihre Aktualität in Zeiten von Digitalisierung und Globalisierung untermauert und ihren Nutzwert für Wissenschaft und Wirtschaft wie für den institutionellen Bereich deutlich macht.

Das vorliegende Buch liefert Informationen über die Sinus-Milieus „direkt von der Quelle", aus Sicht der Erfinder, Entwickler und Anwender des Ansatzes. Geschrieben haben die hier zusammengestellten Essays die wissenschaftlichen Beiräte, Gesellschafter, Mitarbeiter, Kunden und Partner der für die Sinus-Milieus verantwortlich zeichnenden Schwesterinstitute SINUS (Heidelberg/Berlin/Singapur) und INTEGRAL (Wien). Die Beiträge zeigen auf, aus ihrer je eigenen Perspektive und Erfahrung, was es mit den Sinus-Milieus auf sich hat und wozu sie gut sind.

Teil I des Buches befasst sich mit der Grundlegung und Relevanz der Sinus-Milieus, mit der Logik des Milieuansatzes und seiner wissenschaftlichen Einordnung im Kontext der sozialen Ungleichheitsforschung, mit der Leistungsfähigkeit und diskriminatorischen Kraft der Milieu-Segmentation, mit der Zukunftsrelevanz der Milieu-Zielgruppen und mit der Geschichte des Ansatzes, d. h. der Entstehung und Entfaltung des „Informationssystems Sinus-Milieus". Resümiert wird auch die Internationalisierung des ursprünglich nur für (West-)Deutschland konzipierten Modells – von den nationalen Milieumodellen für die europäischen Nachbarländer bis zum länderübergreifenden Ansatz der Sinus-Meta-Milieus für entwickelte Industrieländer (established markets) und Schwellenländer (emerging markets).

Teil II nimmt die sogenannten „line extensions" in den Blick, d. h. die Erweiterungen des klassischen Milieumodells für spezielle Bevölkerungsgruppen oder spezielle Anwendungen. Dabei wird eingegangen auf jugendliche Lebenswelten in Deutschland und Österreich, auf das speziell für die Migrantenpopulation entwickelte Milieumodell, auf die Projektion der Sinus-Milieus in den Raum via Sinus-Geo-Milieus sowie auf ihre Transformation in die digitale Welt mit Hilfe der Digitalen Sinus-Milieus. Außerdem wird gezeigt, am Beispiel von Rentnertypen der Zukunft und der DIVSI-Internet-Milieus[1], wie mittels einer Kombination marktspezifischer Typologien mit den Sinus-Milieus maßgeschneiderte Segmentierungen gelingen können.

Teil III beschäftigt sich mit exemplarisch ausgewählten Anwendungen der Sinus-Milieuforschung in verschiedenen Märkten. Dabei wird eingegangen auf den Recruitingmarkt, den Bereich Bildung und Weiterbildung, die Mobilitätsforschung, das Kirchenmarketing, die Media- und Kommunikationsplanung sowie auf den Mehrwert einer lebensweltlichen Kundensegmentierung gegenüber rein verhaltens- (z. B. Big Data-) basierten Ansätzen. Die in diesen Beiträgen versammelten Standpunkte und Gedanken entstammen unmittelbar Erfahrungen aus der Praxis. Sie zeigen die Anwendungsbreite der Sinus-Milieus, verweisen aber auch kritisch auf Grenzen und Limitationen des Ansatzes und geben damit Impulse und Anregungen für den weiteren – reflektierten – Einsatz des Modells.

Das Buch wird herausgegeben von den vier Gesellschaftern der Milieuinstitute SINUS und INTEGRAL, die sich an dieser Stelle bedanken: vor allem bei den Autoren, die sich die Zeit für den Austausch über das Thema und zum Schreiben der Essays genommen haben, sowie bei allen anderen, die das Projekt konstruktiv und kritisch begleitet haben.

Die Herausgeber

Bertram Barth | Berthold Bodo Flaig | Norbert Schäuble | Manfred Tautscher

---

1 Eine Segmentierung der deutschen Bevölkerung, die für das Deutsche Institut für Vertrauen und Sicherheit im Internet (DIVSI) entwickelt wurde.

Inhalt

Vorwort V

**Teil I Grundlegung und Relevanz der Sinus-Milieus®
in Europa und weltweit**

Hoher Nutzwert und vielfältige Anwendung: Entstehung
und Entfaltung des Informationssystems Sinus-Milieus® 3
Von Berthold Bodo Flaig und Bertram Barth

Aktuell und zukunftssicher: Die Relevanz der Sinus-Milieus® 23
Von Bertram Barth und Berthold Bodo Flaig

Internationalisierung der Milieuforschung: Die Sinus-Meta-Milieus® 45
Von Norbert Schäuble, Manfred Tautscher, Matthias Arnold
und Nico Hribernik

Teil II Line Extensions

Alles schön bunt hier: Das SINUS-Modell für jugendliche Lebenswelten
in Deutschland 67
Von Marc Calmbach

Orientierung in der Unübersichtlichkeit: Das SINUS-Modell
für Jugendliche und junge Erwachsene in Österreich 81
Von Bertram Barth

Übertragung in den Raum: Die Sinus-Geo-Milieus® 95
Von Rolf Küppers

Der Mensch hinter dem User: Die Digitalen Sinus-Milieus® 103
Von Jan Hecht und Nico Hribernik

Migrantische Lebenswelten in Deutschland: Update des Modells
der Sinus-Migrantenmilieus® 113
Ein Werkstatt-Bericht von Berthold Bodo Flaig
und Christoph Schleer

Segmentierungen für zukunftsorientiertes Marketing:
Sinus-Milieus® maßgeschneidert 125
Von Silke Borgstedt und Frauke Stockmann

Teil III Anwendungen

Soziale Milieus in der Mobilitätsforschung 139
Von Jens S. Dangschat

Bildungsforschung mit den Sinus-Milieus® 155
Von Heiner Barz

Die Sinus-Milieus® im Nachwuchs- und Personalmarketing 171
Von Peter Martin Thomas

Die Sinus-Milieus® in der Mediaplanung 181
Von Florian Mahrl und Martin Mayr

Google Knows it Better? Ein Plädoyer für integrierte
und wider ausschließlich verhaltensorientierte Ansätze
zur strategischen Kundensegmentierung 193
Von Sven Reinecke und Christoph Wortmann

Sinus-Milieus®, Kirchenmarketing und Pastoral 209
Von Michael N. Ebertz

Autorinnen und Autoren 227

Teil I
Grundlegung und Relevanz der Sinus-Milieus® in Europa und weltweit

Hoher Nutzwert und vielfältige Anwendung: Entstehung und Entfaltung des Informationssystems Sinus-Milieus®

Von Berthold Bodo Flaig und Bertram Barth

Zusammenfassung

Seit vier Jahrzehnten erforscht das SINUS-Institut den Wertewandel und die Lebenswelten der Menschen. Daraus entstanden sind die Sinus-Milieus, eines der bekanntesten und einflussreichsten Instrumente für die Zielgruppen-Segmentation – nicht nur im deutschsprachigen Raum, das vielfältige Anwendungen in Politik, Wirtschaft und Gesellschaft findet. Der folgende Beitrag spannt zunächst den Kontext der Sozialen Milieus auf und gibt dann einen Überblick über die Entwicklung und Weiterentwicklung der Sinus-Milieus, bis hin zu dem umfassenden Informationssystem, in dem die Sinus-Milieus heute verankert sind. Er zeigt auf, welche Hilfsmittel für eine zielgruppengerechte Angebotspositionierung und Kommunikation zur Verfügung stehen, und welches Wissen über die Milieus, insbesondere in den DACH-Ländern, vorhanden ist.

1 Der Begriff der Sozialen Milieus

Soziale Milieus sind Gruppen Gleichgesinnter mit ähnlichen Grundwerten und Prinzipien der Lebensführung, die sich durch erhöhte Binnenkommunikation und Abgrenzung gegenüber anderen Gruppen auszeichnen (vgl. z. B. Flaig 2001). Als sozialwissenschaftlicher Begriff schon im 19. Jahrhundert verwendet, erlangte der Milieubegriff seit den 1980er Jahren eine besondere Relevanz für die Sozialforschung und Marketingforschung. Dies war sicher auch mit angestoßen durch die Überzeugungskraft der Studien von Bourdieu und dessen Konzept von *Habitus*, das er breitenwirksam in „Die feinen Unterschiede" (1992) veröffentlichte.[1] Habitus meint klassenspezifische Wahrnehmungsraster und Verhaltensdispositionen, wobei die soziale Klasse über ökonomisches *und* kulturelles Kapital (Bildung) bestimmt wird.

Die herkömmliche Einteilung der Gesellschaft in Sozialschichten (über Beruf, Einkommen, Bildung) oder die Zielgruppendefinition nach gängigen soziodemographischen Variablen verlor nach dem zweiten Weltkrieg zunehmend an Erklärungskraft und Trennschärfe. Die Prozesse der Modernisierung, die Befriedigung der Grundbedürfnisse sowie insgesamt steigendes Einkommen in den industrialisierten Gesellschaften erweiterten die „Möglichkeitsräume" (vgl. Schulze 1992) der Menschen. Parallel dazu führte die beschleunigte Individualisierung zu einer Schwächung traditioneller Bindungen sowie zur Notwendigkeit, „jenseits von Klasse und Stand" (Beck 1983) neue Zugehörigkeiten zu finden. Soziale Milieus stellen diese neue Art der mehr oder weniger selbst gewählten und freiwilligen Vergemeinschaftung dar.

Soziale Milieus machen die Schichtbetrachtung nicht überflüssig, erweitern sie jedoch um eine ganz wesentliche kulturelle Dimension. Gerade in den aktuellen Diskussionen um die Anfälligkeit unserer Demokratien für populistische Verführer wirken rein schichtbezogene Erklärungen seltsam hilflos. Die Einbeziehung der grundlegenden Werthaltungen über den Milieubegriff bringt eine deutliche Verbesserung der Erklärungstiefe.[2]

Milieuspezifische Wertorientierungen drücken sich in spezifischen Alltagspraktiken und Lebensstilen aus, welche gleichzeitig Milieuzugehörigkeit und Abgrenzung von anderen Milieus demonstrieren. Auch wenn die Begriffe Milieu und Lebensstil oft vermischt werden, ist es aus analytischen und praktischen Gründen notwendig, eine klare Differenzierung vorzunehmen (vgl. Dangschat 2007, S. 31 ff). Soziale Milieus bezeichnen relativ stabile Gruppenzugehörigkeiten auf der Basis relativ beständiger Werthaltungen (z. B. die Überzeugung, dass man soziale Verantwortung trägt, oder die Verweigerung von Konventionen und Erwartungen der Leistungsgesellschaft etc.), während Lebensstile oft recht kurzfristige Präferenzen ausdrücken (z. B. Kleidungsstile).

2 Was sind die Sinus-Milieus®?

Die Sinus-Milieus sind das Ergebnis von vier Jahrzehnten sozialwissenschaftlicher Forschung des SINUS-Instituts zum Wertewandel und zu den Lebenswelten von Menschen. Im Rahmen der Sinus-Milieuforschung werden alle wichtigen Er-

---

1 Die französische Erstausgabe erschien 1979, die deutsche Übersetzung 1982.
2 Siehe auch den Beitrag von Barth und Flaig in diesem Band.

lebnisbereiche empirisch untersucht, mit denen Menschen täglich zu tun haben. Entsprechend gruppieren die Sinus-Milieus Menschen, die sich in ihrer Lebensauffassung und Lebensweise ähneln. Grundlegende Wertorientierungen werden dabei ebenso berücksichtigt wie Alltagseinstellungen (zu Arbeit, Familie, Freizeit, Konsum, Medien etc.) und die soziale Lage. Die Sinus-Milieus rücken also den Menschen und das Bezugssystem seiner Lebenswelt ganzheitlich ins Blickfeld.

Erkenntnistheoretische Prämisse der Lebenswelt- und Milieuforschung des SINUS-Instituts ist die Überzeugung, dass eine Rekonstruktion der sozialen Wirklichkeit – die sich nicht objektiv messen lässt – nur über die Erfassung des Alltagsbewusstseins der Menschen gelingen kann. Forschungsgegenstand ist damit die Lebenswelt, d. h. das Insgesamt subjektiver Wirklichkeit eines Individuums.

Methodologisch wird das von SINUS umgesetzt durch den Rückgriff auf aus der Ethnologie entlehnte Erhebungsverfahren wie etwa das narrative Interview – denn die für ein Individuum bedeutsamen Erlebnisbereiche (Arbeit, Familie, Freizeit etc.) und gelebten Alltagskontexte, seine Einstellungen, Werthaltungen, Wünsche, Ängste und Träume werden am ehesten in einer offenen Interviewsituation transparent. Methodische Königsdisziplin der Sinus-Milieuforschung ist deshalb die non-direktiv angelegte Lebensweltexploration, bei der die Interviewpartner in ihrer eigenen Sprache alle aus ihrer Sicht relevanten Lebensbereiche darstellen. Aus dem Erzählmaterial werden dann fallübergreifende Kategorien abgeleitet. Das daraus resultierende hypothetische Milieumodell fasst Menschen zusammen, die sich in ihren Werten und ihrer grundsätzlichen Lebenseinstellung und Lebensweise ähnlich sind. Erst danach erfolgt die quantitative Überprüfung und repräsentative Verallgemeinerung des Modells – im Wechselschritt zwischen Theorie und Empirie:

- Das hypothetische Ausgangsmodell wird quantitativ nachmodelliert.
- Inkonsistenzen zwischen Theorie und Empirie führen zu einer Überarbeitung des hypothetischen Modells.
- Das überarbeitete Modell wird wieder quantitativ nachmodelliert usw.

Dieser iterative Prozess wird so lange durchgeführt, bis sich das theoretische Modell in ausreichendem Maß quantitativ verifizieren lässt.

Das von Otte (2008, S. 42 ff) den „gängigen Ansätzen" der deutschen Lebensstilforschung vorgehaltene „induktiv-empiristische" Vorgehen, das Lebensstiltypen (bzw. Milieus) mittels statistischer Ordnungsverfahren wie Cluster- und Korrespondenzanalysen generiert und sie nicht a priori bestimmt, trifft also auf das Sinus-Modell gerade nicht zu.

Das quantitative Modell ist in beliebigen Stichproben nachmodellierbar. Voraussetzung dafür ist nur, dass der sogenannte „Milieuindikator" abgefragt wurde. Das ist eine Statementbatterie, mit deren Hilfe das Milieumodell nachgebildet wird. Der Item-Pool wird wegen des Bedeutungswandels der Statements immer wieder aktualisiert: Statements, die an Differenzierungskraft verlieren, werden neu gewichtet oder durch besser trennende Statements ersetzt. Die Milieuzuordnung wird auf Basis eines Wahrscheinlichkeitsmodells mit Hilfe einer speziell adaptierten Form der Clusteranalyse durchgeführt. Für jede Milieugruppe wird eine spezifische Verteilung von Antwortwahrscheinlichkeiten über alle Indikator-Items bestimmt (Normprofile), die Klassifikation erfolgt dann nach Ähnlichkeit der individuellen Antwortmuster mit dem Wahrscheinlichkeitsmodell (Logik des Profilvergleichs).

Während sich Milieuzugehörigkeiten in der qualitativen Exploration quasi organisch erschließen, stellt der Milieuindikator ein Hilfsmittel für größere Stichproben dar und führt natürlich auch zu Fehlzuordnungen. Im Aggregat funktioniert diese Milieuverortung recht gut, wie sich leicht nachweisen lässt; für eine verlässliche Individualdiagnose ist dieses Verfahren allerdings weniger geeignet.

Zusätzlich gibt es auch Wahrscheinlichkeitsverfahren für die Milieuverortung, die keine Befragungsdaten benötigen, sondern auf Wahrscheinlichkeitsmodellen aufgrund externer oder Beobachtungsdaten beruhen: die Sinus-Geo-Milieus und die Digitalen Sinus-Milieus (nähere Erläuterungen weiter unten).

Die Sinus-Milieus sind ein wissenschaftlich fundiertes Gesellschaftsmodell mit vielseitigen Anwendungsmöglichkeiten. Damit profitieren sie von beiden Bereichen – von **Wissenschaft und Praxis**. Die wissenschaftliche Diskussion dient der ständigen Optimierung und Weiterentwicklung des Systems. Die kommerzielle Anwendung führt zu großen Daten- und Informationsmengen und erzwingt gleichzeitig eine starke Effizienzorientierung.

3   Zur Geschichte der Sinus-Milieus®

Die Entwicklung und Formulierung des Sinus-Milieuansatzes basierte **Ende der 1970er Jahre** zunächst ausschließlich auf qualitativen Befunden, die allerdings durch eine außergewöhnlich große Stichprobe fundiert waren. In den Jahren 1979 und 1980 wurden 1 400 mehrstündige Lebensweltexplorationen in allen Teilen der (westdeutschen) **Bevölkerung** durchgeführt und in einer Datenbank *(Sinus Qualitativer Datenpool)* gespeichert, verarbeitet und entsprechend dem Prinzip der hermeneutischen Textinterpretation **contentanalytisch** ausgewertet (vgl. Oevermann et al. 1979). Ergebnis der Analyse war die Identifikation und Beschreibung von acht distinkten sozialen Milieus. Mit der Verwendung des Milieubegriffs wollte SINUS damals klarstellen, in welche Forschungstradition (Husserl 1968, Schütz 1932, Veblen 1986 u. a.) man sich bei der Auswertung des Datenmaterials begeben hatte.

In den 1980 erstellten Forschungsberichten des Instituts finden sich bereits wesentliche Details des später weiter entwickelten Milieukonzepts – so z. B. die Urversion der Sinus-„Kartoffelgrafik" (vgl. Abb. 1). Mit der ersten Veröffentlichung

Abb. 1 Die Urversion der Sinus-„Kartoffelgrafik"

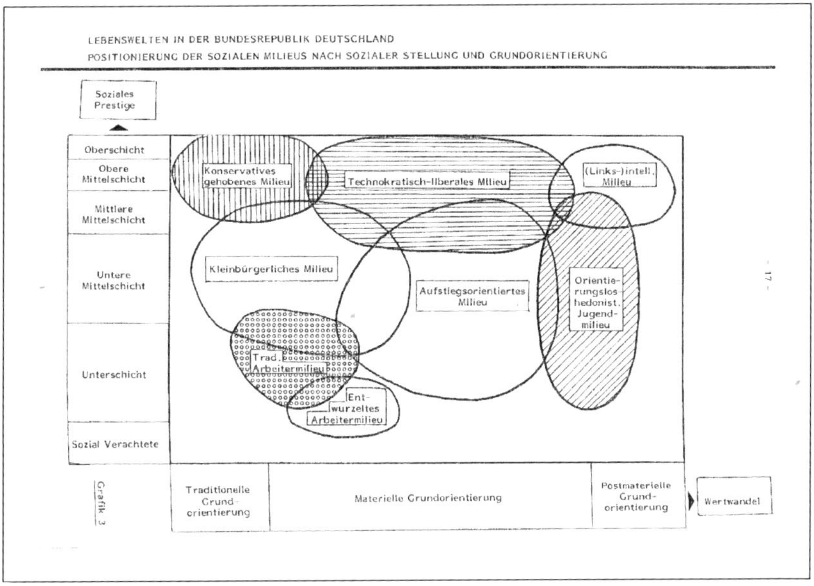

© SINUS

des Sinus-Milieukonzepts auf dem ESOMAR-Kongress in Wien 1981 gewann das Institut den ESOMAR Award (vgl. Nowak und Becker 1981). 1982 erfolgte die erste quantitative Überprüfung und Validierung mit einem standardisierten und ökonomisch einsetzbaren Instrument zur Bestimmung der Sinus-Milieus. Dieses Instrument, der *Sinus-Milieuindikator,* wird seither (in ständig weiter entwickelter Form) in quantitativen Untersuchungen eingesetzt. Seit 1983 werden auch systematisch Alltagsästhetik und Stilpräferenzen in den Sinus-Milieus untersucht, beschrieben und fotografisch oder per Video dokumentiert. Dieses Bildmaterial wird genutzt, um das Verständnis der verschiedenen Milieus zu verfeinern, um stilistischen Wandel zu analysieren und nicht zuletzt als anschauliche Hilfe bei der Beschreibung von Lebenswelten für die Anwender (vgl. z. B. Burda und Sinus 1991).

Hauptsponsoren der Sinus-Milieuforschung waren in den ersten Jahren sowohl deutsche Industrieunternehmen (z. B. BMW, Reemtsma) als auch öffentliche Auftraggeber (z. B. das Bundeskanzleramt). Vor allem die in den 1980er Jahren durchgeführten und veröffentlichten Politikstudien[3] haben die Bekanntheit von SINUS und seiner Forschungsansätze befördert. In der Folge gelang es auch, die Lebensweltforschung als neue Perspektive auf die soziale Wirklichkeit bekannt zu machen. Die eigentliche Durchsetzung am Markt erfuhr das Sinus-Milieumodell in den Jahren 1986 bis 1995 durch die Einbindung in die großen Markt-Media-Studien dieser Zeit, beginnend mit den SPIEGEL-Dokumentationen *OUTFIT; Soll & Haben; Auto, Verkehr und Umwelt* bis hin zur *Typologie der Wünsche (TdW)* des Burda-Verlags – in der (1995) der Begriff „Sinus-Milieus" erstmals gebraucht wurde. Spätestens in den 1990er Jahren wurde der Milieuansatz von SINUS auch in der akademischen Ungleichheitsforschung aufgegriffen (vgl. z. B. Hradil 1995).

Durch die Einbeziehung in verschiedene Markt-Media-Studien und TV-Panels[4] hat das Sinus-Milieumodell Eingang in die Media-Planung gefunden. Die über die Sinus-Milieus mögliche qualitative Zielgruppenbeschreibung verbessert die Treffgenauigkeit erheblich gegenüber konventionellen Planungsansätzen (siehe den Beitrag von Mahrl und Mayr in diesem Band). Bis dato (2017) haben 24 Media-Agenturen ein Zertifikat für die Media-Planung mit Sinus-Milieus erworben.

Mit dem Beginn des Jahres 2000 wurden die Sinus-Milieus in das deutsche GfK-Haushaltspanel integriert, 2008 auch in das deutsche und das schweizer Nielsen Consumer/Homescan Panel. Und seit 2013 sind die Sinus-Milieus in den GfK-Panels MediaScope und CharityScope verfügbar. Damit ist über die Erfassung des milieuspezifischen Kaufverhaltens und dessen Veränderung eine direkte Erfolgskontrolle von Marketing- und Kommunikationsmaßnahmen möglich.

Seit Ende 1999 stehen die Sinus-Milieus für die Anwendung in der Online-Forschung zur Verfügung. Dabei kooperiert SINUS in Deutschland mit Respondi,

---

3 Studien des SINUS-Instituts aus dieser Zeit waren beispielsweise: 5 Millionen Deutsche: „Wir sollten wieder einen Führer haben". Die Sinus-Studie über rechtsextremistische Einstellungen bei den Deutschen, Reinbeck 1981. Die verunsicherte Generation – Jugend und Wertewandel. Ein Bericht des Sinus-Instituts im Auftrag des Bundesministers für Jugend, Familie und Gesundheit, Opladen 1983. Jugend privat: Verwöhnt, Bindungslos, Hedonistisch? Ein Bericht des Sinus-Instituts im Auftrag des Bundesministers für Jugend, Familie und Gesundheit, Opladen 1985. Zur Gesinnungslage der Nation: Die Sinus-Studie über rechtsextremistische Einstellungen bei den Bundesbürgern. In: Extremismus und Schule, Band 212 der Schriftenreihe der Bundeszentrale für politische Bildung, Bonn 1984.

4 2017: Best4Planning (Axel Springer, Bauer Media, Burda, Gruner + Jahr, Funke Mediengruppe); Verbrauchs- und Medienanalyse (ARD, ZDF, RMS); AGF/GfK-Fernsehpanel in Deutschland; Mediapulse Fernseh- und Radiopanel in der Schweiz (siehe z. B. Publisuisse 2010); TELETEST in Österreich (siehe z. B. WIKIPEDIA 2017).

in Österreich mit INTEGRAL, und in der Schweiz mit GfK Switzerland, in deren Online-Pool die schweizer Sinus-Milieus integriert sind. Mit den Digitalen Sinus-Milieus, einer Wahrscheinlichkeitsbestimmung der Sinus-Milieuzugehörigkeit aufgrund des Surfverhaltens im Internet, können seit 2012 auch Online-Kampagnen passgenau nach Sinus-Milieus ausgesteuert werden – ein entscheidender Vorteil bei der cross-medialen Zielgruppenansprache. Dabei kooperiert SINUS in Deutschland mit nugg.ad, Europas führendem Anbieter im Bereich Predictive Behavioral Targeting, in Österreich mit der Twyn Group[5].

Durch Verknüpfung der Sinus-Milieus mit dem mikrogeografischen Datensystem von microm sind bereits seit 1998 Direktmarketing-Anwendungen möglich. Die Milieus können – in Deutschland, in Österreich und in der Schweiz – auf vorhandene Kunden-Adressbestände sowie auf beliebige Flächengliederungen projiziert werden – bis zum Straßenzug bzw. dem Haus als kleinster Raumeinheit, und bekommen so über ihre generelle strategische Aussage hinaus auch einen (im wahrsten Sinne des Wortes) lokalisierbaren Nutzen. Mit dem neuen Angebot *Milieu Regio Trend* sind jetzt auch kleinräumige Prognosen bis zum Jahr 2035 möglich[6].

Die auf den Lebenswelten und Lebensstilen der Verbraucher basierenden Sinus-Milieus sind damit in einem umfassenden Informationssystem verankert, das für die Zielgruppenoptimierung genutzt werden kann.

4 Transnationale Erweiterungen des Sinus-Milieumodells

Die Sinus-Milieus haben sich als strategisches Tool für Marketing und Kommunikation so praktisch erwiesen, dass es entsprechende Ansätze heute in Deutschland, Schweiz, Österreich und 15 weiteren Ländern gibt, von USA bis China (vgl. z. B. Homma und Uelzhöffer 1990). Mit den Sinus-Meta-Milieus steht zusätzlich ein länderübergreifendes Zielgruppenmodell auf Milieubasis für das internationale Marketing zur Verfügung, bis dato entwickelt und eingesetzt in 44 Ländern.[7]

Die Internationalisierung der Märkte erfordert von vielen Institutionen und Unternehmen eine globale Perspektive in ihrer strategischen Ausrichtung. Modelle, die nicht an Ländergrenzen Halt machen, sondern Zielgruppen länderübergreifend identifizieren, gewinnen daher an Bedeutung. Einen Blick auf die Unterschiede und Gemeinsamkeiten verschiedener Kulturen zu werfen wird zu-

---

5 Siehe dazu den Beitrag von Hecht und Hribernik in diesem Band.
6 Weitere Erläuterungen im Beitrag von Küppers in diesem Band.
7 Vergleiche dazu den Beitrag von Schäuble et. al. in diesem Band.

nehmend wichtiger. Mitunter sind die Unterschiede zwischen Kulturen kleiner als angenommen, und es zeigen sich ähnliche Grunddynamiken soziokultureller Strömungen länderübergreifend.

Das SINUS-Institut hat schon Ende der 1980er Jahre begonnen, die in Deutschland etablierte Lebenswelt- und Milieuforschung auf die europäischen Nachbarländer zu übertragen. Die Anfänge der Internationalisierung gehen zurück auf das Jahr 1989, als ein Auftraggeber-Konsortium (Daimler-Benz, Deutsche Bank und Deutsche Lufthansa) SINUS den Auftrag erteilte, die in Deutschland erfolgreiche Milieuforschung auf die westeuropäischen Nachbarländer zu übertragen und zunächst für Frankreich, Italien und Großbritannien entsprechende Sinus-Milieumodelle zu entwickeln. In den 1990er Jahren kamen dann weitere westliche Länder und die post-kommunistischen Transformationsstaaten in Ost- und Mitteleuropa dazu.

In allen Ländern wurden nach absolut identischen Methoden die Wertorientierungen und Lebensstile erforscht, darauf aufbauend länderspezifische Milieumodelle entwickelt und schließlich länderübergreifende Zielgruppenaffinitäten beschrieben und internationale Positionierungsmodelle entwickelt. Ausgehend von den länderspezifischen Ergebnissen, stellte sich ziemlich bald heraus, dass es „Gruppen Gleichgesinnter" eben auch über die Ländergrenzen hinweg gibt, und dass sich durchaus gemeinsame Grundorientierungen, Werthaltungen und Lebensstile identifizieren lassen. Und nicht selten ist dabei festzustellen, dass Menschen aus verschiedenen Nationen, aber vergleichbaren Milieus mehr miteinander verbindet als mit dem Rest ihrer Landsleute.[8] Diese Tatsache führte dann zur Identifikation breiterer, multinationaler Lebenswelt-Segmente, den „Meta-Milieus", die als Zielgruppen für ein realistisches internationales Marketing genutzt werden, weil sie mehr Substanz haben als computer-generierte, statistisch-artifizielle „Euro-Typen", und weil sie wichtige kulturelle Unterschiede genauso reflektieren wie die vorhandenen Gemeinsamkeiten.[9]

5 Die Sinus-Milieumodelle in den D-A-CH-Ländern

5.1 Sinus-Milieus® in Deutschland

Durch die Einschaltung des Sinus-Milieuindikators in große Repräsentativerhebungen lassen sich die Angehörigen der verschiedenen Lebenswelten quantitativ exakt auf die Erwachsenen-Bevölkerung abbilden. Dabei zeigt sich, dass die ein-

---

8   Vgl. dazu auch Hradil 2006, Ascheberg 2006 und Ueltzhöffer 2016.
9   Zum Ansatz der Sinus-Meta-Milieus siehe den Artikel von Schäuble et al. in diesem Band.

zelnen Milieus sehr unterschiedliche Anteile der Bevölkerung repräsentieren. Das aktuelle Sinus-Modell für Deutschland (2017) besteht aus zehn sozialen Milieus – wobei die quantitativ großen Milieus bei Bedarf noch in Submilieus differenziert werden können.[10]

Allerdings: Die Grenzen zwischen den Milieus sind fließend. Es liegt in der Natur der sozialen Wirklichkeit, dass Lebenswelten nicht so (scheinbar) exakt – etwa nach Einkommen oder Schulabschluss – eingrenzbar sind wie soziale Schichten. SINUS nennt das die Unschärferelation der Alltagswirklichkeit. Dabei handelt es sich um einen grundlegenden Bestandteil des Milieu-Konzepts: Zwischen den verschiedenen Milieus gibt es Berührungspunkte und Übergänge. Wäre das nicht der Fall, könnte man schwerlich von einem lebensechten Modell sprechen.

Diese Überlappungspotentiale sowie die Position der Sinus-Milieus in der deutschen Gesellschaft nach sozialer Lage und Grundorientierung lassen sich anhand der folgenden Grafik veranschaulichen. Je höher ein Milieu in dieser Grafik angesiedelt ist, desto gehobener sind Bildung, Einkommen und Berufsgruppe

Abb. 2 Sinus-Milieus® in Deutschland nach sozialer Lage und Grundorientierung

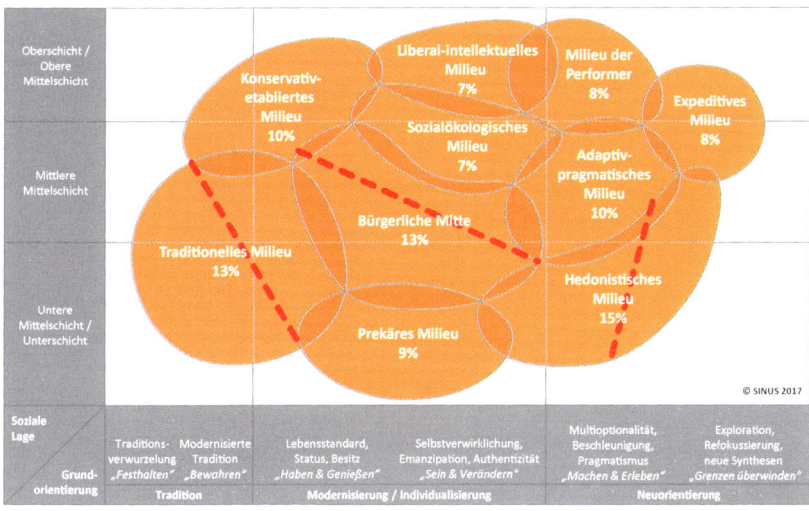

© SINUS

---

10 Traditionelles Milieu (13 %): Traditionsverwurzelte (4 %) und Traditionsbewusste (9 %); Bürgerliche Mitte (13 %): Statusorientierte (6 %) und Harmonieorientierte (7 %); Hedonistisches Milieu (15 %): Konsum-Hedonisten (7 %) und Experimentalisten (8 %).

(also über mehr „Kapitalien" im Sinne von Bourdieu verfügt es). Seine Position auf der Werteachse (horizontal) markiert die jeweils prägende Grundorientierung – wobei die verschiedenen Abschnitte dieser Achse für die in einer bestimmten historischen Epoche dominanten gesellschaftlichen Leitwerte und die daraus abgeleiteten Mentalitäten stehen. Je weiter rechts ein Milieu positioniert ist, desto moderner im soziokulturellen Sinn ist seine Grundorientierung.

5.2 Sinus-Milieus® in Österreich

Unter Berücksichtigung des jeweils besonderen kulturellen und geschichtlichen Hintergrundes wurden für Österreich und auch für die Schweiz spezifische Sinus-Typologien definiert, die zu Graden vom deutschen Modell abweichen. Das Ordnungssystem mit der Schichtachse „soziale Lage" und der Werteachse „Grundorientierung" ist jedoch ein Basisraster, das einen länderübergreifenden Vergleich für die Einordnung der Milieus zulässt.

Das Sinus-Milieumodell für (West-)Deutschland wurde bereits Ende der 1970er Jahre entwickelt. Sinus-Milieus für Österreich wurden erstmals 2001 definiert – und seither (wie in Deutschland) in mehreren Modell-Updates weiterentwickelt.

Wiewohl das Koordinatensystem und die Bezeichnungen von fünf der zehn Milieus mit dem deutschen Milieusystem übereinstimmen, sind doch einige wesentliche Unterschiede festzuhalten: Die österreichische Gesellschaft ist politisch und gesellschaftlich konservativer als die deutsche. Deswegen gibt es in Österreich nach wie vor das Milieu der Konservativen als Leitmilieu im traditionellen Bereich mit einer christlich fundierten Verantwortungsethik. Weiter behält auch das Milieu der Etablierten seine führende Rolle als klassische, distinktionsbewusste Leistungselite. In Deutschland dagegen wurden im Zuge der Neumodellierung 2010 beide Milieus zum Konservativ-etablierten Milieu zusammengefasst. Diese konservativere Grundhaltung in Österreich erklärt auch, wieso das Postmaterielle Milieu nach wie vor existiert und sich nicht, wie in Deutschland, in Liberal-Intellektuelle und Sozialökologische spaltete.

Das Werteverständnis der österreichischen Gesellschaft ist stärker von Hedonismus, weniger von Strukturen, Regeln und Disziplin geprägt als jenes der deutschen. Das ist eine generelle Tendenz, wirkt sich aber auch speziell auf einzelne Milieus aus – so sind etwa die Adaptiv-Pragmatischen in Österreich deutlich stärker auf Genuss und Spaß ausgerichtet. Das Milieu der Digitalen Individualisten ähnelt in verschiedener Hinsicht den Expeditiven in Deutschland, ist aber hedonistischer und stärker auf Individualität und Unabhängigkeit gepolt, gleichzeitig weniger weltoffen. Zwar fand auch in Österreich in den letzten Jahrzehnten eine

Abb. 3 Sinus-Milieus® in Österreich nach sozialer Lage und Grundorientierung

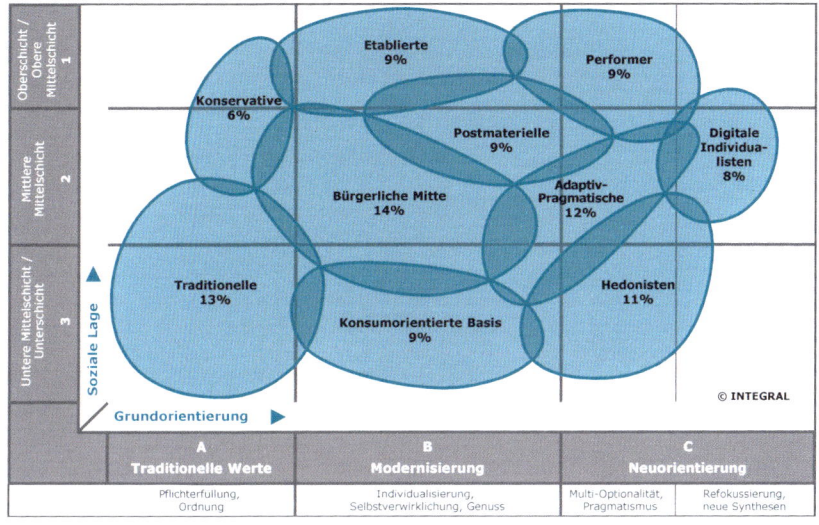

© INTEGRAL

zunehmende Wohlstandspolarisierung statt, jedoch in weit geringerem Ausmaß als in Deutschland. Aus diesem Grund gibt es in Österreich kein Prekäres Milieu. Allerdings finden wir in Österreich eine verunsicherte Bürgerliche Mitte, die deutlich stärker als in Deutschland ressentimentgeladen und vehement gegen die politischen Verantwortungsträger auftritt.[11]

5.3 Sinus-Milieus® in der Schweiz

Seit 2003 gibt es die Sinus-Milieus in der Schweiz. Auch hier ist die Milieu-Landkarte als „Kartoffelgrafik" (oder auch „Härdöpfel-Chart") bekannt. Auch in der Schweiz ergeben zehn „Kartoffeln", eine für jedes Milieu, ein modellhaftes Abbild der sozialen Schichtung und der Wertestruktur der Gesellschaft.

Auch das Schweizer Milieumodell wird – wie in Deutschland und in Österreich – laufend an die soziokulturellen Veränderungen in der Gesellschaft angepasst. Ein komplettes Modell-Update wurde zuletzt 2013 durchgeführt. Im Vergleich zur ursprünglichen Milieu-Landkarte von 2003 wird deutlich, dass sich die

---

11 Siehe auch den Beitrag von Barth und Flaig in diesem Band.

Abb. 4 Sinus-Milieus® in der Schweiz nach sozialer Lage und Grundorientierung

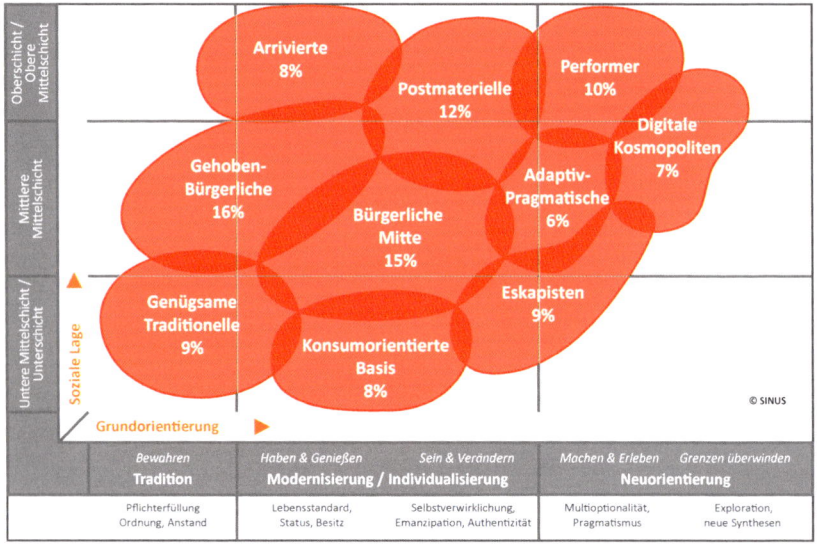

Werteachse – entsprechend den realen historischen Veränderungen – weiter ausdifferenziert hat und innerhalb der Abschnitte „Modernisierung/Individualisierung" und „Neuorientierung" jeweils distinkte Entwicklungsphasen abgegrenzt werden können.

Die Gesellschaft ist auch in der Schweiz komplizierter geworden; durch den nachhaltigen demografischen Wandel und die neue Qualität der Migration bekommt sie ein anderes Gesicht. Und die digitale Spaltung nimmt zu. Die gesellschaftliche Mitte gerät unter Druck und grenzt sich verstärkt nach unten und gegenüber anderen Gruppen ab. Durch die gesellschaftlichen Modernisierungsprozesse noch stärker verunsichert wird die soziale Unterschicht. Hier beobachten wir Tendenzen der Prekarisierung – wenn auch nicht im gleichen Ausmaß wie z. B. in Deutschland – und Entwurzelung. Gleichzeitig nimmt der Grad an Freiheit und Wahlmöglichkeiten in der Gesellschaft zu – was insbesondere die Lebensqualität der besser Situierten erhöht.

5.4 Vergleich der Milieulandschaften in D-A-CH

Ein Vergleich der drei mitteleuropäischen Länder Österreich, Deutschland und Schweiz zeigt augenfällige Gemeinsamkeiten – etwa im Wohlstandsniveau und der Lebensqualität. Es gibt aber auch deutliche soziokulturelle Unterschiede – etwa im Werteverständnis und in der zentrifugalen Dynamik der Gesellschaften.

Die soziokulturellen Besonderheiten der drei Länder lassen sich auf Basis der in den letzten Jahren durchgeführten Lebenswelt- und Milieuforschung wie folgt stichwortartig charakterisieren:

Entsprechend unterscheiden sich auch die Milieumodelle für die drei Länder – nicht in der Grundstruktur, aber im Detail. Vergleichbar ist die soziokulturelle Pluralisierung. Sowohl in Deutschland als auch in Österreich und in der Schweiz lassen sich jeweils zehn soziale Milieus mit unterschiedlichen Wertprioritäten und Lebensstilen abgrenzen. Erkennbar sind einerseits länderübergreifende Lebenswelt-Affinitäten – d. h. es gibt vergleichbare Milieus, wenn auch mit länderspezifischen Akzenten (z. B. Performer, Adaptiv-Pragmatische, Bürgerliche Mitte), andererseits aber auch länderspezifische Besonderheiten – d. h. es gibt eigenständige

Abb. 5 Soziokulturelle Besonderheiten in Deutschland, Österreich und der Schweiz

Unterschiedliche Mentalitäten in den D-A-CH Ländern

🇨🇭 Schweiz	🇩🇪 Deutschland	🇦🇹 Österreich
• Einerseits stärkere Erfolgs- und Karriere-Orientierung, Status- und Prestigeansprüche	• Stärkere sozialhierarchische Differenzierung, Erosion der gesellschaftlichen Mitte, Abstiegs- und Zukunftsängste	• Geringere soziale Spannungen, geringere Wohlstandspolarisierung; größere Bedeutung von Kooperation und Ausverhandeln
• Andererseits Pragmatismus, Zurückhaltung und Diskretion	• Einerseits stärkere Orientierung an Leistung, Effizienz und Nützlichkeit	• Geringere Abstiegsängste in der Mitte, weniger Zukunftsängste in der Jugend
• Ausgeprägtere Wohlstands- und Wohlfühlorientierung	• Andererseits stärkere Regrounding- und Cocooning-Tendenzen	• Ausgeprägtere Genussorientierung, weniger von Strukturen, Regeln und Disziplin geprägt
• Ausgeprägtere Gesundheits- und Wellness-Orientierung	• Stärkere Akzeptanz von Modernisierung und Globalisierung	• Höhere Bedeutung von Religion und Kirche
• Liberaleres Staatsverständnis, mehr Eigenverantwortung, weniger Ansprüche an den Sozialstaat	• Ungebrochenerer Fortschrittsoptimismus, Akzeptanz von Technisierung und Digitalisierung	• Geringere Weltoffenheit, Abwehr von Modernisierung und Globalisierung, auch Elite weniger kosmopolitisch
• Regionale Verwurzelung, Fokussierung auf das Nahumfeld, lokale / kantonale Autonomie	• Stärker ausgeprägte Flexibilität und Mobilität, adaptive Navigation, Weiterbildungsbereitschaft	• Konservativere Grundhaltung, stärkere Gebundenheit an (ländliche) Traditionen
• Chauvinistische Tendenzen (Einwanderung), Burg-Mentalität		• Höhere Ausländerfeindlichkeit, nationale Chauvinismen, Binnenorientierung

© SINUS

Milieus, wenn auch mit länderübergreifenden Verwandtschaften (z. B. Sozialökologische in D, Postmaterielle in A und CH).

Die folgende Übersicht enthält eine Gegenüberstellung der Sinus-Milieus in den drei Ländern, die jeweils kurz charakterisiert werden. Die Kurzbeschreibungen vergleichbarer Milieus in Deutschland, Österreich und der Schweiz sind oft sehr ähnlich, zeigen aber auch die länderspezifisch unterschiedlichen Akzente.

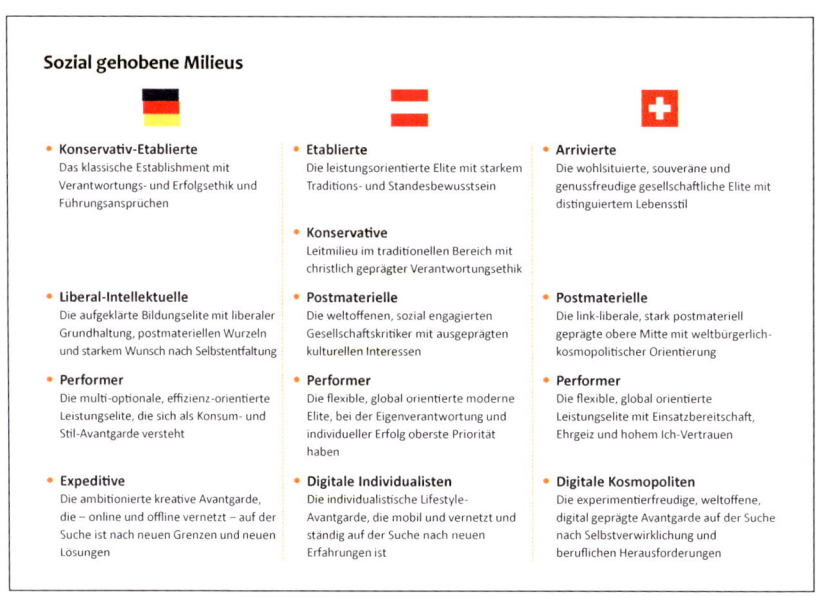

Abb. 6a Sinus-Milieus® in Deutschland, Österreich und der Schweiz

Entstehung und Entfaltung des Informationssystems Sinus-Milieus®

Abb. 6b

Milieus der Mitte

🇩🇪

- **Bürgerliche Mitte**
  Der leistungs- und anpassungsbereite bürgerliche Mainstream mit Wunsch nach sozialer Etablierung und wachsenden Abstiegsängsten

- **Adaptiv-Pragmatische**
  Die moderne junge Mitte mit ausgeprägtem Lebenspragmatismus und Nützlichkeitsdenken und einem starken Bedürfnis nach Verankerung und Zugehörigkeit

- **Sozialökologische**
  Engagiert gesellschaftskritisches Milieu mit normativen Vorstellungen vom „richtigen" Leben und ausgeprägtem ökologischen Gewissen

🇦🇹

- **Bürgerliche Mitte**
  Der leistungs- und anpassungsbereite Mainstream, der nach gesicherten und harmonischen Verhältnissen sowie nach Halt und Orientierung strebt

- **Adaptiv-Pragmatische**
  Die neue flexible Mitte, die nach Verankerung und Zugehörigkeit strebt, die leistungsbereit ist, aber auch Spaß und Unterhaltung sucht

🇨🇭

- **Bürgerliche Mitte**
  Die gesellschaftliche Mitte mit ausgeprägter Status-quo-Orientierung und Wunsch nach einem harmonischen Familienleben und gesicherten materiellen Verhältnissen

- **Gehoben Bürgerliche**
  Die statusbewusste Mitte mit traditionell-bürgerlichem Lebensstil, starker Bodenhaftung und ausgeprägtem Nützlichkeitsdenken

- **Adaptiv-Pragmatische**
  Die junge pragmatische, anpassungsbereite Mitte, die materielle und emotionale Sicherheit sucht und sich gegenüber Verlierern und Randgruppen abgrenzt

Abb. 6c

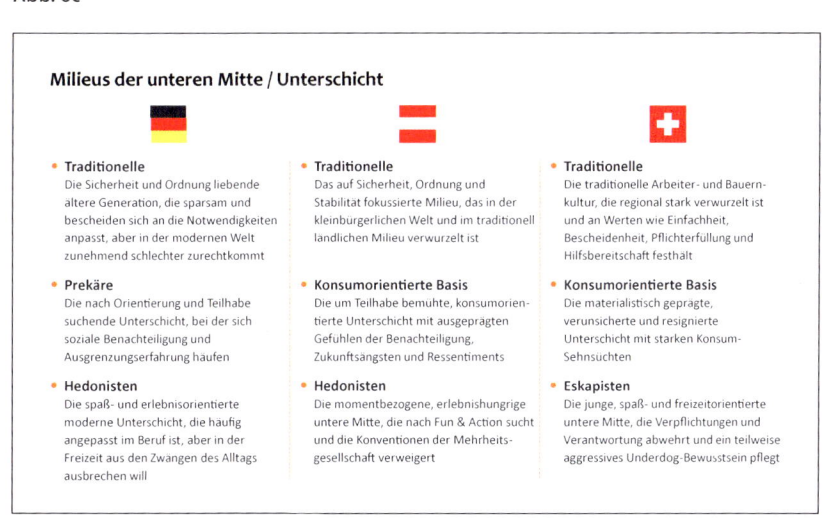

Milieus der unteren Mitte / Unterschicht

🇩🇪

- **Traditionelle**
  Die Sicherheit und Ordnung liebende altere Generation, die sparsam und bescheiden sich an die Notwendigkeiten anpasst, aber in der modernen Welt zunehmend schlechter zurechtkommt

- **Prekäre**
  Die nach Orientierung und Teilhabe suchende Unterschicht, bei der sich soziale Benachteiligung und Ausgrenzungserfahrung häufen

- **Hedonisten**
  Die spaß- und erlebnisorientierte moderne Unterschicht, die häufig angepasst im Beruf ist, aber in der Freizeit aus den Zwangen des Alltags ausbrechen will

🇦🇹

- **Traditionelle**
  Das auf Sicherheit, Ordnung und Stabilität fokussierte Milieu, das in der kleinbürgerlichen Welt und im traditionell ländlichen Milieu verwurzelt ist

- **Konsumorientierte Basis**
  Die um Teilhabe bemühte, konsumorientierte Unterschicht mit ausgeprägten Gefühlen der Benachteiligung, Zukunftsängsten und Ressentiments

- **Hedonisten**
  Die momentbezogene, erlebnishungrige untere Mitte, die nach Fun & Action sucht und die Konventionen der Mehrheitsgesellschaft verweigert

🇨🇭

- **Traditionelle**
  Die traditionelle Arbeiter- und Bauernkultur, die regional stark verwurzelt ist und an Werten wie Einfachheit, Bescheidenheit, Pflichterfüllung und Hilfsbereitschaft festhält

- **Konsumorientierte Basis**
  Die materialistisch geprägte, verunsicherte und resignierte Unterschicht mit starken Konsum-Sehnsüchten

- **Eskapisten**
  Die junge, spaß- und freizeitorientierte untere Mitte, die Verpflichtungen und Verantwortung abwehrt und ein teilweise aggressives Underdog-Bewusstsein pflegt

© SINUS

6 Das verfügbare Milieu-Wissen

In den vier Jahrzehnten ihres Einsatzes in der Markt- und Sozialforschung wurde mit den Sinus-Milieus eine Vielzahl von Daten, Informationen und Insights generiert. Die Milieus wurden und werden eingesetzt zur ganzheitlichen Beschreibung von Bevölkerungs- und Kundengruppen, zur gezielten Positionierung von Produkten und Dienstleistungen, zur Definition von Marktsegmenten für neue Angebote und Relaunches, zur Aufspürung von Marktnischen, zur effizienten Ansprache von Käuferpotentialen und nicht zuletzt zur Früherkennung und Lokalisierung von neuen Motivationen und Verfassungen.

6.1 Info-Pakete und Milieu-Bausteine

Das Wissen über die Milieus ist in Form sogenannter „Info-Pakete" gebündelt[12], die alle wesentlichen Aspekte einer Lebenswelt beinhalten. Hier ein Überblick über die für die deutschen Sinus-Milieus[13] verfügbaren Beschreibungsdimensionen („Milieu-Bausteine"), die jeweils für alle 10 Milieus ausgearbeitet sind:

---

12 Die wichtigsten Pakete für die deutschen Sinus-Milieus sind (2017): Das Basis-Paket, das Medien-Paket und das Lifestyle-Paket. Daneben gibt es eine Reihe branchenspezifischer Info-Pakete (Finanzdienstleistungen, Mode, Luxus, Wohnen und Immobilien, Bücher, Spenden etc.).
13 Für Österreich gibt es eine ähnliche Beschreibungsdichte.

Abb. 7 Verfügbare Informationen zu den deutschen Sinus-Milieus®

Milieu-Bausteine

- Soziodemografisches Profil
- Grundorientierung
- Lebensstil
- Lebensphilosophie und Lebenssinn
- Wohlbefinden / Glücksmomente
- Werteprofil
- Lebensgüter
- Selbstverständnis
- Identität & Weltsicht
- Freizeitverhalten
- Technik-Affinität
- Einstellung zu Ökologie und Nachhaltigkeit
- Ernährungseinstellungen
- Modeorientierung
- Konsumorientierung

- Typische Vertreter (Personen-Portraits)
- Bild Collage der Lebenswelt
- Bild-Collage Wohnwelten
- Bild-Collage Hausaltäre
- Bild-Collage Freizeit
- Urlaub und Reisen
- Interessenshorizonte
- Produktinformationsinteressen
- Markenpräferenzen
- Bevorzugte Einkaufsstätten
- Erwartungen an Kommunikation
- Kommunikationsbenefit / Gratifikation
- Alltagsästhetik
- Sprache / Wording
- Musik

- Medien-Nutzung
- Anforderungen an Medien
- Channel-Nutzung / Erreichbarkeit
- Media-Verhalten Print
- Themeninteressen
- TV-Genre-Präferenzen
- Internet-Nutzung
- Webseiten-Nutzung
- App-Nutzung
- Nutzung digitaler Dienste
- Einstellung zum Internet
- Social Media / Communities / Blogs
- Informations- und Kaufverhalten im Internet
- Einstellung zu Werbung
- Werbung in Medien / im Internet
- Beispiele milieuspezifischer Werbekommunikation

© SINUS

Literaturverzeichnis

AGF Arbeitsgemeinschaft Fernsehforschung. 2007. Die Sinus-Milieus im AGF-Fernsehpanel. In *Fernsehzuschauerforschung in Deutschland.* Frankfurt a. M.

Arbeitsgemeinschaft Verbrauchs- und Medienanalyse. Hrsg. 2017. VuMA Touchpoints 2017. *ARD-Werbung Sales & Services. Radio Marketing Service (RMS). Hamburg, ZDF Werbefernsehen. Mainz,* Frankfurt a. M.

Ascheberg, C. 2006. Milieuforschung und Transnationales Zielgruppenmarketing. In *Aus Politik und Zeitgeschichte* 44-45/2006, 18 – 25

Beck, Ulrich. 1983. Jenseits von Stand und Klasse? Soziale Ungleichheit, gesellschaftliche Individualisierungsprozesse und das Entstehen neuer sozialer Formationen und Identitäten. In *Soziale Ungleichheiten,* Hrsg. R. Kreckel, 35 – 74. Göttingen: Schwartz.

Bourdieu, P. 1992. Die feinen Unterschiede. Frankfurt a. M.: Suhrkamp.

Burda und SINUS. 1991. Wohnwelten in Deutschland 2. Hrsg. Das Haus, Burda GmbH. Offenburg, 3. Auflage

Dangschat, J. S. 2007. Soziale Ungleichheit, gesellschaftlicher Raum und Segregation. In *Lebensstile, Soziale Milieus und Siedlungsstrukturen*. Hrsg. Dangschat, J. S. und A. Hamedinger, 21–50. Hannover: Akademie für Raumforschung und Landesplanung.

Flaig, Berthold Bodo. 2001. Milieu. In *Lexikon der Presse- und Öffentlichkeitsarbeit*, Hrsg. D. J. Brauner et al., 261–263. München und Wien: R. Oldenbourg Verlag.

GIK Gesellschaft für integrierte Kommunikationsforschung. Hrsg. 2016. Berichtsband/Codeplan best for planning. 2016. München

Homma, N. & J. Ueltzhöffer. 1990. The Internationalisation of Everyday Life Research: Markets and Milieus. In *Marketing and Research Today*, 18, 197–207. ESOMAR. Amsterdam

Hradil, S. 2006. Soziale Milieus – eine praxisorientierte Forschungsperspektive. In *Aus Politik und Zeitgeschichte* 44–45/2006, 9.

Hradil, S. 1995. Die „Single-Gesellschaft". München: Verlag C. H. Beck, 59–65

Husserl, E. 1968. Phänomenologische Psychologie. Den Haag

Nowak, H. und U. Becker. 1981. The Everyday Life Approach as a New Perspective in Opinion and Market Research. In *Marketing and Research Today*. ESOMAR. Amsterdam

Oevermann, U. et al. 1979. Die Methodologie einer „objektiven Hermeneutik" und ihre allgemeine forschungslogische Bedeutung in den Sozialwissenschaften. In Soeffner, H. G. Hrsg. *Interpretative Verfahren in den Sozial- und Textwissenschaften*. Stuttgart

Otte, Gunnar. 2008. Sozialstrukturanalysen mit Lebensstilen. Wiesbaden: Verlag für Sozialwissenschaften.

Publisuisse. 2010. Die 10 Schweizer Sinus-Milieus. Arbeitsinstrument für vernetzte Marketing- und Kommunikationsplanung. Bern. www.Publisuisse.ch/106469. Zugegriffen: 12. August 2013

Schulze, G. 1992. Die Erlebnisgesellschaft. Frankfurt a. M.: Campus.

Schütz, A. 1932. Der sinnhafte Aufbau der sozialen Welt. Eine Einleitung in die verstehende Soziologie. Wien

SINUS-Institut. 1981. 5 Millionen Deutsche: „Wir sollten wieder einen Führer haben …". Reinbek: Rowohlt Taschenbuch Verlag

SINUS-Institut. 1983. Die verunsicherte Generation. Jugend und Wertewandel. Leverkusen: Leske Verlag + Budrich

SINUS-Institut. 1985. Jugend privat. Verwöhnt? Bindungslos? Hedonistisch? Leverkusen: Leske Verlag + Budrich

TdW Intermedia GmbH & Co. KG. Hrsg. 1995. Typologie der Wünsche 1995. Frankfurt a. M.

Ueltzhöffer, J. 2016. Soziale Milieus in Europa: Eine soziokulturelle Landkarte. In *Der Bürger im Staat* 2/3-2016. Hrsg. Landeszentrale für politische Bildung Baden-Württemberg, 107–115

Veblen, T. 1986. Theorie der feinen Leute. Eine ökonomische Untersuchung der Institutionen. Frankfurt a. M. (zuerst: 1899)

WIKIPEDIA. 2017. Teletest. https://de.wikipedia.org/wiki/Teletest. Zugegriffen: 24. März 2017

Keywords

Sinus-Milieus, soziale Milieus, Milieumodell, Milieuansatz, Lebensstile, Lebenswelt, Lebensweltforschung, Kartoffelgrafik, Sinus-Milieus/Milieus in Deutschland, Sinus-Milieus/Milieus in Österreich, Sinus-Milieus/Milieus in der Schweiz, Milieu-Infopakete, Milieu-Bausteine

Aktuell und zukunftssicher: Die Relevanz der Sinus-Milieus®

Von Bertram Barth und Berthold Bodo Flaig

Zusammenfassung

In diesem Beitrag werden die vielfältigen aktuellen Anwendungen der Sinus-Milieus vorgestellt. Ihre Relevanz ergibt sich aus hoher Diskriminationsleistung sowie inhaltlicher Erklärungskraft. Dies wird mit einem aktuellen Beispiel zur Entfremdung zwischen Politikern und Wahlvolk erläutert. Abschließend wird die Zukunftsrelevanz der Sinus-Milieus anhand der Milieus der neuen Mitte und der neuen Elite dargestellt.

1 Aktuelle Bedeutung der Sinus-Milieus®

1.1 Gängige Lifestyle- und Milieumodelle

Es gibt eine unübersehbare Anzahl von ad-hoc erstellten Lebensstiluntersuchungen, die sich jeweils auf unterschiedliche Teilaspekte der Alltagswirklichkeit beziehen. Oft werden Lebensstiltypologien anlassbezogen mittels Clusteranalysen aus vorhandenen Datensätzen abgeleitet, oder Werthaltungen, Einstellungen etc. werden Korrespondenzanalysen unterzogen. Eine aktuelle Entwicklung ist die Konstruktion von verhaltensnah definierten Typen zur Absatzförderung aus „Big Data" – Analysen. Hier werden große Datenmengen, die aus der Beobachtung des Kauf- und Surfverhaltens von Internetverwendern anfallen, nach Empfänglichkeit für unterschiedlichste kommerzielle Angebote strukturiert (siehe etwa Pfannenmüller 2017).

Stabile und anlassübergreifende Lebensstil-Typologien bieten im kommerziellen Bereich speziell Marktforschungsinstitute an. Hier wären etwa die GfK Roper-Consumer-Styles zu nennen (siehe Peichl 2014). Für den sozialwissenschaftlichen Bereich sei als Beispiel die bereichsspezifische Lebensstilforschung des Instituts für sozial-ökologische Forschung ISOE erwähnt (Götz et al. 2011).

Die Konstruktion umfassender Milieumodelle ist aber deutlich aufwändiger, da hier die Tiefenstrukturen sozialer Differenzierung erfasst werden müssen (vgl. Flaig et al. 1994, S. 57 f). Daher werden in der soziologischen Basisliteratur im Wesentlichen nur drei Milieumodelle regelmäßig beschrieben: Die Erlebnismilieus von Schulze, die Sinus-Milieus sowie die klassentheoretische Milieuanalyse von Vester, die auf den Sinus-Milieus aufbaut (vgl. z. B. Berger und Neu 2008, S. 252 ff; Burzan 2007, S. 103 ff; Geißler 2008, S. 109 ff).

1.2 Die Sinus-Milieus® in Wissenschaft und Marketing

Die Sinus-Milieus stellen sicherlich das bekannteste und am breitesten verwendete Milieumodell dar. Es wird oft generisch als *das* Modell sozialer Milieus verstanden, nicht nur in der Alltagssprache oder im Marketing, sondern durchaus auch in der sozialwissenschaftlichen Betrachtung. So weist etwa der Soziologe Hans-Peter Müller (2012) in der „Sozialkunde" der Bundeszentrale für politische Bildung im Abschnitt „Die Struktur sozialer Milieus in Deutschland" ganz selbstverständlich auf ein (leider nicht mehr aktuelles) Modell der Sinus-Milieus bzw. auf die darauf aufbauenden Vester-Milieus hin.

In der universitären Lebensstil-und Milieuforschung spielen die Sinus-Milieus eine bedeutende Rolle.[1] „Für die akademische Lebensstilforschung in Deutschland ist das Anfang der 1980er Jahre erstmals präsentierte Milieu-Modell des Sinus-Instituts ein wichtiger Bezugspunkt geworden." (Otte und Rössel 2011, S. 9). Die Sinus-Milieus stehen in ihrer Differenziertheit, Klarheit und Anschaulichkeit nach wie vor auch für die akademische Forschung einzigartig da (vgl. etwa Bosch 2010, S. 67).

Wissenschaftliche Kritik findet sich vor allem zu den folgenden Punkten:

- Inhaltlich wird oft bestritten, dass soziale Milieus überhaupt noch ein relevantes Konzept darstellen würden. So konstatieren Otte und Rössel (2011, S. 15):

---

[1] Hier ist natürlich anzumerken, dass nur ein Teil der wissenschaftlichen Forscher überhaupt diese Forschungsrichtung verfolgen. Dangschat in seinem Beitrag für dieses Buch weist auf die diesbezüglichen Differenzierungen in der soziologischen Forschung hin.

- „Der Milieubegriff … ist zu einem Verlegenheitsbegriff avanciert, der für soziale Großgruppen und Vergemeinschaftungen aller Art verwendet wird."[2]
- Speziell gegen die Sinus-Milieus gibt es weiter den Vorwurf der geringen Transparenz, weil der Algorithmus für die quantitative Milieukonstruktion aus geschäftlichen Gründen nicht offengelegt wird (z. B. Otte 2008, S. 52 f).[3] Die kommerzielle Anwendung scheint für die akademische Forschung überhaupt manchmal besonders verwerflich, was allerdings im Gegensatz zum Urteil des modernen Vaters der Lebensstil- und Milieuforschung steht, der meint, dass „… Marketing-Studien, … da an den Marktgesetzen orientiert, unendlich „realistischer" sind als die meisten universitären Untersuchungen" (Bourdieu 1992, S. 12).

Auch im Marketing genießen die Sinus-Milieus ein hohes Ansehen und werden etwa als „Marketing Highlight" beschrieben (Kotler et al. 2011, S. 284). Natürlich wurde der hohe inhaltliche und forschungstechnische Aufwand für ein derart komplexes Modell immer auch kritisiert. Aktuelle Einwände gegen die Sinus-Milieus folgen im Wesentlichen zwei Linien (siehe auch den Beitrag von Reinecke und Wortmann in diesem Reader):

- Situationsübergreifende Segmentierungen seien nicht mehr zielführend, weil sich die Konsumenten grundlegend geändert hätten und als „multiple Persönlichkeiten" ihre Entscheidungen nur mehr situationsabhängig und flexibel treffen würden (siehe etwa das Konzept des „Verfassungsmarketing" von Lönneker 2014).
- Die großen Datenmengen im Netz erlaubten heute viel genauere und v. a. auch verhaltensrelevante Kategorisierungen, welche die Konstruktion übergreifender und einstellungsbasierter Typologien obsolet erscheinen lasse (vgl. etwa Städele 2015).

---

2   Allerdings greift Otte selbst für seine eigene Typologie auf den Weber'schen Begriff der „Lebensführung" zurück, der sowohl latente Wertorientierungen als auch manifesten Lebensstil umfasst und unterscheidet damit „gesellschaftliche Großgruppen kollektiv geteilter Elemente der Lebensführung" (Otte 2011, S. 363). Die Ähnlichkeit der so beschriebenen Großgruppen mit unserem Konzept der sozialen Milieus ist auffällig, weswegen sich die Frage stellt, wieso der Begriff selbst vermieden werden soll.

3   Das ist unstrittig ein Problem für die wissenschaftliche Auseinandersetzung. Allerdings wird bei diesem Vorwurf oft übersehen, dass es wohl kaum ein wissenschaftliches Modell gibt, das in zahlreichen Handbüchern derart gründlich beschrieben und damit inhaltlich nachprüfbar ist wie die Sinus-Milieus, siehe auch den Beitrag von Flaig und Barth in diesem Buch.

So gibt es durchaus wichtige Stimmen, die den Sinus-Milieus nur mehr eine historische Bedeutung zubilligen. Dass sie aber nach wie vor sehr lebendig sind und vielfältig eingesetzt werden, soll im nächsten Abschnitt gezeigt werden.

1.3 Die Aktualität der Sinus-Milieus®

Entgegen mancher Behauptungen ist kein Abflauen des Interesses an den Sinus-Milieus zu sehen. Als erste Illustration dazu findet sich in Abbildung 1 eine Google Ngram-Analyse, die leider nur bis 2008 möglich ist.[4]

Die Verwendung des Begriffs „Sinus-Milieus" in der deutschen Sprache war bis Anfang der 1990er Jahre praktisch inexistent und stieg 1995 vorübergehend, ab 1998 bis 2005 relativ kontinuierlich, 2005 bis 2007 stark, im letzten Beobachtungsjahr 2008 etwas schwächer an.

Im Vergleich dazu in Abbildung 2 der Begriff „Lebensstil".[5]

Der Begriff „Lebensstil" war seit Anfang 1900 in zunehmender Verwendung, erreichte die erste Spitze im Jahr 1933, die zweite, wesentlich höhere 1943 und fiel danach deutlich ab. Seit 1970 erfuhr er eine recht beständig steigende Bedeutung.

Im Jahr 2008 hatte „Sinus-Milieus" eine Verbreitung von 0,0000334 %, „Lebensstil" eine ca. 24 mal so häufige, nämlich 0,0007850 % aller von Google erfassten deutschen Wortformen.

Diese Analyse hat primär illustrativen Wert, weist aber nach, dass die Verwendungshäufigkeit des Begriffs der „Sinus-Milieus" bis zum letzten messbaren Zeitpunkt 2008 stetig zunahm. Im Folgenden soll anhand von Publikationen die aktuelle Anwendungsvielfalt aufgezeigt werden. Aus der großen Vielfalt der Einsatzgebiete der Sinus-Milieuforschung möchten wir nur einige wesentliche und aktuelle Beispiele anführen.

Von Anfang an waren die Sinus-Milieus für die *Politikforschung* relevant. Aktuell verwenden sie etwa Walter (2008) zur Betrachtung der „deutschen Lebenswelten der Merkel-Jahre", oder die Bertelsmann-Stiftung zur Analyse der Beteiligung an Bundestagswahlen (Vehrkamp 2015). Politisch relevante Meinungen in der Bevölkerung werden etwa über die Naturbewusstseinsstudien auch regelmäßig milieuspezifisch differenziert erfasst (zuletzt BMU 2016). Überhaupt eig-

---

4 Ohne Glättung erstellt auf https://books.google.com/ngrams. Vor 1990 keine relevante Häufigkeit für den Begriff. Der gesamte, für die Analyse verfügbare Korpus umfasst 5,2 Millionen von Google digitalisierte Bücher und 500 Milliarden Wörter. Das hier verwendete deutsche Subset beinhaltet 37 Milliarden Wörter. Zum Forschungszweig der Culturomics, der auf der Analyse von Ngrams beruht, siehe Michel et al. (2011).

5 Ohne Glättung erstellt auf https://books.google.com/ngrams. Vor 1900 nur im Jahr 1780 eine messbare – aber geringe – Verwendungshäufigkeit.

Abb. 1 Verwendungshäufigkeit von „Sinus-Milieus" (ngram-Analyse)

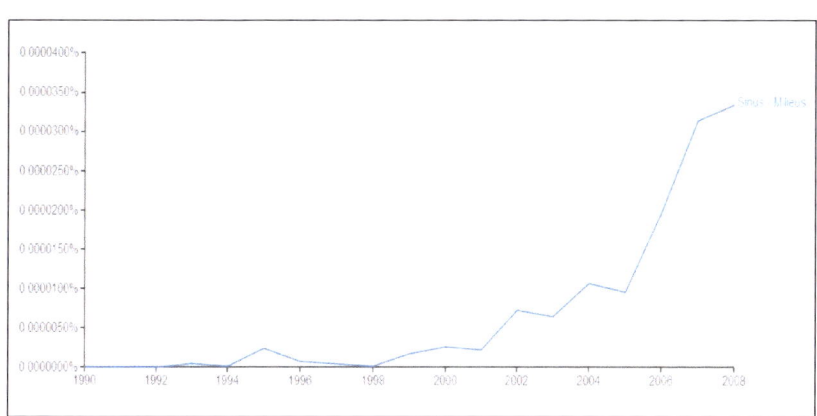

Abb. 2 Verwendungshäufigkeit von „Lebensstil" (ngram-Analyse)

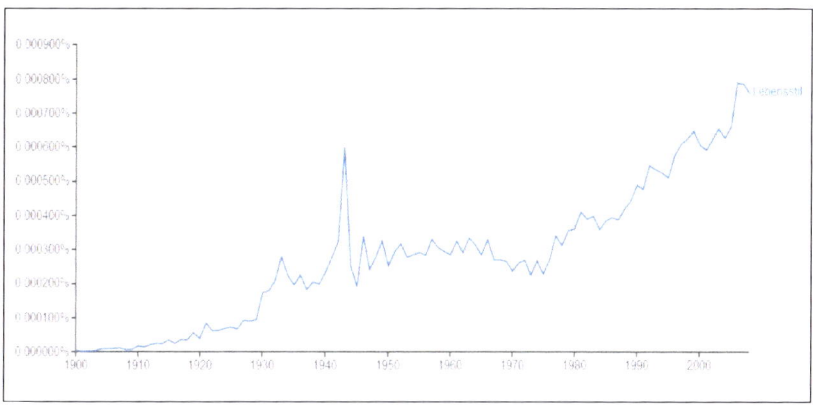

nen sich die Sinus-Milieus in besonderem Maß für die Zielgruppendifferenzierung oder Verhaltenserklärung bei *umweltbezogenen* Fragestellungen (siehe Appelrath et al. 2012 oder Schwarz und Ernst 2008). In diesem Zusammenhang ist auch ihr Einsatz im Bereich *Mobilität* zu erwähnen (siehe den Beitrag von Dangschat in diesem Band).

Pädagogik und (Weiter-)Bildung (vgl. z. B. Tippelt et al. 2008) oder *Engagementförderung* (vgl. Calmbach und Borgstedt 2012) sind weitere wichtige Einsatzbereiche der Sinus-Milieus (siehe auch den Beitrag von Barz in diesem Reader).

In den letzten Jahren wurde immer klarer, dass sich Unternehmen verstärkt aktiv um qualifizierten Nachwuchs bemühen müssen. Die Sinus-Milieus werden deshalb auch zunehmend für zielgruppenoptimiertes *Ausbildungsmarketing* und *Recruiting* verwendet (siehe Schleer und Calmbach 2015 sowie den Beitrag von Thomas in diesem Band).

Seit vielen Jahren bilden die Sinus-Milieus eine Grundlage für die pastorale Arbeit der katholischen *Kirche* (vgl. z. B. Katholische Arbeitsstelle für missionarische Pastoral 2013), seit einigen Jahren auch für evangelische Kirchen in Deutschland und in der Schweiz (vgl. z. B. Reformierte Kirche des Kantons Zürich 2012; siehe auch den Beitrag von Ebertz in diesem Reader.)

Die Sinus-Geo-Milieus[6] eröffnen vielfältige Anwendungen im Rahmen von *Regionalentwicklung und Wohnen*. Die Bevölkerungsanalyse definierter regionaler Einheiten (auch) nach Sinus-Milieus ermöglicht ein tieferes Verständnis der Bedürfnisse und Wünsche (vgl. etwa für Berlin Anheier und Hurrelmann 2014, für Salzburg Hofer und Wally 2011). Milieuspezifisches Nachfrageverhalten nach Wohnumgebungen thematisieren etwa Hallenberg und Poddig (2005). Eine brisante journalistische Analyse nimmt Drieschner (2016) vor, indem er den Widerstand gegen die Errichtung von Flüchtlingsunterkünften in Hamburg auf die Milieustruktur in den jeweiligen Stadtteilen zurückführt.

Auch in der klassischen Marketingforschung gibt kaum eine Marktkategorie, für welche die Sinus-Milieus noch nicht eingesetzt wurden. Auf ihrer Basis können strategische Zielgruppen präzise bestimmt und anschaulich illustriert werden (vgl. Kotler et al. 2011, S. 284–288). Spezielle Anwendungsfelder sind etwa Mediennutzung und Mediaplanung (z. B. Nowak 2009), die Bereiche Freizeit und Tourismus (z. B. Tockner 2009), IT und Telekommunikation (z. B. Klär et al. 2006).

Eine besonders interessante aktuelle Anwendung wurde für die Londoner Hotel-Design-Messe Sleep vorgenommen. Für einen internationalen Designer-Wettbewerb wurden fünf Hotelzimmer für unterschiedliche Sinus-Meta-Milieus[7] eingerichtet. Das Konzept des Designbüros Gensler aus London für die Digitale Avantgarde (siehe Abbildung 3) war der Gewinner: „Das Hotelzimmer nimmt sich die fortwährende Suche des Milieus nach Inspiration und kreativem Experimentieren zum Thema und will dem Hotelgast die Möglichkeit geben, selbst Teil der örtlichen Subkultur zu werden." (AHGZ 2017)

Erweiterungen der Sinus-Milieus gibt es für jugendliche Lebenswelten (vgl. Calmbach et al. 2016; siehe auch die Beiträge von Calmbach und Barth in diesem

---

6 Die Sinus-Geo-Milieus sind eine Wahrscheinlichkeitszuordnung von Milieuzugehörigkeit zu Wohnadressen; Details dazu im Beitrag von Küppers in diesem Band.
7 Die Sinus-Meta-Milieus sind eine länderübergreifende Version der Sinus-Milieus; Details dazu im Beitrag von Schäuble et al. in diesem Band.

Abb. 3 Hotelzimmer für die Digitale Avantgarde

© Sven Eselgroth 2017

Band) oder die deutsche Migrantenpopulation (vgl. Wippermann und Flaig 2009; siehe auch den Beitrag von Flaig und Schleer in diesem Band). Für letztere gibt es auch eine mikrogeographische Anwendung.

Die Sinus-Milieus sind ein allgemeines Modell, welches natürlich auch kategorien- und bereichsspezifisch geschärft werden kann. So wurde für das Deutsche Institut für Vertrauen und Sicherheit im Internet (DIVSI) eine Typologie der Internetverwender entwickelt und für unterschiedliche Altersgruppen konkretisiert (siehe DIVSI 2013, 2014, 2016). Im Marketingbereich werden kategorienspezifische Konkretisierungen der Sinus-Milieus für so unterschiedliche Wirtschaftsbereiche wie Finanzdienstleistungen, Mobilität, Mode, Medien und Fast Moving Consumer Goods verwendet (siehe auch den Beitrag von Borgstedt und Stockmann in diesem Band).

1.4 Diskriminations- und Erklärungskraft der Sinus-Milieus®

Die Sinus-Milieus sind Wertecluster, die auf der Basis ähnlicher Grundüberzeugungen und Mentalitäten gebildet werden. Alle manifesten Verhaltensweisen, etwa Kauf- und Konsumentscheidungen, können Ausdruck von Grundüberzeugungen sein und dazu dienen, Zugehörigkeit (zum eigenen Milieu) oder Abgrenzung (zu fremden Milieus) zu signalisieren. Je mehr Wahlmöglichkeiten es gibt, je differenzierter sich Verhaltensweisen darstellen lassen, je zentraler sie für das eigene Selbstbild und die Abgrenzung von anderen sind, desto eigenständiger verhalten sich die Angehörigen verschiedener Milieus.

Deswegen zeigen sich in den unterschiedlichsten Anwendungsfeldern starke Verhaltens- und Einstellungsunterschiede zwischen den Sinus-Milieus. Diese Unterschiede nach Milieus sind oft weit klarer als jene zwischen soziodemografisch definierten Subgruppen. Mindestens ebenso wichtig ist aber auch die Erklärbarkeit der Unterschiede durch die bekannte Grundstruktur der Milieus, d. h. durch ihre Werthaltungen, Lebensperspektiven und Prinzipien der Lebensführung. Unterschiedliche Präferenzen etwa zwischen Traditionellen, Performern und Digitalen Individualisten sind leichter zu verstehen als jene zwischen (inhaltlich kaum bestimmten) Alters-, Geschlechts- oder Bildungsgruppen.

Zur diskriminatorischen Kraft der Sinus-Milieus im Vergleich zur soziodemographischen Betrachtung liegen schon einige Veröffentlichungen vor (etwa anhand des Mobilitätsverhaltens, siehe Dangschat und Mayr 2013, oder anhand des Abfalltrennverhaltens, siehe Flaig und Barth 2014). Im Folgenden soll ein Beispiel aus unserer politischen Forschung dargestellt werden (siehe INTEGRAL 2016). Wir haben unter anderem das folgende Item zur Bewertung vorgelegt: „Die meisten Politiker haben keine Ahnung, wie es normalen Menschen geht." Die Ergebnisse der diesbezüglichen Milieubetrachtung sind in Abbildung 4 dargestellt.[8]

Die stärkste Überzeugung, dass Politiker keine Ahnung von den normalen Menschen haben, findet sich im Milieu der Bürgerlichen Mitte mit 61 % (Indexwert ist 145, d. h. die Zustimmung liegt um 45 % über der durchschnittlichen Zustimmung von 42 %). Ebenfalls deutlich über dem Durchschnitt liegen die Adaptiv-Pragmatischen (die jüngere, flexible Mitte), sowie die Konsumorientierte Basis (das Milieu, das sich stark nach der Mitte hin orientiert, aber sich abgehängt fühlt).

Dass diese Behauptung der Entfremdung zwischen Politik und Menschen gerade von den Milieus der (tatsächlichen oder angestrebten) Mitte vertreten wird, ist kein neuer Befund. In der Forschung von INTEGRAL werden die Milieus der

---

8 2111 Online-Interviews aus dem INTEGRAL Online Pool, repräsentativ für die 14- bis 69-jährigen Österreicher/innen. 4 Antwortmöglichkeiten: Stimme voll und ganz zu, stimme eher zu, stimme eher nicht zu, stimme überhaupt nicht zu.

Abb. 4 Betrachtung der Politik – Distanz nach Sinus-Milieus in Österreich

Die meisten Politiker haben keine Ahnung, wie es normalen Menschen geht % „Stimme voll und ganz zu"

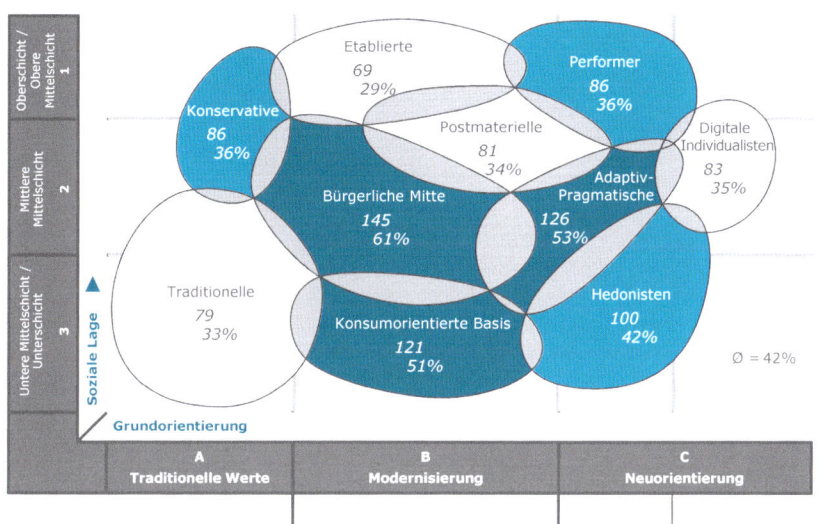

- Etablierte: 69 / 29%
- Performer: 86 / 36%
- Konservative: 86 / 36%
- Postmaterielle: 81 / 34%
- Digitale Individualisten: 83 / 35%
- Bürgerliche Mitte: 145 / 61%
- Adaptiv-Pragmatische: 126 / 53%
- Traditionelle: 79 / 33%
- Konsumorientierte Basis: 121 / 51%
- Hedonisten: 100 / 42%

Ø = 42%

Soziale Lage: 1 Oberschicht / Obere Mittelschicht, 2 Mittlere Mittelschicht, 3 Untere Mittelschicht / Unterschicht

Grundorientierung: A Traditionelle Werte, B Modernisierung, C Neuorientierung

Q15: Wie sehr stimmen Sie persönlich diesen Aussagen zu? (Skala: 1 Stimme voll und ganz zu - 4 stimme überhaupt nicht zu)

© INTEGRAL

Mitte und speziell die früher so affirmative Bürgerliche Mitte seit Jahren als zunehmend kritisch, um nicht zu sagen **verbittert gegenüber der Politik und den demokratischen Institutionen** Österreichs identifiziert. In der erwähnten Studie gibt es weiters die folgenden Spitzenwerte der Bürgerlichen Mitte bei systemkritischen Aussagen[9]:

- 90 % Zustimmung: „Manchmal kann man den Eindruck haben, die Welt versinkt im Chaos, wegen Terror, Kriegen etc." (Mittelwert 83 %)
- 79 % Zustimmung: „Man kann nichts mehr glauben, was in den Medien berichtet wird" (Mittelwert 70 %)

---

[9] Die Skalenpunkte 1 (stimme voll und ganz zu) und 2 (stimme eher zu) der vierstufigen Skala wurden hier zusammengefasst.

- 78 % Zustimmung: „Unser Wohlstand wird zurückgehen, unseren Kindern wird es schlechter gehen als uns selbst" (Mittelwert 66 %)
- 86 % Zustimmung: „Die Kriminalität nimmt ständig zu und man kann sich nirgends mehr wirklich sicher fühlen" (Mittelwert 64 %)

Dieses Gefühl der Unsicherheit in einer gefährlichen Welt, die von Eliten regiert wird, die nur ihre eigenen Interessen und nicht die des Volkes im Sinn haben, ist in Österreich schon im Gesamtdurchschnitt erstaunlich stark ausgeprägt und erklärt natürlich auch die seit langem hohe Bedeutung der rechtspopulistischen FPÖ. Aber es ist speziell die Mitte, welche sich immer stärker systemkritisch äußert – seit längerem schon das Milieu der Bürgerlichen Mitte, aktuell driften auch die Adaptiv-Pragmatischen in Richtung Systemkritik.

So logisch und nachvollziehbar also die Milieudifferenzierung bei diesem Beispiel ist, so unklar erscheint die soziodemographische Betrachtung. Abbildung 5 zeigt eine Aufschlüsselung der Zustimmung zur Aussage „Die meisten Politiker haben keine Ahnung, wie es normalen Menschen geht" nach den gängigen Gruppen.

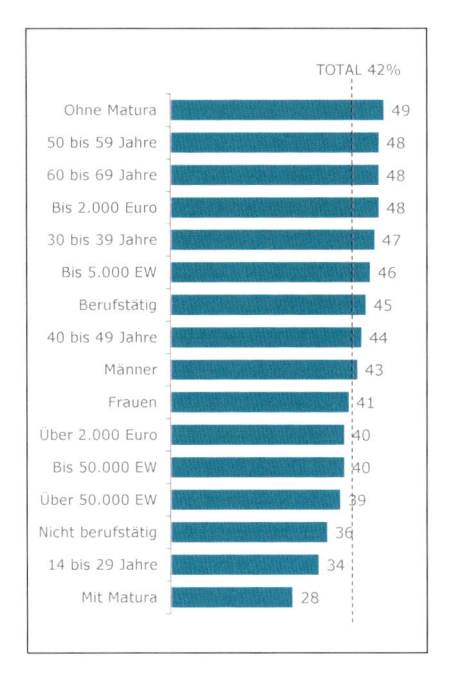

Abb. 5 Soziodemographische Betrachtung der Politik-Distanz

TOTAL 42%

Ohne Matura	49
50 bis 59 Jahre	48
60 bis 69 Jahre	48
Bis 2.000 Euro	48
30 bis 39 Jahre	47
Bis 5.000 EW	46
Berufstätig	45
40 bis 49 Jahre	44
Männer	43
Frauen	41
Über 2.000 Euro	40
Bis 50.000 EW	40
Über 50.000 EW	39
Nicht berufstätig	36
14 bis 29 Jahre	34
Mit Matura	28

© INTEGRAL

Die höchste Zustimmung ergibt sich hier bei Befragten ohne Matura (49 %) und in der Altersgruppe 50 bis 69 Jahre (48 %). Kaum darunter liegen Befragte mit einem Einkommen bis maximal 2000 Euro, 30- bis 39-Jährige, Landbevölkerung (Orte mit maximal 5000 Einwohnern), Berufstätige und 40- bis 49-Jährige. Am ehesten ist die Zustimmung also korreliert mit niedriger Bildung und niedrigem Einkommen, ländlichem Wohnsitz und mit dem Alter (über 30). Allerdings sind die Zusammenhänge sehr schwach und nicht besonders erhellend. Über eine soziodemographische Betrachtung lässt sich diese Kritik an den Politikern also kaum erklären.

Der hier gezeigte Befund hat starke Ähnlichkeit mit dem „neurechten Einstellungsmuster", das in der Studie „Gespaltene Mitte" der Friedrich-Ebert-Stiftung beschrieben wurde (siehe Zick et al. 2016). In Deutschland konnte dieser Einstellungskomplex, der mit einer Wahlpräferenz für die AfD korreliert, bei 28 % der Bevölkerung identifiziert werden und hat unter anderem die Komponenten:

- Man fühlt sich vom Islam unterwandert
- Die regierenden Parteien betrügen das Volk
- In Deutschland kann man nicht frei seine Meinung äußern

Unserer Meinung nach ist das Milieu der Bürgerlichen Mitte von zentraler Bedeutung für den Erfolg rechtspopulistischer Parteien in Österreich, Deutschland oder der Schweiz. Dieses Milieu steht für den Kern der gesellschaftlichen Mitte der Nachkriegszeit, über die Koppetsch (2013) schreibt: „Und sie war Normgebungsinstanz, da ihr Lebensentwurf – die Normalität der Arbeit, des Lebenslaufs und der bürgerschaftlichen Tugenden – für die Gesellschaft im Ganzen verbindlich wurde." (S. 7) Die politische Stabilität der Nachkriegszeit bis in die 1980er Jahre hinein kann durch einen impliziten Gesellschaftsvertrag zwischen den Eliten und der Mitte erklärt werden: Fleiß und Anpassungsbereitschaft als Einsatz für steigenden und angemessenen Wohlstand, sichere Arbeitsverhältnisse und eine gute Zukunft für die Kinder. Seither scheint sich Entscheidendes geändert zu haben. Die Mitte hat ihre kulturelle Vorbildfunktion an die globalisierungsbeflissenen und neoliberal argumentierenden Eliten abgegeben. Ihr Einkommen stagniert und die Perspektiven für ihre Kinder wurden schwieriger. Unsere Forschung zeigt, dass die zunehmende Wahrnehmung von Unsicherheiten, Gefahren, Bedrohungen des persönlichen Wohlstands sowie Verdunkelung der Zukunft der eigenen Kinder auf das Versagen des politischen Systems, ja sogar auf den Verrat der Mitte durch selbstsüchtige Eliten zurückgeführt wird. So entstand letztlich das Paradoxon, dass jenes Milieu, welches früher am stärksten durch Stabilität, Affirmation und Harmoniebedürfnis geprägt war, nun zum Hort von Wutbürgern mutierte, die vehement eine „neue" Politik über rechtspopulistische Parteien einfordern.

2 Zukunftsrelevanz der Sinus-Milieus®

2.1 Sind die Sinus-Milieus® noch aktuell und relevant?

Die aktuelle Relevanz der Sinus-Milieus könnte anhand der folgenden Fragestellungen untersucht werden:

1) Lassen sich Menschen im Jahr 2017+ überhaupt noch nach sozialen Milieus gruppieren?
2) Falls ja: Ist der erzielte Erkenntnisgewinn den Aufwand wert?

Unsere Grundüberzeugung ist, dass die **fortschreitende Individualisierung** in unserer Gesellschaft nicht zu unzähligen Einzelpersonen, sondern zu neuen Gruppenzugehörigkeiten, eben **zu sozialen Milieus**, geführt hat. Diese neuen Zugehörigkeiten sind weniger eindeutig als die früheren, lassen sich aber trotzdem für die meisten Menschen (nicht für alle!) **relativ klar erschließen**. Die dagegen oft ins Feld geführte Bedeutung von Situation und Kontext für das menschliche Verhalten ist natürlich richtig, stellt aber keinen Widerspruch dar. Es gibt „starke" Situationen, die das Verhalten eindeutig und unabhängig von der Milieuzugehörigkeit steuern (etwa: vor einer roten Ampel hält man den Wagen an, jedenfalls in Mitteleuropa). Interessanter sind jedoch „schwache" Situationen und hier vor allem Verhaltensweisen oder Einstellungen mit hoher sozialer Signifikanz, in denen milieuspezifische Werte zum Tragen kommen.

Letztlich aber müssen sich Modelle sozialer Wirklichkeiten über ihren Nutzen rechtfertigen, ob nun im wissenschaftlichen oder kommerziellen Umfeld. Konkret: Ist der Aufwand für die Klassifizierung nach Sinus-Milieus die Kosten und die Mühe wert? Die Verfügbarkeit von gewaltigen Datenmengen im Internet und die Möglichkeit ihrer verhaltensnahen Strukturierung führt gerade dort, wo es um schnelle Abverkäufe geht, zu einer negativen Antwort. Das ist auch naheliegend: Unmittelbare Verkaufsförderung ist nicht der beste Einsatzbereich der Sinus-Milieus.[10] Wohl aber lassen sich mit den Sinus-Milieus komplexere soziale Phänomene verstehen und daraus Handlungsanleitungen ableiten, die sehr wohl konkreten Nutzen abwerfen: etwa die Entwicklung von Zielgruppenstrategien, Markenpositionierungen, politischen Strategien etc.

---

10 Kritisch nachfragen könnte man aber hier auch, ob Online-Targeting, welches üblicherweise auf der schlichten Projektion vergangenen Kaufverhaltens in die Zukunft beruht, wirklich so gut funktioniert, wie oft suggeriert wird.

2.2 Die Erfassung der aktuellen gesellschaftlichen und sozialen Dynamik

Die Aneignung von milieukonstituierenden Wertorientierungen entsteht im Jugendalter und führt zu relativ stabilen Milieuzugehörigkeiten (vgl. Barth und Flaig 2013). Das Gesamtmodell der sozialen Milieus ist aber ständig in Bewegung und verändert sich. Wertewandel und soziale Veränderungen bleiben längerfristig nicht ohne Einfluss auf die Milieustruktur. Insbesondere ist jede Jugendgeneration mit neuen Wertegemengen bzw. -hierarchien konfrontiert, woraus sich dann ganz neue Milieus bilden können. Während der Anteil der **traditionellen Milieus** in unserer Gesellschaft zurückgeht, beobachten wir ein kontinuierliches Wachstum im **modernen Segment**. Hier gibt es naturgemäß die meisten Struktur- und Stilveränderungen – mit Auswirkungen sowohl auf die quantitative Größe der Milieus, wie auch auf ihren Zuschnitt und ihre innere Verfassung.

Wir beobachten nun seit Beginn des neuen Jahrhunderts und verstärkt in den letzten Jahren zunehmende Verunsicherung und Zukunftsängste und in der Folge eine Suche nach Halt und Vergewisserung. Wir fassen das unter dem Begriff des *Regrounding,* dem Bedürfnis nach einem festen Boden unter den Füßen. Insbesondere in den jungen Lebenswelten entstehen generalisierte pragmatische Haltungen, die entsprechend der Logik der Machbarkeit das Verfolgen persönlicher, unmittelbar umsetzbarer Ziele fördern.

2.3 Die Zukunftsmilieus

Im Zuge der letzten Aktualisierungen der Milieulandschaften in der DACH-Region[11] haben wir zwei neue Milieus identifiziert, die in den drei Ländern sehr ähnlich definiert sind: Die Adaptiv-Pragmatischen und die Expeditiven (Deutschland) bzw. Digitale Individualisten (Österreich) oder Digitale Kosmopoliten (Schweiz). Wir bezeichnen diese Milieus als „Zukunftsmilieus", weil sie am schnellsten wachsen und weil ihre Haltungen in Zukunft die Gesellschaft prägen werden: Als neue Mitte und als neue Elite (Barth 2016).

Eine wichtige Gemeinsamkeit zwischen diesen Milieus stellt die oben angesprochene pragmatische Haltung dar. Sie sind „Egotaktiker": „Was ist das Beste für mich? Und wie halte ich mir möglichst viele Optionen offen?" (Hurrelmann und Albrecht 2014, S. 32). Sie glauben nicht mehr an die großen Erzählungen vom gesellschaftlichen Fortschritt, seien es sozialistische oder neoliberale Visionen. „Gesellschaft" ist für sie nicht mehr relevant, und die Eliten sind unglaubwürdig

---

11 Deutschland 2010, Österreich 2011, Schweiz 2012.

geworden. Stattdessen konzentrieren sie sich auf überschaubare Gemeinschaften oder Netzwerke.

Diese Milieus haben neue Wertekonfigurationen entwickelt, die nicht mehr der Logik des „entweder – oder", sondern dem Anspruch auf das „sowohl – als auch" verpflichtet sind; die Kombination von scheinbar Widersprüchlichem wird zur Regel. „Alte" Werte wie Sicherheit, Einordnung, Leistung, Familie etc. werden zeitgemäß interpretiert und verbinden sich mit hedonistisch-ichbezogenen und individualistischen Entfaltungswerten.

Aber die Unterschiede zwischen diesen Milieus in ihren weiteren Werthaltungen und ihren Lebensstilen sind beträchtlich. Die wichtigste Bruchlinie stellt ihr Verhältnis zur globalen Welt dar: Wo die Adaptiv-Pragmatischen auf Begrenzung und Regionalität/Nationalität setzen, wollen die Digitalen Individualisten Entgrenzung und internationalen Austausch[12]. Beispielhaft sei hier aus unserer Eigenforschung (INTEGRAL 2016) ihr Verhältnis zur EU angeführt. Bringt die Mitgliedschaft in der EU eher Vorteile oder eher Nachteile? Ergebnisse siehe in Abbildung 6[13].

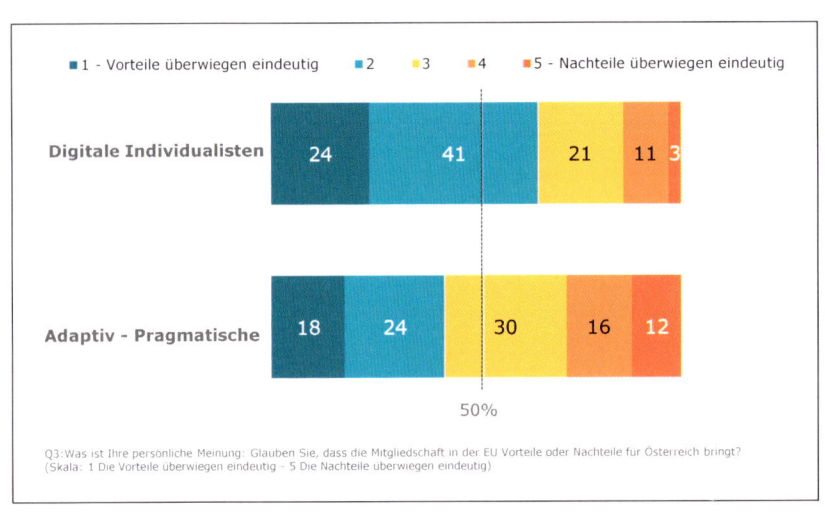

Abb. 6 Adaptiv-Pragmatische und Digitale Individualisten zur EU-Mitgliedschaft

© INTEGRAL

---

12 Die Erörterungen für die Digitalen Individualisten in Österreich gelten weitgehend auch für die Expeditiven in Deutschland oder die Digitalen Kosmopoliten in der Schweiz.
13 2111 Online-Interviews aus dem INTEGRAL Online Pool, repräsentativ für die 14- bis 69-jährigen Österreicher/innen.

Zwei Drittel der Digitalen Individualisten, aber kaum mehr als 40 % der Adaptiv-Pragmatischen sehen überwiegend Vorteile der EU-Mitgliedschaft. Der Saldo Vorteile (Skalenpunkte 1 und 2) minus Nachteile (Skalenpunkte 4 und 5) erreicht für die ersteren überzeugende 51 %, für die letzteren aber nur mehr 14 %.
Wie lassen sich nun beide Milieus systematisch charakterisieren?

Die Adaptiv-Pragmatischen: Die neue Mitte

Adaptiv-Pragmatische sind flexibel, fleißig und angepasst – nicht aus Überzeugung, sondern zur Zielerreichung und solange es ihnen nützt. Ihr vorrangiges Ziel sind Sicherheit und Wohlgefühl im privaten Bereich, im Familien- oder Freundeskreis. Sie bilden den Mainstream der jungen Freizeitkultur und werden in Zukunft die „alte" Mitte, das Milieu der Bürgerlichen Mitte, als wichtigstes Milieu im Zentrum der Gesellschaft ablösen. Im Unterschied zur alten Mitte bringen sie einen höheren Pragmatismus und einen effizienten und selbstverständlichen Umgang mit den digitalen Entwicklungen ins Arbeitsleben ein; allerdings auch eine große Distanz zum Unternehmen, das sie beschäftigt. Sie sind leidenschaftslose Pflichterfüller.

Ähnlich dem Milieu der Bürgerlichen Mitte, erleben die Adaptiv-Pragmatischen die Welt als gefährlich und chaotisch. Weiters haben auch sie zunehmend das Gefühl, von den Eliten übersehen zu werden und speziell für die Politiker nicht interessant zu sein. Allerdings zeichnen sie sich weniger durch verbissene Ressentiments aus, sondern durch ein nüchternes Nutzenkalkül. Wenn ihnen die Rechtspopulisten glaubhaft machen können, dass sie ihre Lebenssituation verbessern, dann werden sie sie wählen, sonst nicht. So sind die Adaptiv-Pragmatischen in Deutschland nach wie vor für die AfD schwer erreichbar, in Österreich dagegen hat die FPÖ in ihren Augen offenbar zunehmend die besseren Argumente.

Die Digitalen Individualisten[14]: Die neue Elite

Die Digitalen Individualisten sind die Lifestyle-Avantgarde. Sie sind mental und geographisch mobil. Sie sind online und offline vernetzt. Sie spielen mit Identitäten und Rollen; ihr Lebensziel sind intensives Erleben und Selbstoptimierung. Viele von ihnen sind exzellent ausgebildet und begehrte junge Nachwuchskräfte; mittelfristig werden sie die derzeitige wirtschaftliche und politische Elite, die Performer, ablösen. Sie werden das Arbeitsleben nachhaltig verändern. Die strikte Karriereorientierung der derzeitigen Elite ist ihnen fremd. Der Job ist für sie oft nur ein Projekt unter vielen. Sie lehnen Hierarchien ab und fordern Netzstruktu-

---

14 Siehe Fußnote 12.

ren; sie lassen sich schwerer durch die klassischen Anreize wie Geld, Dienstwagen und Aufstieg motivieren und fordern stattdessen flexible Arbeitszeiten und Auszeiten.

Die Welt draußen erleben die Digitalen Individualisten als spannend und gestaltbar. Sie halten selbstbewusste Distanz zu den Eliten und haben das Bedürfnis nach interessanten und unterhaltsamen Politikern. Grundsätzlich sind sie skeptisch gegenüber rechtspopulistischen Ideologien, da Abschottung und Nationalismus mit ihrer Grundorientierung schwer vereinbar sind.

2.4 Die Zukunftsmilieus und die Zukunft unserer Gesellschaft

Wenn die beiden Zukunftsmilieus, wie wir glauben, die Zukunft unserer Gesellschaft bestimmen werden, als neue Mitte und neue Elite, dann hat das natürlich vielfältige Implikationen schon heute für die unterschiedlichsten Aktionsfelder. Dies soll hier nur kurz skizziert werden.

Konsumtrends und Markenorientierung

Für Adaptiv-Pragmatische ist alles interessant, was mit Heimat, regionalem Umfeld, Sicherheit zu tun hat. Sie sind es, die den **Trend zu regionalen Produkten** und zu volkstümlicher Musik begründen. In ihrer Markenorientierung konzentrieren sie sich auf bewährte, traditionelle und stabile Marken.

Die Digitalen Individualisten brauchen dagegen **Mobilität und Flexibilität** und sind die **wichtigsten Treiber der Digitalisierung der Gesellschaft** und des Alltagslebens. Erlebnis und das Ausprobieren von Rollen und Masken sind für sie relevant – daraus resultieren auch hohe Erwartungen an Premiummarken, die über die bisherigen Markenerwartungen hinausgehen. Sie brauchen Marken, welche die richtigen Beziehungsangebote machen, den eigenen, avantgardistischen Anspruch fördern, sich für eine herausragende Selbstinszenierung verwenden lassen.

Erwartungen an das politische System

Von vorneherein scheinen die politischen Erwartungen inkompatibel. Die Adaptiv-Pragmatischen erwarten von der Politik Sicherheit und Schutz vor Veränderungen. Die Digitalen Individualisten dagegen wollen, dass ihnen die Politik Möglichkeitsräume öffnet. Aber es gibt eine große Gemeinsamkeit zwischen beiden Milieus. Beide sind auf konkrete Vorteile aus und relativ schwer erreichbar für Ideologien. Beide wissen, dass die Welt so ist, wie sie ist, und dass sie nicht verbissen die Rückkehr in die vorgeblich heile Welt früherer Zeiten fordern können. Die aktuellen Erfolge der rechtspopulistischen Parteien haben viel mit Ressentiments und nostalgischen Verblendungen zu tun und werden *nicht* von den Zukunftsmilieus getragen. Sie stellen vielmehr Rückzugsgefechte der alten Milieus dar. Die politische Zukunft wird wahrscheinlich nüchterner und rationaler sein.

Zusammenhalt der Gesellschaft

Gleichzeitig stellt sich aber die Frage nach dem Zusammenhalt einer Gesellschaft, deren unterschiedliche Milieus kein gemeinsames, verbindendes Ziel mehr haben, wie das die Aufstiegsgesellschaft der Nachkriegsjahre auszeichnete. Vielmehr wird es Milieus der Mitte und Elitemilieus geben, die sehr unterschiedliche Lebensperspektiven entwickelt haben. Beispielhaft in Abbildung 7 die Zukunftserwartungen aus unserer Eigenforschung (INTEGRAL 2016)[15]: Wie optimistisch schaut man in die Zukunft?

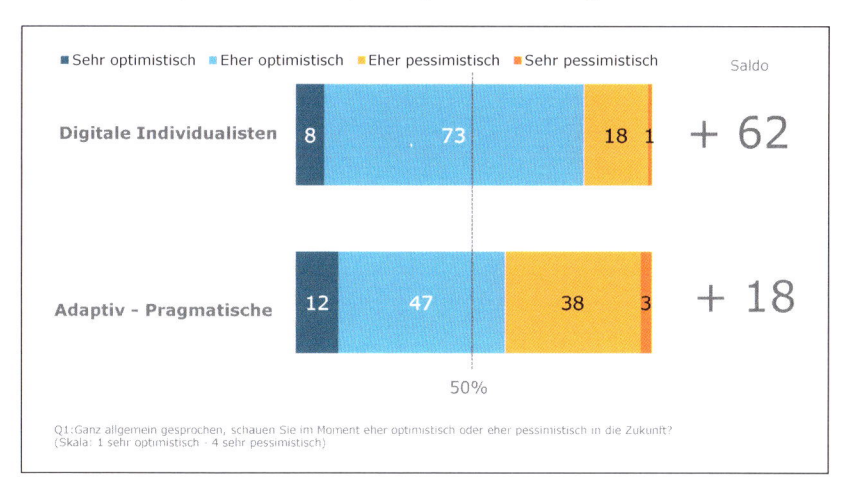

Abb. 7 Zukunftsoptimismus von Adaptiv-Pragmatischen und Digitalen Individualisten

	Sehr optimistisch	Eher optimistisch	Eher pessimistisch	Sehr pessimistisch	Saldo
Digitale Individualisten	8	73	18	1	+ 62
Adaptiv - Pragmatische	12	47	38	3	+ 18

Q1: Ganz allgemein gesprochen, schauen Sie im Moment eher optimistisch oder eher pessimistisch in die Zukunft? (Skala: 1 sehr optimistisch - 4 sehr pessimistisch)

© INTEGRAL

Die überwältigende Mehrheit der Digitalen Individualisten und eine kleine Mehrheit der Adaptiv-Pragmatischen hat eine positive Zukunftsorientierung. Die Saldi von 62 % vs. 18 % Optimismus stehen für unterschiedliche Offenheit und

---

15 Siehe Fußnote 13.

Kompetenzen im Umgang mit den Möglichkeiten und Herausforderungen der aktuellen Gesellschaft. Eine politische Notwendigkeit der Zukunft wird es sein, einen stabilen gemeinsamen Nenner zwischen der skeptisch-vorsichtigen neuen Mitte und der überschwänglich-offenen neuen Elite zu definieren, auf der Basis von überzeugenden Vorteilen für alle.

Literaturverzeichnis

AHGZ Allgemeine Hotel- und Gastronomie-Zeitung.2017. Hotelzimmer auf Basis der Sinus-Meta-Milieus. https://www.ahgz.de/news/design-hotelzimmer-auf-basis-der-sinus-meta-milieus,200012237338.html. Zugegriffen: 23. April 2017.

Anheier, Helmut K. und Klaus Hurrelmann, Hrsg. 2014. Die Hauptstädter – Berlin 25 Jahre nach dem Mauerfall. Hamburg: Hoffmann und Campe.

Appelrath, Hans-Jürgen, Kagermann, Henning und Mayer, Christoph, Hrsg. 2012. Future Energy Grid. Migrationspfade ins Internet der Energie. acatech – Deutsche Akademie der Technikwissenschaften.

Barth, Bertram. 2016. Leben im digitalen Biedermeier. A3 Marketing, 1-2/2016: 16–18.

Barth, Bertram und Flaig, Berthold Bodo. 2013. Was sind die Sinus-Milieus? Eine Einführung in die sozialwissenschaftliche Fundierung und Praxisrelevanz eines Gesellschaftsmodells. In Jugendliche Lebenswelten. Perspektiven für Politik, Pädagogik und Gesellschaft, Hrsg. Peter Martin Thomas und Marc Calmbach, 11–32. Berlin und Heidelberg: Springer Spektrum.

Berger, Peter A. und Claudia Neu. 2007. Sozialstruktur und soziale Ungleichheit. In Lehrbuch der Soziologie, Hrsg. Hans Joas, 241–266. Frankfurt/M: stw Suhrkamp Taschenbücher Wissenschaft.

Bosch, Aida. 2010. Konsum und Exklusion. Eine Kultursoziologie der Dinge. Bielefeld: transcript Verlag.

Bourdieu, P. 1992. Die feinen Unterschiede. Frankfurt/M: Suhrkamp.

BMU Bundesministerium für Umwelt, Naturschutz und Reaktorsicherheit. 2016. Naturbewusstsein 2015. Bevölkerungsumfrage zu Natur und biologischer Vielfalt. http://www.bfn.de/fileadmin/BfN/gesellschaft/Dokumente/Naturbewusstsein-2015_barrierefrei.pdf. Zugegriffen: 24. April 2017.

Burzan, Nicole. 2007. Soziale Ungleichheit. Eine Einführung in die zentralen Theorien. Wiesbaden: Verlag für Sozialwissenschaften.

Calmbach, Marc und Borgstedt, Silke. 2012. „Unsichtbares" Politikprogramm? Themenwelten und politisches Interesse von „bildungsfernen" Jugendlichen. In „Unsichtbares" Politikprogramm? Hrsg. Wiebke Kohl und Anne Seibring, 43–80. Bonn: Bundeszentrale für politische Bildung.

Calmbach, Marc, Silke Borgstedt, Peter Martin Thomas, Inga Borchard, Berthold Bodo Flaig. 2016. Wie ticken Jugendliche 2016? Lebenswelten von Jugendlichen im Alter von 14 bis 17 Jahren in Deutschland. Wiesbaden: Springer Verlag.

Dangschat, Jens S. und Mayr, René. 2013. Der Milieu-Ansatz in der Mobilitätsforschung. Ausgewählte Ergebnisse aus dem Forschungsprojekt mobility2know_4_ways2go. http://www2.ffg.at/verkehr/file.php?id=424. Zugegriffen: 24. April 2017.

DIVSI Deutsches Institut für Vertrauen und Sicherheit im Internet. 2013. DIVSI Milieu-Studie zu Vertrauen und Sicherheit im Internet. https://www.divsi.de/wp-content/uploads/2013/12/DIVSI_Milieu-Studie_Aktualisierung_2013.pdf. Zugegriffen: 24. April 2017.

DIVSI Deutsches Institut für Vertrauen und Sicherheit im Internet. 2014. DIVSI U25 Studie. https://www.divsi.de/wp-content/uploads/2014/02/DIVSI-U25-Studie.pdf.

DIVSI Deutsches Institut für Vertrauen und Sicherheit im Internet. 2016. DIVSI Ü60 Studie: Die digitalen Lebenswelten der über 60jährigen in Deutschland. https://www.divsi.de/wp-content/uploads/2016/10/DIVSI-UE60-Studie.pdf. Zugegriffen: 24. April 2017.

Drieschner, Franz. 2016. Die Herkunft des Widerstands. ZEIT Online, 25. 4. 2016.

Flaig, Berthold Bodo und Bertram Barth. 2014. Die Sinus-Milieus 3.0. Hintergründe und Fakten zum aktuellen Sinus-Milieu-Modell. In Zielgruppen im Konsumentenmarketing, Hrsg. Marion Halfmann, 105–120. Wiesbaden: Springer Fachmedien.

Flaig, Berthold Bodo, Meyer, Thomas, Ueltzhöffer, Jörg. 1994. Alltagsästhetik und politische Kultur. Zur ästhetischen Dimension politischer Bildung und politischer Kommunikation. Bonn: Verlag J. H. W. Dietz Nachf.

Geißler, Rainer. 2008. Die Sozialstruktur Deutschlands. Zur gesellschaftlichen Entwicklung mit einer Bilanz zur Vereinigung. Wiesbaden: Verlag für Sozialwissenschaften.

Götz, Konrad, Jutta Deffner und Immanuel Stieß. 2011. Lebensstilansätze in der angewandten Sozialforschung – am Beispiel der transdisziplinären Nachhaltigkeitsforschung. In Lebensstilforschung, Hrsg. J. Rössel und G. Otte, 86–112. Kölner Zeitschrift für Soziologie und Sozialpsychologie, Sonderheft 51/2011.

Hallenberg, Bernd und B. Poddig. 2005. Wissen, wer wo wohnt – Das Beratungsangebot WohnWissen. In: VHW Forum 4/2005, 212–218.

Hempelmann, Heinzpeter. 2012. Die Sinus-Milieus im Streit der Meinungen. Vom Unsinn und Sinn kirchlicher Arbeit mit den Ansätzen und den Erkenntnissen der Lebensweltforschung. http://heinzpeter-hempelmann.de/hph/wp-content/uploads/2013/02/sinus.pdf. Zugegriffen: 24. April 2017.

Hofer, Karin und Wally, Stefan. 2011. Die Salzburger Milieulandschaft. Untersuchung der Sozialstruktur Salzburgs nach den Kriterien der SINUS-Milieus. http://www.openaccess-salzburg.at/wp-content/uploads/2016/01/NFG_Die-Salzburger-Milieulandschaft_2011.pdf. Zugegriffen: 24. April 2017.

Hurrelmann, Klaus und Albrecht, Erik. 2014. Die heimlichen Revolutionäre: Wie die Generation Y unsere Welt verändert. Weinheim und Basel: Beltz Verlag.

INTEGRAL. 2016. Sinus-Milieus® Vertiefungsstudien 2016: Q3 Gesellschaft und Politik. Wien: INTEGRAL.

Katholische Arbeitsstelle für missionarische Pastoral, Hrsg. 2013. Milieus fordern heraus. Pastoraltheologische Deutungen zum MDG Milieu-Handbuch „Religiöse und kirchliche Orientierungen in den Sinus-Milieus® 2013". Erfurt: Katholische Arbeitsstelle für missionarische Pastoral.

Klär, Kerstin, O. Tabino, K. Henke und M. Buchwald. 2006. Fußgänger auf der Datenautobahn. planung & analyse 3/2006.

Koppetsch, Claudia. 2013. Die Wiederkehr der Konformität. Streifzüge durch die gefährdete Mitte. Frankfurt/M: Campus Verlag.

Kotler, Philip, Gary Armstrong, Veronica Wong, John Saunders. 2011. Grundlagen des Marketing. München: Pearson Studium.

Lönneker, Jens. 2014. Zielgruppe war gestern – Mit Verfassungsmarketing zur strategischen Einordnung von Kauf- und Konsumverhalten. In Zielgruppen im Konsumentenmarketing, Hrsg. Marion Halfmann, 227–240. Wiesbaden: Springer Fachmedien.

Michel, Jean-Baptiste et al. 2011. Quantitative Analysis of Culture Using Millions of Digitized Books. Science 331, 176–182

Müller, Hans-Peter. 2012. Die Pluralisierung sozialer Milieus und Lebensstile. http://www.bpb.de/politik/grundfragen/deutsche-verhaeltnisse-eine-sozialkunde/138455/die-pluralisierung-sozialer-milieus-und-lebensstile?p=all. Zugegriffen: 24. April 2017.

Nowak, Dorothea. 2009. Gesellschaft und Medien im Wandel. In Quo Vadis Zeitschriften?, Hrsg. Sven Dierks, 99–112. Wiesbaden: Verlag für Sozialwissenschaften.

Otte, Gunnar. 2008. Sozialstrukturanalysen mit Lebensstilen. Wiesbaden: Verlag für Sozialwissenschaften.

Otte, Gunnar. 2011. Die Erklärungskraft von Lebensstil- und klassischen Sozialstrukturkonzepten. In Lebensstilforschung, Hrsg. J. Rössel und G. Otte, 361–398. Kölner Zeitschrift für Soziologie und Sozialpsychologie, Sonderheft 51/2011.

Otte, Gunnar und Rössel, Jörg. 2011. Lebensstile in der Soziologie. In Lebensstilforschung, Hrsg. J. Rössel und G. Otte, 7–34. Kölner Zeitschrift für Soziologie und Sozialpsychologie, Sonderheft 51/2011.

Peichl, Thomas. 2014. Von Träumern, Abenteurern und Realisten – Das Zielgruppenmodell der GfK Roper Consumer Styles. In Zielgruppen im Konsumentenmarketing, Hrsg. Marion Halfmann, 135–149. Wiesbaden: Springer Fachmedien.

Pfannenmüller, Judith. 2017. Die Daten der anderen. Werbung & Verkauf 12/2017, 17–21.

Reformierte Kirche Kanton Zürich. 2012. Milieustudie. Lebensweltliche, religiöse und kirchliche Orientierungen im Kanton Zürich. www.kirchenreform-zh.ch/dokumente/milieu-studie. Zugegriffen: 24. April 2017.

Schleer, Christoph und Marc Calmbach. 2015. Berufliche Orientierung Jugendlicher: Empirische Hinweise für ein zielgruppenorientiertes Ausbildungsmarketing. In Ausländische Fachkräfte gesucht. Vortragsreihe der IIK-Abendakademie, Hrsg. Heiner Barz und Matthias Jung, 219–243. Düsseldorf: University Press.

Schwarz, Nina und Andreas Ernst. 2008. Die Adoption von technischen Umweltinnovationen: das Beispiel Trinkwasser. Umweltpsychologie, 12. Jg., Heft 1, 2008, 28–48.

Städele, Kay. 2015. Kartoffeln für die Onliner. Werbung & Verkauf 9/2015, 48–51.

Tippelt, Rudolf, Reich, Jutta, von Hippel, Aiga, Barz, Heiner, Baum, Dajana. 2008. Weiterbildung und soziale Milieus in Deutschland. Band 3: Milieumarketing implementieren. Bielefeld: W. Bertelsmann Verlag.

Tockner, Ariane. 2009. „Urlaub in Österreich" – Die subtile und gekonnte Weiterentwicklung einer Marke. Transfer 3/2009.

Vehrkamp, Robert. 2015. Politische Ungleichheit – neue Schätzungen zeigen die soziale Spaltung der Wahlbeteiligung. Einwurf – Zukunft der Demokratie 2/2015 (Bertelsmann-Stiftung), 2–8.

Walter, Franz. 2008. Baustelle Deutschland. Frankfurt/M: Suhrkamp.

Wippermann, Carsten und Flaig, Berthold Bodo. 2009. Lebenswelten von Migrantinnen und Migranten. Aus Politik und Zeitgeschichte 5/2009, 3–11.

Zick, Andreas, Beate Küppers, Daniela Krause. 2016. Gespaltene Mitte – Feindselige Zustände. Rechtsextreme Einstellungen in Deutschland 2016. Bonn: J. H. W. Dietz Nachf.

Keywords

Sinus-Milieus, Milieuansatz, Lebensstile, Zukunftsmilieu, Adaptiv-Pragmatisches Milieu, Digitale Individualisten, Expeditive, Politikdistanz, Rechtspopulismus, neue Mitte, neue Elite

Internationalisierung der Milieuforschung: Die Sinus-Meta-Milieus®

Von Norbert Schäuble, Manfred Tautscher, Matthias Arnold und Nico Hribernik

Zusammenfassung

Der Beitrag resümiert die Internationalisierung der Sinus-Milieuforschung seit Ende der 1980er Jahre. In einer ersten Phase wurden, schwerpunktmäßig für europäische Länder, für jedes Land eigenständige Milieumodelle entwickelt, die anschließend als Ergebnis eines transnationalen Vergleichs sieben länderübergreifenden Zielgruppen-Segmenten („Meta-Milieus") zugeordnet werden konnten. Getrieben vom Erfordernis einer globalen marktstrategischen Planung großer Unternehmen kam es in der zweiten Entwicklungsphase seit 2013 bei der Entwicklung neuer Ländermodelle zu einem Paradigmenwechsel von „bottom up" zu „top down". Deshalb werden die inzwischen identifizierten neun Sinus-Meta-Milieus heute so einheitlich wie möglich und so unterschiedlich wie nötig entwickelt, so dass sie international vergleichbar sind, aber auch relevante lokale Spezifika berücksichtigen.

Die unterschiedliche soziohistorische Entwicklung macht bei der Modellbildung die Unterscheidung zwischen entwickelten Märkten (established markets) und den emerging markets der Schwellenländer notwendig. Dennoch gibt es in den beiden ökonomischen Sphären vergleichbare Milieus, insbesondere bei den jungen Zukunftsmilieus. Die Sinus-Meta-Milieus werden veranschaulicht am Beispiel von drei südostasiatischen Ländern, u. a. anhand eines Fallbeispiels aus dem Kosmetikmarkt.

1 Die Internationalisierung der Sinus-Milieuforschung

1.1 Sinus-Milieus® in Europa

Nach dem großen Erfolg der Sinus-Milieus in Deutschland begann das SINUS-Institut schon Ende der 1980er Jahre die Lebenswelt- und Milieuforschung auf die europäischen Nachbarländer zu übertragen und im Auftrag eines Konsortiums (Daimler-Benz, Deutsche Bank und Deutsche Lufthansa) zunächst für Frankreich, Italien und Großbritannien entsprechende Sinus-Milieumodelle zu entwickeln. In den 1990er Jahren kamen dann die post-kommunistischen Transformationsstaaten in Ost- und Mitteleuropa hinzu, später auch weitere Länder wie Kanada und China (siehe Abbildung 1). Ziel dabei war, unter Anwendung einheitlicher methodischer Standards, in jedem Land erst einmal die spezifischen, historisch gewachsenen Alltagskulturen zu verstehen, um dann, durch den systematischen interkulturellen Vergleich, Gemeinsamkeiten und Unterschiede zwischen den Ländern herauszufinden. Auf der Basis des jeweiligen kulturellen und geschichtlichen Hintergrundes wurden für jedes Land spezifische Sinus-Milieus definiert.

Abb. 1 Die Sinus-Milieus® international mit länderspezifischen Milieumodellen

Deutschland West	seit	1979
Deutschland Ost	seit	1990
Deutschland Gesamt	seit	2001
Großbritannien	seit	1989
Frankreich	seit	1989
Italien	seit	1989
Spanien	seit	1993
USA	seit	1997
Polen	seit	1997
Tschechische Republik	seit	1997
Slowakei	seit	1997
Ungarn	seit	1997
Niederlande	seit	1998
Belgien	Seit	1998
Russland	seit	1999
Österreich	seit	2001
Schweiz	seit	2003
Slowenien	seit	2003
Kroatien	seit	2004
Bulgarien	seit	2004
Kanada	seit	2005
China	seit	2006

© SINUS

1.2 Das erste Meta-Milieumodell

In der international vergleichenden Forschung kann es nicht darum gehen, in einem Land gewonnene Erkenntnisse unbesehen auf andere Länder zu übertragen. Die Realität ist zu komplex, und daher ist es entscheidend, den lokalen Kontext zu verstehen. Im interkulturellen Vergleich stellt sich dann aber doch heraus, dass es „Gruppen Gleichgesinnter" *(Meta-Milieus)* auch über Ländergrenzen hinweg gibt. Tatsächlich lassen sich länderübergreifend gemeinsame Muster identifizieren: in den Wertorientierungen, den Lebensstilen und bei den Konsumpräferenzen. Und nicht selten ist dabei festzustellen, dass Menschen aus verschiedenen Ländern, aber vergleichbaren Milieus, mehr miteinander verbindet als mit dem Rest ihrer Landsleute. Ein derartiges Konzept schließt eine länderübergreifende Typenbildung à la „Euro-Cluster" a priori aus. Das Ordnungssystem von SINUS mit der Schichtachse „Soziale Lage" und der Werteachse „Grundorientierung" ist ein Grundraster, das einen länderübergreifenden Vergleich für die Einordnung der Milieus zulässt (siehe z. B. die Grafiken auf den Seiten 11, 13 und 14). So wurden die landesspezifischen Milieus Westeuropas sieben international vergleichbaren Meta-Milieus zugeordnet, wie in Abbildung 2 dargestellt.

Abb. 2 Sieben Sinus-Meta-Milieus® in West-Europa bis 2010

	Deutschland	Österreich	Schweiz	UK	Frankreich	Italien	Spanien	Niederlande	Belgien
Established	Etablierte Konservative	Etablierte Konservative	Arrivierte Status-orientierte	Establisheds	Bourgeoisie installée	Borghesia illuminata	Burguesia establecida	Kosmopolieten	Cosmopolites Grands bourgeois Conservateurs
Intellectual	Post-materielle	Post-materielle	Post-materielle	Post-Materialists	Intellectuels	Progressisti tolleranti	Progresistas acomodados	Maatschappij-kritische ontplooiers	Post-materialistes
Modern Performing	Moderne Performer	Moderne Performer	Moderne Performer	Modern Performers	Néo-Standing	Neo-Achievers	Post-Modernos	Ont-plooiers	Hédonistes post-modernes
Sensation Orientated	Hedonisten Experimentalisten	Hedonisten Experimentalisten	Eskapisten Experimentalisten	Pleasure Seekers Ground Breakers	Toniques frustrés Expérimen-talistes	Edonisti ribelli	Rebeldes reactivos Vanguar-distas	Convenience-georienteer-den	Bourgeois modernes Ascension-nistes
Modern Mainstream	Bürgerliche Mitte	Bürgerliche Mitte	Bürgerliche Mitte	Quiet Peaceful Britain	France tranquille	Italia media ambiziosa	Escaladores Consumi-dores adap-tados	Moderne burgerij Opwaarts mobielen	Hédonistes post-modernes
Consumer Materialistic	Konsum-Materialisten	Konsum-orientierte Basis	Konsum-orientierte Arbeiter	Precarious	Consom-mateurs populaires	Consumisti precari	Populares precarios	(Convenience-georienteer-den)	Outsiders
Traditional	Traditions-verwurzelte DDR-Nostalgische	Traditionelle	Traditionell-Bürgerliche Ländliche Genügsame Traditionelle	Traditionals	Traditionnels Populaires precaires	Tradizionali conservatori Classe post-operaia	Tradicionales	Traditionele burgerij	Bourgeois moyens traditionnels Populaires laborieux

© SINUS

Die länderspezifischen Milieus Osteuropas konnten anschließend ebenfalls den sieben Gruppen zugeordnet werden.

1.3 Neun international vergleichbare Sinus-Meta-Milieus® seit 2013

In der DACH-Region wurden die Sinus-Milieus 2010 (Deutschland), 2011 (Österreich) und 2013 (Schweiz) aktualisiert. Die vom Wertewandel, von den demografischen Verschiebungen, von Globalisierung und Digitalisierung getriebenen Veränderungen der Lebenslagen und Lebensweisen resultierten jeweils in einer deutlich veränderten Milieulandschaft.

In der Folge wurde auch das Modell der Sinus-Meta-Milieus 2013 komplett überarbeitet und unterscheidet jetzt aufgrund der unterschiedlichen soziohistorischen Entwicklung zwischen den entwickelten Märkten (established markets) und den emerging markets der Schwellenländer. Für beide ökonomischen Sphären gibt es ein eigenständiges Modell mit jeweils neun Meta-Milieus.

In der Marktforschungspraxis zeigte sich immer mehr, dass weltweit engagierte Unternehmen für ihre globale marktstrategische Planung eine länderübergreifende Trend- und Zielgruppenforschung benötigen. Es gilt, über unterschiedliche Märkte und Kulturen hinweg, weitgehend einheitliche und doch realistische, d. h. wo nötig differenzierende Strategien zu entwickeln, um neue Märkte zu erschließen und bestehende weiter zu bedienen. Nur so lassen sich eigene Stärken nutzen und Synergien aus dem Globalisierungsprozess realisieren. Die Sinus-Meta-Milieus sind ein einzigartiges Instrument der Identifikation und Beschreibung von Zielgruppen für das globale Marketing, das grenzüberschreitende Gemeinsamkeiten aufzeigt, ohne aber Trennendes zu ignorieren. In diesem Spannungsfeld ist eine konsequente Verbraucherorientierung unerlässlich: Mehr denn je benötigen wir ein detailliertes Wissen und ein tiefgehendes Verständnis davon, wie die Menschen in verschiedenen Teilen der Welt in ihrem Alltag leben, denken und fühlen. Die Reduktion der Verbraucher auf einige wenige formale Kriterien – wie Alter, Einkommen oder der Kauf bestimmter Güter – ist eine Formel, die eindeutig zu kurz greift.

Mit den Sinus-Meta-Milieus steht ein länderübergreifendes Zielgruppenmodell auf Milieubasis für das internationale Marketing zur Verfügung, mit international vergleichbaren Zielgruppen, das aber auch relevante lokale Spezifika berücksichtigt – bis dato entwickelt und eingesetzt in 44 Ländern (siehe Abbildung 3).

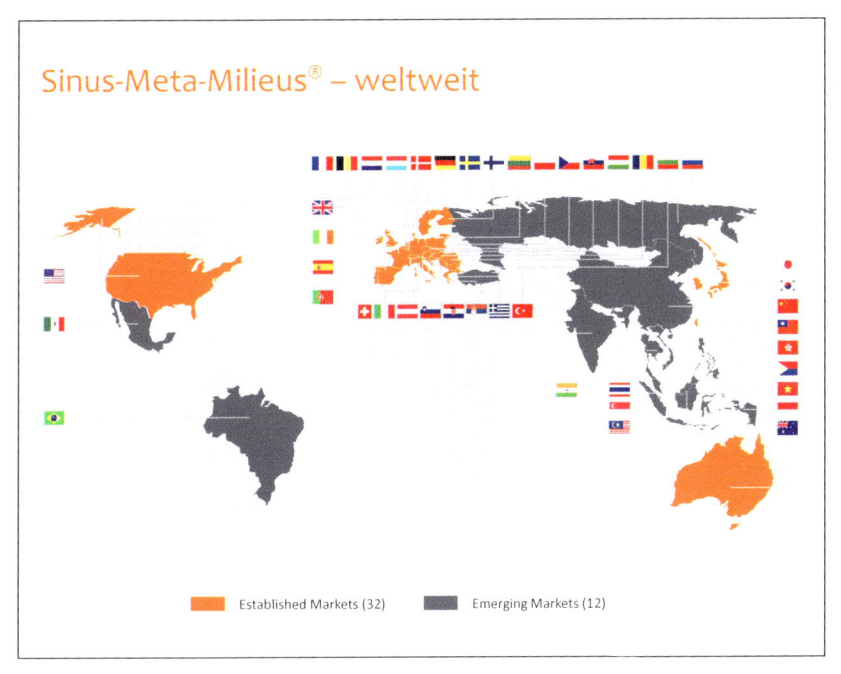

Abb. 3 Sinus-Meta-Milieus® in 44 Ländern

2 Die aktuellen Sinus-Meta-Milieus® 2017

2.1 Paradigmenwechsel von „bottom up" zu „top down"

Einher mit den neuen Sinus-Meta-Milieus seit 2013 geht ein Paradigmenwechsel von „bottom up" zu „top down" bei der Entwicklung länderpezifischer Meta-Milieumodelle. In allen Ländern (außerhalb von DACH, wo es auch noch die nationalen Milieumodelle mit jeweils 10 landesspezifischen Sinus-Milieus gibt) werden die vergleichbaren neun Sinus-Meta-Milieus nun so einheitlich wie möglich und so unterschiedlich wie nötig ausgearbeitet. Der Fokus liegt auf der Betrachtung grundsätzlicher Orientierungen und Werte. Essentiell bleibt dabei die landesspezifische Entwicklung und Modellierung, die lokale Besonderheiten und auch das landesspezifische Antwortverhalten berücksichtigt, nun aber ausgerichtet am primären Ziel internationaler Vergleichbarkeit. So gibt es für die quantitative Klassifikation einen einheitlichen internationalen Indikator (38 Items)[1] – der es erlaubt, Einstellungen und soziokulturelle Trends zu vergleichen – wenn auch die Meta-Milieus Land für Land eigenständig modelliert werden. Im Ergebnis sind die neun Sinus-Meta-Milieus international vergleichbar, können aber in der Tiefe der Beschreibungen, in den Lifestyles, im Medienverhalten etc. landesspezifisch beschrieben werden. Erst dieses tiefgehende lokale Verständnis ermöglicht zielgruppengerechte Kommunikation und umgekehrt auch ein tieferes Verständnis der länderübergreifend vergleichbaren Basis-Orientierungen und deren künftiger Entwicklung.

2.2 Sinus-Meta-Milieus® für established und emerging markets

Seit dem Ende des 2. Weltkriegs führen die Globalisierungsprozesse zu einer zunehmenden Homogenisierung des Konsums und der Lebensstile. Während zunächst vor allem die westliche Hemisphäre ihre Werte in die übrige Welt exportierte, haben wir inzwischen längst einen multizentrischen Austausch, und wir haben heute einen Punkt erreicht, an dem Soziologen von einer kulturellen Hybridisierung sprechen. Menschen mischen traditionelle Künste, Massenkommunikation und Volkskultur aus unterschiedlichsten Quellen und ermöglichen so die Herausbildung nie gekannter persönlicher und kultureller Identitäten.

Dennoch müssen wir die unterschiedliche soziohistorische Entwicklung der Industrieländer (established markets) und der Schwellenländer (emerging markets) berücksichtigen, weswegen zwei getrennte Milieumodelle entwickelt wurden (siehe Abbildungen 4 und 5). Genauso müssen spezifische Traditionen und verschiedene Mentalitäten in einzelnen Ländern beachtet werden. Insgesamt beobachten wir in den Schwellenländern eine stärkere materialistische Orientierung und mehr extrovertierten Statuskonsum, während in etablierten Volkswirtschaften in den letzten 40 Jahren postmaterielle Werte und Individualisierung größere Bedeutung erlangten.

Eine besondere Betrachtung erfordern die Entwicklungen in Schwellenländern mit autokratischen Regimen, bei denen vor allem das Milieu der Conservative Established mit seinem Herrschaftsanspruch und dem Streben nach Erhalt seiner Privilegien die Gesellschaften spaltet, die Entwicklung einer pluralistischen Weltsicht behindert und die gesellschaftliche Partizipation der modernen, kosmopolitisch orientierten Milieus erschwert.

Nimmt man die Nachkriegsära als Ausgangspunkt für einen Vergleich der soziohistorischen Entwicklung zwischen established markets und emerging markets

---

[1] Stand 2017.

Internationalisierung der Milieuforschung: Die Sinus-Meta-Milieus® 51

Abb. 4 Das Sinus-Meta-Milieumodell für entwickelte Länder

Social Status	A Traditional *Sense of Duty and Order*	B Modernisation *Individualisation, Self-actualisation, Pleasure*	C Re-orientation *Multiple Options, Experimentation, Paradoxes*
Higher 1	Established (EST)	Intellectuals (INT)	Performers (PER) / Cosmopolitan Avantgarde (COS)
Middle 2	Traditionals (TRA)	Modern Mainstream (MMS)	Adaptive Navigators (ADA) / Sensation-Oriented (SEN)
Lower 3		Consumer-Materialists (CMA)	

Abb. 5 Das Sinus-Meta-Milieumodell für Schwellenländer

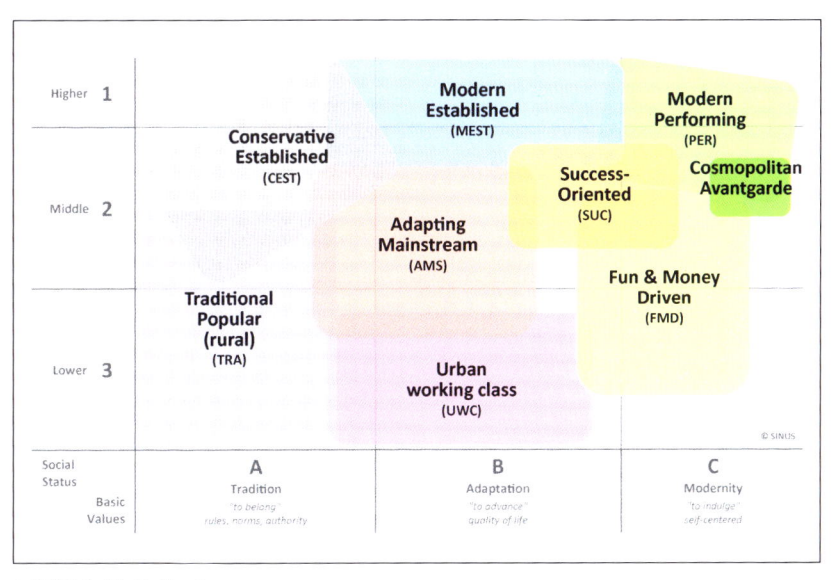

Social Status	A Tradition *"to belong"* *rules, norms, authority*	B Adaptation *"to advance"* *quality of life*	C Modernity *"to indulge"* *self-centered*
Higher 1	Conservative Established (CEST)	Modern Established (MEST)	Modern Performing (PER) / Cosmopolitan Avantgarde
Middle 2		Adapting Mainstream (AMS)	Success-Oriented (SUC)
Lower 3	Traditional Popular (rural) (TRA)	Urban working class (UWC)	Fun & Money Driven (FMD)

© SINUS (beide Grafiken)

so lassen sich insbesondere zwei Hauptfaktoren benennen, die die Ausbildung eigenständiger Milieumodelle für die beiden ökonomischen Sphären bedingen (siehe Abbildung 6). Während in etablierten Märkten die Zeit nach dem 2. Weltkrieg von wirtschaftlichem Aufschwung geprägt war und zu einem gesamtgesellschaftlichen Anstieg des Lebensstandards führte, standen viele der heute als emerging markets zu bezeichnenden Länder unter dem Einfluss des Kommunismus oder waren, und sind es in Teilen bis heute, in post-koloniale Machtkämpfe verwickelt. Diese politischen und wirtschaftlichen Voraussetzungen machten die Entwicklung einer Wohlstandsgesellschaft nahezu unmöglich.

Sowohl in kommunistischen als auch in autokratisch geführten Ländern ist die Nähe zur herrschenden politischen Klasse entscheidend für den Zugang zum ökonomischen und sozialen Kapital. Einkommens- und Vermögensverteilung sind eng an die sozialen Beziehungen zum Politapparat gekoppelt und öffnen für eine Minderheit den Zugang zu Privilegien und Sonderrechten. Die gesellschaftliche Mehrheit war in diesen Ländern jedoch häufig einer permanenten Mangel- oder Unterversorgung ausgesetzt. Erst der Zusammenbruch der Sowjetunion und der seit den 90er Jahren stark zunehmende Globalisierungsprozess führten letztlich auch in diesen Ländern zur Entstehung von konsumfähigen Mittelschichten. Postkommunistische Staaten sowie Länder des globalen Südens wie Brasilien, Thailand, Indonesien, aber auch China oder Mexiko befinden sich seither in einem starken gesellschaftlichen Wandel, durch den sich einerseits neue moderne Lebensstile entwickeln, zugleich aber traditionelle Werte und Lebensweisen weiter fortbestehen.

3 Entwicklungstendenzen in established und emerging markets

3.1 Milieudifferenzierung in emerging markets

Besonders deutlich wird die Herausbildung moderner Lebensstile in emerging markets am Konsumverhalten des Modern Performing Milieus. Als Unternehmer, Industrielle und Manager haben die Milieuangehörigen nicht nur vom wirtschaftlichen Aufschwung ihres Landes profitiert, sondern ihn auch aktiv mitgestaltet. Diesen Erfolg demonstrieren Modern Performer bewusst mit dem Konsum bestimmter Luxusgüter, wie importierten Oberklasse-PKWs, dem Tragen teurer Markenkleidung oder dem Besuch spezieller Restaurants. Im Gegensatz zur alten Oberschicht, dem Milieu der Conservative Established, grenzen sich Modern Performer jedoch ab von einem rein status-und prestige-orientierten Luxuskonsum. Mit ihrer Markenauswahl und Ästhetik demonstrieren sie Modernität, Avantgar-

Abb. 6 Soziohistorische Entwicklung in entwickelten Ländern und in Schwellenländern

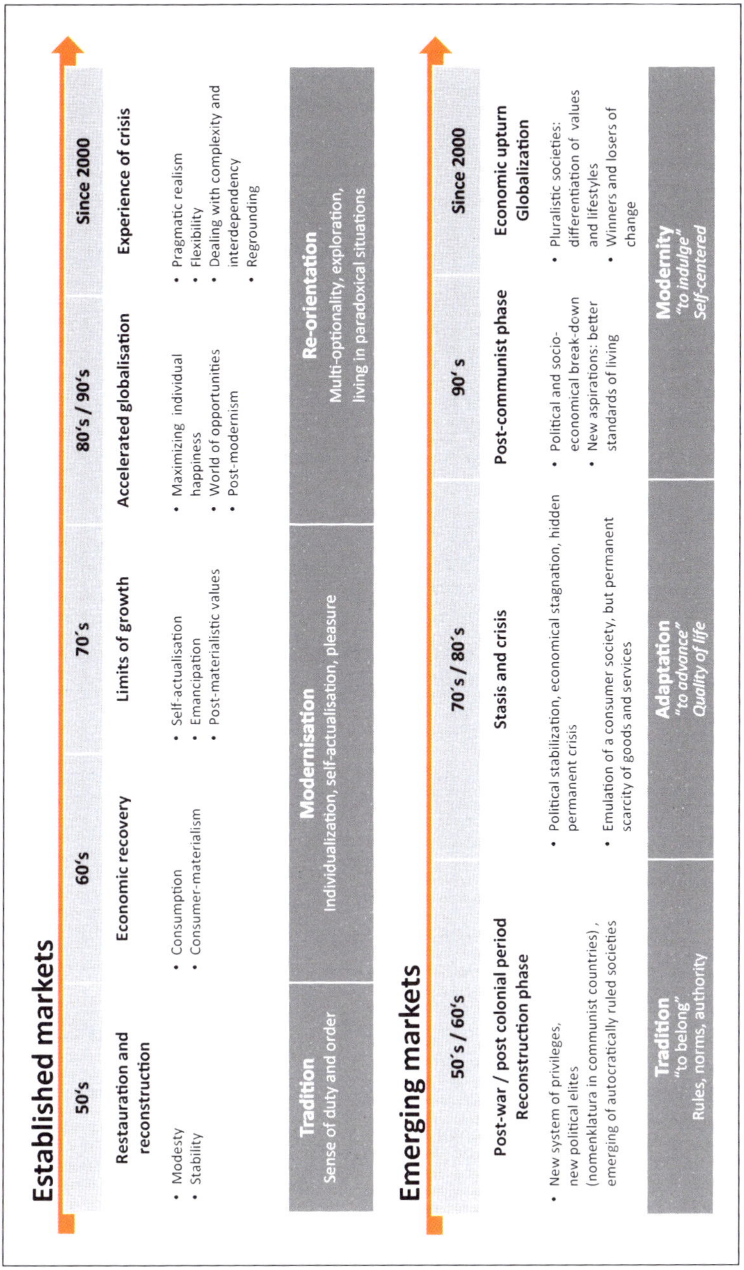

Established markets

	50's	60's	70's	80's / 90's	Since 2000
	Restauration and reconstruction	Economic recovery	Limits of growth	Accelerated globalisation	Experience of crisis
	• Modesty • Stability	• Consumption • Consumer-materialism	• Self-actualisation • Emancipation • Post-materialistic values	• Maximizing individual happiness • World of opportunities • Post-modernism	• Pragmatic realism • Flexibility • Dealing with complexity and interdependency • Regrounding
	Tradition Sense of duty and order		**Modernisation** Individualization, self-actualisation, pleasure		**Re-orientation** Multi-optionality, exploration, living in paradoxical situations

Emerging markets

	50's / 60's	70's / 80's	90's	Since 2000
	Post-war / post colonial period Reconstruction phase	Stasis and crisis	Post-communist phase	Economic upturn Globalization
	• New system of privileges, new political elites (nomenklatura in communist countries), emerging of autocratically ruled societies	• Political stabilization, economical stagnation, hidden permanent crisis • Emulation of a consumer society, but permanent scarcity of goods and services	• Political and socio-economical break-down • New aspirations: better standards of living	• Pluralistic societies: differentiation of values and lifestyles • Winners and losers of change
	Tradition "to belong" Rules, norms, authority	**Adaptation** "to advance" Quality of life		**Modernity** "to indulge" Self-centered

© SINUS

de und Dynamik. Sie fühlen sich damit einer globalen ökonomischen Elite zugehörig, die sich dem meritokratischen Prinzip verpflichtet sieht. Ein luxuriöses Leben führen zu können, ist Ergebnis und Belohnung der persönlichen Leistung. Conservative Established akzeptieren zwar grundsätzlich auch die Mechanismen der kapitalistischen Leistungsgesellschaft, sehnen sich jedoch zurück zu einer alten patriarchalen und hierarchisch klar geordneten Herrschaftsstruktur, die die Privilegien von Generation zu Generation überträgt.

Das Aufkommen neuer Lebenswelten und Milieus führt, wie man 2016 in Brasilien beobachten konnte, auch zu politischen Kämpfen. Die alten gesellschaftlichen Eliten (Großgrundbesitzer, Unternehmerfamilien usw.) hatten mit Korruptionsvorwürfen die amtierende Präsidentin Rousseff erfolgreich aus dem Amt gedrängt. Dies war nicht zuletzt deshalb möglich, weil die Opposition einerseits konservative, religiös gebundene Wählerschaften und andererseits, durch die Ankündigung von Privatisierungen und Liberalisierung des Arbeitsmarkts, auch gehobene moderne Wähler mit wirtschaftsliberalen Überzeugungen hinter sich vereinigen konnte. Die mehr als 13 Jahre regierende Arbeiterpartei hatte durch ihre Umverteilungspolitik zwar Millionen von Menschen aus der Armut in die Mittelschicht geführt, aber dabei den Unmut der alten und neuen Eliten auf sich gezogen.

3.2 Moderne gehobene Milieus in emerging und established markets

Während in Schwellenländern die modernen, auf Leistung und Erfolgsethik gepolten Milieus die neue Elite bilden, gehören die Vertreter aus dem vergleichbaren Milieu der Performer in den reichen Volkswirtschaften bereits zur etablierten Elite. Performer aus den etablierten Märkten teilen mit ihren Gleichgesinnten aus den Schwellenländern das Streben nach mehr Effizienz, Individualität sowie die Begeisterung für Innovation und Technik, unterscheiden sich jedoch durch einen weniger stark ausgeprägten materialistischen Konsum und eine Priorisierung des eigenen Wohlergehens gegenüber familienorientierten Dispositionen. Mit dem Achten auf Work-Life-Balance, dem Streben nach körperlicher Fitness und gesunder Ernährung haben auch postmaterielle Wertvorstellungen Eingang in die Lebensweisen der Performer in den Industrieländern gefunden.

Ein interessantes Beispiel für die Vermischung alter und neuer Wertebilder sind die Success-Oriented, die als die aufstrebende Mittelschicht der emerging markets verstanden werden können. Sie zählen tendenziell zu den Jüngeren der Gesellschaft, sind karriere- und zielbewusst und partizipieren gern an den Verheißungen der Konsumgesellschaft. Sie orientieren sich dabei häufig an westlichen Vorbildern und Marken, um bisher erzielte Erfolge auch nach außen zu demonstrieren – wobei in vielen Ländern Asiens ein Trend zu erkennen ist, dass die japanische und koreanische Ästhetik einen stärkeren Einfluss auf die Stilpräferenzen ausübt als die amerikanische oder europäische Kultur.

Aufgewachsen in relativ guten materiellen Lebensbedingungen, blicken die Success-Oriented optimistisch in die Zukunft. Obwohl diese Gruppe einem immer härter werdenden Bildungswettbewerb ausgesetzt ist und die Arbeitsmärkte, wie beispielsweise in China, längst nicht mehr alle gut Ausgebildeten aufnehmen können, sind die Aussichten auf eine besser entlohnte Arbeit im Vergleich zur Elterngeneration gut. In der Hoffnung der Eltern auf gesellschaftlichen Aufstieg lastet jedoch auch ein großer psychischer Druck auf den Schultern der Success-Oriented. Konfrontiert mit diesen Erwartungshaltungen und verstrickt in traditionellen Familienbanden, streben Success-Oriented nicht nur nach wirtschaftlichem Erfolg, sondern auch nach mehr Freiheit und Unabhängigkeit.

In einer SINUS-Studie zu Privatversicherungen und Finanzanlagen in Mexiko im Jahre 2015 hat sich gezeigt, dass das Anlageverhalten dieser aufsteigenden Mittelschicht weit rationaler ist als bei der traditionell vermögenden Oberschicht, die sich zur Absicherung ihres Wohlstands auf solidarische Mechanismen innerhalb der Familie verlässt. Anders als die Conservative Established investieren Success-Oriented weit überdurchschnittlich in Versicherungs- und Finanzprodukte, um sich aus finanziellen Abhängigkeiten der Familienverbände zu befreien. Mit dem Wissen um die allmähliche Auflösung traditioneller Familienstrukturen sind sie sich darüber im Klaren, dass sie nur durch strategisches Denken, langfristiges Vorausplanen und eigenverantwortliches rationales Handeln ihren erreichten Wohlstand sichern können.

Während die leistungsorientierte aufstrebende Mitte der emerging markets mit einer Verbesserung ihrer Lebenssituation rechnet, sieht die junge gesellschaftliche Mitte in den established markets einer eher stagnierenden Zukunft entgegen. In Japan beispielsweise haben die Adaptive Navigators aufgrund der anhaltenden Wirtschaftskrise seit 1990 sehr pessimistische Perspektiven entwickelt. Nach dem Platzen der Bubble Economy in den 1990er Jahren und infolge der Deregulierung des Arbeitsmarktes verschlechterten sich die Chancen vieler Japaner auf ein sicheres Beschäftigungsverhältnis. In der Reaktion bemühen sich viele junge Japaner um ein möglichst hohes Ausbildungsniveau, um so ihr persönliches Portfolio und ihre Chancen zu verbessern. Mit Blick auf Deutschland lässt sich eine ähnliche Mentalität innerhalb dieser Gruppe konstatieren. Obgleich sich der Arbeitsmarkt für die Adaptive Navigators in Deutschland vergleichsweise gut darstellt, besteht auch hier Unsicherheit und die Sorge, den Lebensstandard der Elterngeneration nicht halten zu können.

3.3 Zielgruppen der Zukunft

Gerade durch dieses Spannungsfeld zwischen dem Wissen um die Notwendigkeit von Flexibilität und Mobilität in einer globalisierten Arbeitswelt und dem Bedürfnis nach Harmonie und Sicherheit gehören Adaptive Navigators (in den entwickelten Ländern) und Success-Oriented (in den Schwellenländern) zu den interessantesten Zielgruppen der Zukunft. Aufgrund veränderter sozialer Wirklichkeiten entstehen hier neue Konsumentenbedürfnisse und Kaufentscheidungswege. An die Stelle von (ethnisch) bedingter Loyalität zu Produkten und Unternehmen tritt (emotionale) Nutzenabwägung. Fair Trade- oder ökologische Produkte kauft man aufgrund eines vermeintlich gesundheitlichen Mehrwerts oder sozial-symbolischen Zugewinns, weniger aus ökologischer Überzeugung. Die praktischen Möglichkeiten der Digitalisierung verhelfen zudem, den Alltag effizienter und flexibler zu organisieren. Als kaufkräftige Konsumenten sind die Milieus der jungen gesellschaftlichen Mittelschicht somit Treiber für Produktinnovationen und Multiplikatoren für neue Service- und Dienstleistungslösungen.

Neben der anpassungsbereiten gesellschaftlichen Mitte konnten wir in unseren internationalen Forschungen der letzten Jahre die Herausbildung eines weiteren neuen und jungen Milieuhabitus beobachten – die Cosmopolitan Avantgarde als eine Gruppe junger Kreativer, die global einen liberalen Wertekonsens und Kulturhorizont teilt. Ob Demokratisierungsforderungen in Hong Kong 2014, die als *umbrella revolution* bekannt wurden, oder die Revolte im Gezi Park in der Türkei 2013, ob Demonstrationen zur Gleichberechtigung von Lesben, Schwulen, Bisexuellen und Transgender, oder das Eintreten für Migranten aus Kriegsgebieten – die Cosmopolitan Avantgarde gehört zu den Befürwortern eines sozialen Wandlungsprozesses, die mehr Freiheit, gesellschaftliche Toleranz und multikulturelle Vielfalt möchten. Möglich gemacht haben dies vor allem Digitalisierung und Globalisierung, die nicht nur die internationale ökonomische Vernetzung, sondern vor allem auch den Ideenaustausch über nationale Grenzen hinweg befördert und neu strukturiert haben. Die Cosmopolitan Avantgarde profitiert besonders von diesen Möglichkeiten. Die Angehörigen dieses Milieus sind selbstbewusst, wissen um ihre Qualifikationen und verfolgen ihre Phantasien und Ziele, ohne dabei dogmatisch zu sein. Auch in diesem Milieu ist, dem Meta-Trend der Entideologisierung entsprechend, ein strategischer Pragmatismus zu erkennen.

Um selbst gesteckte Ziele zu erreichen, geht man zeitweise Kompromisse ein, ist aber bestrebt, den eigenen Vorstellungen eines guten Lebens treu zu bleiben. Diese postmodernen Einstellungen lassen sich interessanterweise nicht nur in Ländern westlicher Konsumgesellschaften finden, sondern haben über die kulturellen Grenzen hinweg einen internationalen, relativ homogenen Lifestyle begründet, der durch lokale Beiträge angereichert und weiterentwickelt wird. Die

Cosmopolitan Avantgarde gehört mit diesem transnationalen Habitus zu den politischen und kulturellen Trendsettern weltweit – und ist damit ebenfalls eine wichtige Zielgruppe der Zukunft.

Die Erfahrung von Überkomplexität und Unkontrollierbarkeit der modernen Welt führt auch in den Zukunftszielgruppen teilweise zur Abkehr vom Denken in gesellschaftlichen Zusammenhängen und Konzentration auf die eigenen, konkreten, persönlichen Ziele und unmittelbaren Vorteile. Bei der neuen flexiblen Mitte findet sich ein ausgeprägter Lebenspragmatismus, eine Leistungsbereitschaft, die sich an den an sie gestellten Anforderungen orientiert, aber auch der Wunsch nach Spaß und Unterhaltung. Bei den Adaptive Navigators der established markets ist das Bedürfnis nach Verankerung, Zugehörigkeit und Sicherheit stärker ausgeprägt als bei den Success Oriented der emerging markets. Die Cosmopolitan Avantgarde ist stärker auf der Suche nach neuen Erfahrungen und Experimenten, auf der Suche nach dem eigenen Weg, der individuellen Optimierung, mental und geographisch mobil, eher in Projekten als langfristigen Zielen denkend.

Zusammenfassend lässt sich festhalten, dass es in etablierten Märkten vor allem zwei Milieus gibt, die als Zielgruppen von besonderem Interesse sind. Von den kreativen Initiatoren der Cosmopolitan Avantgarde wird zu erwarten sein, dass wichtige Konsumententrends von ihnen ausgehen. Als orientierungssuchende Konsumentenschicht der Mitte sind die Adaptive Navigators eine kaufkräftige Zielgruppe, die zugleich auch ein Gradmesser dafür ist, ob bestimmte Trends sich mehrheitlich auf den Rest der Bevölkerung ausbreiten werden.

In den emerging markets kann neben den Success-Oriented und der Cosmopolitan Avantgarde auch das Modern Performing Milieu zu den Zielgruppen der Zukunft gezählt werden. Als politisch und wirtschaftlich progressive Reformatoren gelten sie für viele als erfolgreiche Vorbilder in den aufstrebenden Volkswirtschaften, wenn nicht als Elite der Zukunft. In den established markets sind die Performer bereits wesentlicher Teil der gegenwärtigen Elite.

4 Fallbeispiele

4.1 Sinus-Meta-Milieus® in Südost-Asien: Indonesien, Malaysia und Philippinen

Südost-Asien ist mit etwa 600 Millionen Einwohnern nicht nur eine der bevölkerungsreichsten Regionen der Welt, sondern auch ein einzigartiger Schmelztiegel ethnischer und kultureller Vielfalt. Diese Vielfalt wird gerade in den drei größten Ländern der Region ersichtlich. So sind Indonesien, Malaysia und die Philippinen trotz geographischer Nähe nicht nur untereinander sehr verschieden, sondern gerade auch innerhalb ihrer Gesellschaften durch eine Vielfalt geprägt, die ihresgleichen sucht, und stellen damit sowohl die jeweiligen nationalen Regierungen, aber auch die lokalen Marketingstrategen vor eine Vielzahl an Herausforderungen.

Die Sinus-Meta-Milieus haben sich für solche Märkte als ein verlässliches Modell erwiesen, welches auf eine schnell verständliche Weise komplexe gesellschaftliche Unterschiede aufschlüsselt und innerhalb eines Landes abgrenzbar, aber eben auch zwischen den Ländern vergleichbar macht.

In einer regionalen Meta-Milieu-Studie, die SINUS in 11 Ländern Asiens durchgeführt hat, konnten in den drei im Folgenden betrachteten Ländern Indonesien, Malaysia und Philippinen (siehe Abbildung 7) Gemeinsamkeiten identifi-

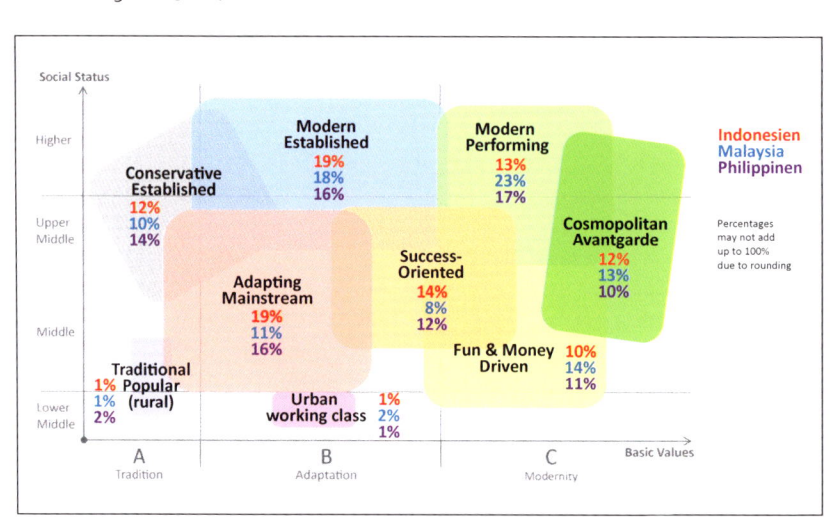

Abb. 7 Sinus-Meta-Milieus® in Indonesien, Malaysia und den Philippinen – jeweils Internet-Bevölkerung von 15 bis 70 Jahren

ziert werden, die stellvertretend für den emerging-markets-Ansatz der Sinus-Meta-Milieus sowie die Region Südost-Asien insgesamt sind:

1) Es herrscht eine starke Polarisierung zwischen Moderne und Tradition
2) Es gibt eine klare Trennung zwischen gesellschaftlichen, wirtschaftlichen und trend-orientierten Eliten
3) Es entwickelt sich eine starke aufstiegsorientierte Mittelschicht

In allen drei Gesellschaften spielt die Religion eine sehr starke Rolle – wobei diese sowohl innerhalb der multi-ethnischen und multi-religiösen Länder als auch zwischen ihnen eine starke Trennungsvariable bei den Milieus ist. Indonesien und Malaysia sind mehrheitlich durch den Islam, die Philippinen durch den Katholizismus geprägt. Interessanterweise haben die Philippinen durch das verbindende Element dieser Religion in vielen Belangen eine stärkere Ähnlichkeit mit einem Land wie Mexiko als mit seinen direkten geografischen Nachbarn.

Es gibt jeweils auch starke religiöse und ethnische Minderheiten, die wie zum Beispiel die ethnischen Chinesen auch überdurchschnittlich in den wirtschaftlichen Eliten vertreten sind. Meist sind sie stärker kosmopolitisch orientiert als die ethnisch eingeborenen Einwohner (z. B. Malaien, Javanesen u. a.), bei denen eher traditionellere Milieus wie der Adapting Mainstream oder die Conservative Established stärker vertreten sind.

Abbildung 8 zeigt für die sieben wichtigsten Sinus-Meta-Milieus Gemeinsamkeiten und Unterschiede in den drei Ländern auf.

Abb. 8 Milieuspezifische Gemeinsamkeiten und Unterschiede in Indonesien, Malaysia und den Philippinen

Sinus-Meta-Milieus in Indonesien, Malaysia, Philippinen	Gemeinsamkeiten	Unterschiede	Gesellschaftliche Rolle
a Conservative Established	• Schon seit mehreren Generationen in einer elitären Position • Starke gesellschaftliche Vorbildfunktion • Religion und Familie • Ethnisch 'eingeborene' Bevölkerung	• IND/MY: Stark islamisch orientiert • PH: Katholisch traditionell	Politische / gesellschaftliche Elite
b Modern Established	• Wirtschaftlich erfolgreich • Kosmopolitische Einstellung • Ethnische Chinesen stark vertreten	• IND: Stark religiös (Christentum, Islam) • MY/PH: eher weniger religiös	Wirtschaftliche Elite
c Modern Performing	• Jung und Performance-orientiert • Oft Kinder von a oder b • Stark kosmopolitisch • Oft im Ausland zur Schule gegangen oder studiert (vorwiegend USA, UK, Australien)	• MY: vor allem chinesisch-urban geprägt • IND/PH: ethnisch und religiös gemixt	Konsumelite
d Comopolitan Avantgarde	• Kosmopolitische Einstellung (nationale Grenzen spielen keine Rolle) • Digital souverän • Kreativ und individuell, unabhängig von traditionellen Normen	• Keine Unterschiede	Trendsetter
e Success-Oriented	• Social Climber • Stark zukunftsorientiert • Stehen zwischen Tradition und Moderne	• MY/PH: Stark marktliberal • IND: Protektionistisch und stärker nationalistisch	Aufstrebende Mittelschicht
f Adapting Mainstream	• Verkörpert typische Werte des jeweiligen Landes • Mitte der Gesellschaft • Traditionell und religiös	• IND/MY: Islam oft wichtiger als materielle Werte • PH: Katholisch traditionell	Mainstream
g Fun & Money Driven	• Sehr hedonistisch • Wenig religiös • Ökonomisch unter starkem Druck	• IND/MY: Gesellschaftlich sehr liberal (z.B. LGBT) • PH: Uninteressiert an gesellschaftlichem Fortschritt	Trend-Follower

© SINUS

4.2 Die Cosmopolitan Avantgarde als regionale und globale Zielgruppe

Wie im Überblick über Gemeinsamkeiten und Unterschiede in Abbildung 8 bereits ersichtlich, ist das Meta-Milieu der Cosmopolitan Avantgarde das einzige Segment, welches kaum Unterschiede zwischen den drei Ländern (und auch nicht im globalen Vergleich) aufweist (siehe das Beispiel milieutypischer Coffee Shops in Jakarta, Penang und Manila in Abbildung 9). Daher kann dieses Meta-Milieu zugleich als regionale und globale Zielgruppe betrachtet werden. Unabhängig vom nationalen, kulturellen oder religiösen Kontext können Mitglieder der Cosmopolitan Avantgarde immer als junge, vergleichsweise gut situierte Menschen mit einer kosmopolitischen Einstellung und oft kreativen Interessen beschrieben werden.

Was die Cosmopolitan Avantgarde gerade in emerging markets wie Indonesien, Malaysia und den Philippinen ausmacht, ist, dass sie auf verschiedenste Weise Einfluss auf andere Milieus innerhalb ihres Landes oder sogar auf die gesamte Gesellschaft ausübt. So stammen die Angehörigen dieses Milieus, wie auch Modern Performers, oft familiär aus der nationalen Elite und haben in diesen stark durch soziale Klassen geprägten Ländern von Geburt an gesellschaftliche Privilegien. Überdies öffnen sie durch ihre kosmopolitische Einstellung im Verbund mit ihrem globalen digitalen Netzwerk und ihren häufigen Auslandsaufenthalten neuen Trends (z. B. Lifestyle, Mode) das Tor in ihr jeweiliges Land. Dadurch sind sie für viele weniger Privilegierte in der Gesellschaft, denen aufgrund mangelnder Bildung oder finanzieller Schranken dieser Zugang fehlt, eine wichtige Orientierungsgruppe. Und gerade diese Funktion lässt sie für das Marketing zu einer beliebten Zielgruppe werden, um neue Trends oder Angebote in die Gesellschaft zu tragen.

4.3 Anwendungsbeispiel aus Indonesien: Kosmetik für gläubige Musliminnen

Als Fallbeispiel für die Anwendung der Sinus-Meta-Milieus als Marketing-Zielgruppen in einer vielfältigen Gesellschaft soll der Bereich Beauty Care in Indonesien dienen. Dabei handelt es sich um eine Kategorie, die stark durch emotionales Konsumentenverhalten bestimmt wird. Allein das individuelle Verständnis von Schönheit ist durch viele Attribute geprägt, die sich aus dem Wertesystem der Menschen erschließen: Kultur, ethnische Abstammung, Religion, mediale Einflüsse etc. So kann ein Kosmetik-Unternehmen, das in Indonesien gezielt praktizierende Muslima ansprechen will, mit Hilfe der Sinus-Meta-Milieus seine Marke-

Abb. 9 Coffee Shops der Cosmopolitan Avantgarde in Indonesien, Malaysia und den Philippinen

© Matthias Arnold

tingprogramme deutlich verfeinern, da das Milieumodell die feinen Unterschiede zwischen den Lebenswelten aufdeckt, die über eine gemeinsame religiöse Einstellung hinausgehen.

Dazu muss man genau verstehen, in welchem Werte- und Lebenskontext sich der Stellenwert von Religion bewegt, und wie sie ausgelebt wird. Erst durch diese ganzheitliche Betrachtung kann man auf ein unterschiedliches Schönheitsverständnis der Zielgruppen sowie ihr jeweiliges Konsumentenverhalten schließen. Vor diesem Hintergrund der Sinus-Meta-Milieus lassen sich so innerhalb von zunächst homogen anmutenden Zielgruppen, wie im Beispiel von jungen Frauen in Indonesien, die angeben, bewusst ihren muslimischen Glauben zu praktizieren, deutliche Unterschiede in den jeweiligen Lebenswelten erkennen und für das Marketing greifbar machen.

Nachdem evaluiert wurde, in welchen Milieus sich praktizierende Muslima vorwiegend finden, liefert das Zielgruppen-Modell für alle drei relevanten Milieus die Attribute, die es ermöglichen, die Marketing-Maßnahmen von der Channel-Auswahl über die Content-Auswahl bis hin zur unterschiedlichen Tonalität der Inhalte zu verfeinern und abzustimmen (siehe Abbildung 10). Auf diesem Weg

Abb. 10 Milieuspezifische Grundorientierungen junger Muslima in Indonesien

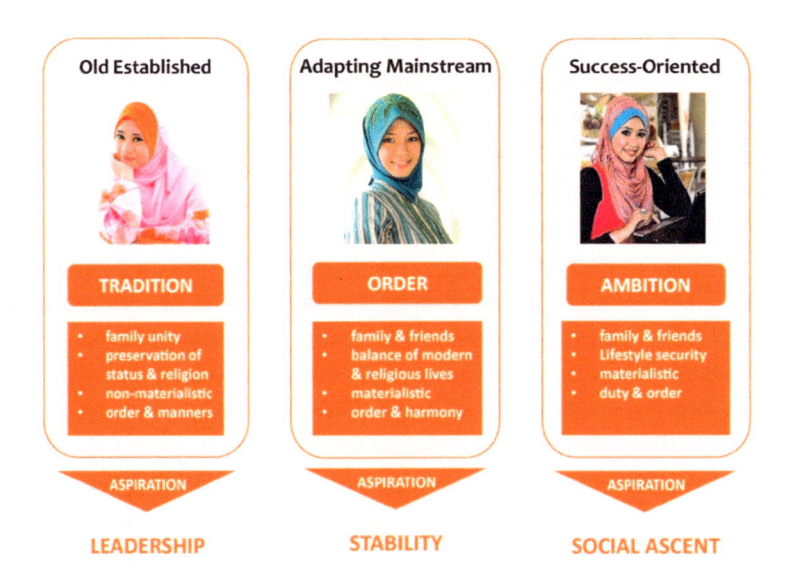

© 123rf.com

lassen sich das Markenimage und die damit verknüpften Benefits an die Wertewelt der Kundinnen angleichen. Dies führt als Ergebnis nicht nur zu einem höheren Return of Investment des eingesetzten Budgets, sondern auch zu einer engeren und langfristigen Bindung an die Marke.

Durch den starken Anstieg der muslimischen Bevölkerung in westlichen Ländern sehen immer mehr Konsumgüter-Unternehmen auch diese Bevölkerungsgruppe als Zielgruppe für zukünftiges Wachstum. Das Wissen um die Religionszugehörigkeit allein reicht jedoch nicht aus, um muslimische Kundinnen richtig anzusprechen, da dies nur ein Aspekt ihrer Lebenswelt unter vielen ist. Ein Lebenswelt-basiertes Modell wie die Sinus-Meta-Milieus kann daher nicht nur helfen, einen gesellschaftlichen Wandel abzubilden und zu beschreiben, sondern kann auch die Perspektive bereitstellen, diesen in der Tiefe zu deuten und neue Motive und Bedürfnisse der Menschen zu identifizieren.

Keywords

Internationalisierung der Milieuforschung, internationale Milieus, Sinus-Milieus, Sinus-Meta-Milieus, Meta Milieus, soziohistorische Entwicklung, established markets, emerging markets, Zielgruppen der Zukunft, Südost-Asien, Soziokultur in Indonesien, Malaysia, Philippinen, Cosmopolitan Avantgarde, Adaptive Navigators, Success-Oriented, Transnationale Marketing-Zielgruppen, länderübergreifende Milieus

Teil II
Line Extensions

Alles schön bunt hier

Das SINUS-Modell für jugendliche Lebenswelten in Deutschland

Von Marc Calmbach

Zusammenfassung

Die Jugend in Deutschland ist soziokulturell sehr bunt. Das SINUS-Institut leuchtet diese Vielfalt seit vielen Jahren empirisch detailliert aus und verdichtet sie zu einem Gesellschafts- und Zielgruppenmodell für die junge Generation. In diesem Beitrag werden die verschiedenen jugendlichen Lebenswelten in Wort und Bild vorgestellt.

1 Die SINUS-Jugendforschung in Deutschland

Die wichtigste Ressource in Deutschland wächst nach: die Jugend. Man kann ihr, nicht zuletzt vor dem Hintergrund des demografischen Wandels, gar nicht genug Bedeutung zuschreiben. Das SINUS-Institut erforscht daher kontinuierlich die Befindlichkeit der Teenager in Deutschland.[1] Das bekannteste Produkt der SINUS-Jugendforschung ist die Studienreihe „Wie ticken Jugendliche?", die seit 2008 alle vier Jahre eine offene und alltagsnahe Bestandsaufnahme der soziokulturellen Verfassung der jungen Generation liefert (Calmbach et al. 2016, 2012, Wippermann und Calmbach 2008). Die forschungsleitenden Fragen lauten dabei zum einen: Wie leben und erleben Jugendliche ihren Alltag? Wie nehmen sie die gegenwärtigen Verhältnisse in Deutschland und in der Welt wahr? An welchen Werten orientieren sie sich? Welche Lebensentwürfe verfolgen sie? Zum anderen werden alle vier Jahre neue Vertiefungsthemen behandelt (in 2012 u. a. Berufs-

---

1 Zur Jugendforschung in Österreich siehe den Beitrag von Barth in diesem Band.

orientierung, in 2016 u. a. Flucht und Asyl). Somit können Vergleiche über die Zeit angestellt und gleichzeitig hochaktuelle Bezüge hergestellt werden.

Im Folgenden wird zunächst kurz auf die Abgrenzung des deutschen Jugendmodells zum „Erwachsenenmodell" eingegangen (siehe zum Beispiel Barth und Flaig 2013). Daran anschließend werden die verschiedenen jugendlichen Lebenswelten in Form von Kurzportraits vorgestellt.

1.1 Das Sinus-Jugendmodell ist altersspezifisch

Jugendforschung hat in Deutschland eine lange Tradition, entsprechend gibt es eine Vielzahl an relevanten Studien zur jungen Generation (zum Beispiel die SHELL-Jugendstudien, Bundesjugendberichte, JIM-Studien). Die SINUS-Jugendforschung konnte sich im Feld dieser Studien etablieren, weil sie die Vielfalt der Perspektiven der verschiedenen jugendlichen Lebenswelten systematisch und seit vielen Jahren abbildet. Klaus Hurrelmann, einer der renommiertesten deutschen Jugendforscher, bringt dies im Vorwort zur SINUS-Jugendstudie 2012 wie folgt auf den Punkt:

> „Die Besonderheit der Sinus-Jugendstudie ist ihre soziale und kulturelle Tiefenschärfe. Diese Studie kapituliert nicht vor der Vielfalt jugendlicher Lebenswelten, sondern sie nimmt sie in vollen Zügen auf, geht ihr nach und verdichtet sie modellhaft. Sie zeigt die große soziokulturelle Unterschiedlichkeit von Jugend, die für hoch entwickelte und hoch individualisierte Gesellschaften typisch geworden ist." (Calmbach et al. 2008, S. 7)

Diese modellhafte Verdichtung orientiert sich am Ansatz der Lebensweltanalyse, wie er an vielen anderen Stellen dieses Buches ausführlich erklärt wird. Das daraus entstandene Modell für die Jugendlichen unterscheidet sich vom Modell für die deutsche Gesamtbevölkerung: In der vertikalen Achse ist nicht die soziale Schichtzugehörigkeit abgebildet – wie im Erwachsenenmodell – sondern der nächste angestrebte Schulabschluss, der in Deutschland in hohem Maße mit dem sozialen Hintergrund des Elternhauses korreliert (Jungkamp und John-Ohnesorg 2016). Die horizontalen Achsen beider Modelle markieren die normative Grundorientierung der verschiedenen Gruppen. Während die alterskohortenübergreifenden Sinus-Milieumodelle (sei es z. B. für Deutschland, Österreich oder die Schweiz) auf dieser Dimension die in einer bestimmten historischen Epoche dominanten gesellschaftlichen Leitwerte und die daraus abgeleiteten Mentalitäten illustrieren – also auch die generationelle Lage mit abbilden – fokussiert das Jugendmodell ausschließlich auf die Werthaltungen der jungen Alterskohorte.

Diese normativen Grundorientierungen sind dabei nicht als getrennte bzw. trennende Kategorien zu verstehen. Denn die Werthaltung Jugendlicher folgt heute weniger einer „Entweder-oder-Logik" (anders als in weiten Teilen der Erwachsenenmilieus) als vielmehr einer „Sowohl-als-auch-Logik". Charakteristisch ist eine Gleichzeitigkeit von auf den ersten Blick nur schwer vereinbaren Werten: Jugendliche besinnen sich (über alle Lebenswelten hinweg) in unsicheren Zeiten zwar auf „traditionelle" Werte wie Sicherheit, Pflichtbewusstsein, Familie und Freundschaft. Vor allem in den moderneren Lebenswelten werden diese vergleichsweise konservativen Werte jedoch umgedeutet bzw. symbolisch aktualisiert und von hedonistischen, ich-bezogenen Entfaltungswerten und einem individualistischen Leistungsethos flankiert. Die postmodern-flexible Wertekonfiguration ist heute die dominante Werthaltung unter Jugendlichen. Nur für einen kleinen Teil ist ein überholter Traditionalismus kennzeichnend.

1.2 Das aktuelle Modell

Um solchen postmodernen Wertesynthesen im Lebensweltenmodell grafisch Rechnung zu tragen, sind die zentralen Wertorientierungen (traditionell, modern,

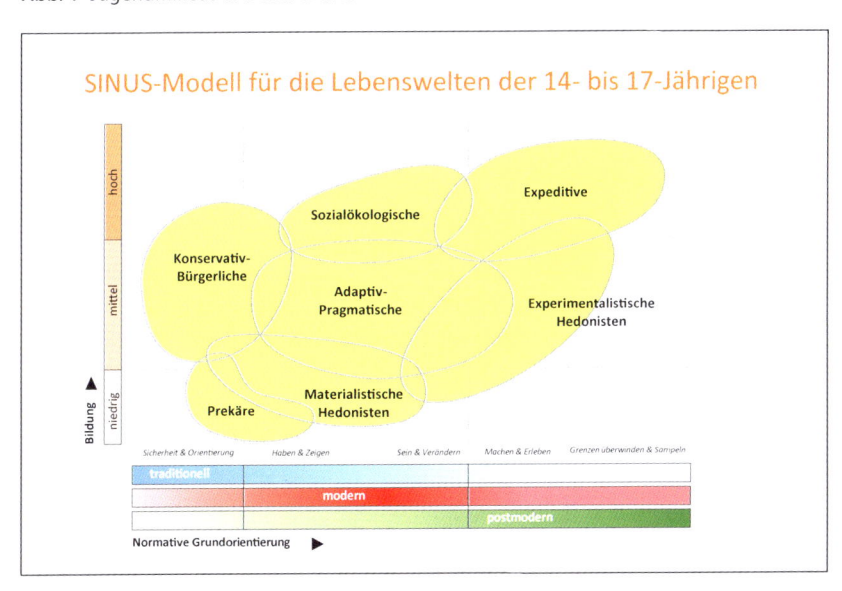

Abb. 1 Jugendmilieus in Deutschland

© SINUS

postmodern) mit heller und dunkler werdenden Farbverläufen hinterlegt. So wird bildlich erkennbar, dass sich „Wertefelder" überlappen.

1.3 Methodischer Hintergrund des SINUS-Lebensweltenmodells für Jugendliche

Das Modell wird in einem ersten Schritt auf Basis von qualitativen Einzelexplorationen mit Jugendlichen entwickelt bzw. aktualisiert. In den letzten Jahren wurden ca. 170 solcher Fallstudien durchgeführt. Sie umfassen jeweils ein Tiefeninterview (mittlere Interviewdauer: ca. 120 Minuten), ein „Hausarbeitsheft" sowie eine Fotodokumentation der Wohnwelt. Diese methodischen Zugänge werden im Folgenden kurz beschrieben.

Im Vorfeld der Interviews werden die Befragten gebeten, ein „Hausarbeitsheft" mit dem Titel „So bin ich, das mag ich" auszufüllen. Diese Hausaufgabe erfüllt neben dem Gewinn von inhaltlichen Erkenntnissen auch den Zweck, Barrieren und womöglich Skepsis oder gar Ängste der Jugendlichen (und ihrer Eltern) vor dem Gesprächstermin abzubauen. In diesem „Hausarbeitsheft" werden leicht zu beantwortende Fragen zu Geschmackspräferenzen und Interessen gestellt - z. B. Was hörst du gerne für Musik? Was schaust du dir gerne im Fernsehen an? etc. Zum Abschluss dieser Vorbefragung werden die Jugendlichen gebeten, etwas zum Thema „Das gibt meinem Leben Sinn" mitzuteilen. Dabei dürfen sie ihrer Kreativität freien Lauf lassen, z. B. etwas malen, Fotos einfügen, Bilder aus Zeitschriften, Zeitungen, Prospekten ausschneiden und aufkleben, oder einfach ein paar Begriffe oder Gedanken aufschreiben.

Bei den Tiefeninterviews wird das aus der Ethnomethodologie adaptierte Verfahren des narrativen Interviews eingesetzt. Dieser methodische Ansatz hat den Vorteil, dass den Jugendlichen Raum gegeben wird, ihre Wahrnehmungen, Einstellungen und Meinungen in ihrer natürlichen Alltagssprache zu schildern und unbeeinflusst von strukturierenden Vorgaben all das zum Ausdruck zu bringen, was aus ihrer subjektiven Sicht von Bedeutung ist. Die Explorationen werden zunächst als freies Gespräch geführt, so dass die Teilnehmenden viel Raum zur Selbstdarstellung und Selbstbeschreibung haben. Um dennoch zu gewährleisten, dass alle für die Beantwortung der Forschungsfragen relevanten Aspekte im Verlauf des Interviews zur Sprache kommen, wird ein Gesprächsleitfaden eingesetzt, der alle Erhebungsthemen beinhaltet. Auf diese Weise können Interviewerinnen und Interviewer noch einmal gezielt Gesprächsimpulse zu einzelnen Aspekten setzen, die spontan nicht angesprochen wurden.

Zur Abrundung des Bildes von der privaten Lebenswelt werden bei Jugendlichen, die ihr Einverständnis dazu gegeben haben, die Zimmer fotografiert. Dabei wird auf für eine Lebenswelt typische Motive wie z. B. ein „Hausaltar" geachtet (ein Arrangement, in dem persönlich bedeutungsvolle Gegenstände ausgestellt werden). Diese Wohnbilder sind eine wichtige Informationsquelle zur Alltagsästhetik und sozialen Positionierung der Jugendlichen.

2 Jugendliche Lebenswelten in Deutschland

Für ein erstes Verständnis der jugendlichen Lebenswelten werden die sieben Gruppen im Folgenden kurz in ihren Grundorientierungen porträtiert. Zudem werden die lebenswelttypischen Wohnwelten anhand von Foto-Collagen illustriert. Die Fotos wurden allesamt im Zuge qualitativer Inhome-Explorationen gemacht.

2.1 Konservativ-Bürgerliche

Konservativ-Bürgerlichen sind im Vergleich der Lebenswelten Anpassungs- und Ordnungswerte sowie Kollektivwerte (z. B. Gemeinschaft, Zusammenhalt) und auch religiös geprägte Tugenden (Glaube, Hoffnung, Demut, Mäßigung, Rechtschaffenheit) relativ am wichtigsten. Sie betonen eher Selbstdisziplinierung als

Abb. 2 Wohnwelten der Konservativ-Bürgerlichen

© SINUS

Selbstentfaltung. Ihre Lifestyle-Affinität und Konsumneigung ist eher gering, entsprechend auch das Interesse, sich über Äußerlichkeiten zu profilieren. Diese Jugendlichen bezeichnen sich selbst als unauffällig, sozial, häuslich, heimatnah, gesellig und ruhig. Häufig empfinden sie sich als für das eigene Alter bereits sehr erwachsen und vernünftig. Konservativ-Bürgerliche stellen die Erwachsenenwelt nicht in Frage, sondern versuchen, möglichst schnell einen sicheren und anerkannten Platz darin zu finden. Sie zeichnen sich durch den Wunsch aus, an der bewährten gesellschaftlichen Ordnung festzuhalten. Sie wünschen sich für die Zukunft eine plan- und berechenbare „Normalbiografie" (Schule, Ausbildung, Ehe, Kinder) und erachten Ehe und Familie als Grundpfeiler der Gesellschaft.

2.2 Materialistische Hedonisten

Materialistische Hedonisten legen großen Wert auf die Repräsentation von (angestrebtem) Status: Konsum kommt klar vor Sparsamkeit. Bescheidenheit liegt ihnen fern. Der Umgang mit Geld ist überwiegend unkontrolliert. Kurzfristige Konsumziele haben einen hohen Stellenwert – neue, modische Kleidung und Schuhe sowie Modeschmuck sind ihnen äußerst wichtig. Mit Äußerlichkeiten Eindruck zu hinterlassen, bezeichnen sie als eigene Stärke. Wichtige Werte sind für die-

Abb. 3 Wohnwelten der Materialistischen Hedonisten

© SINUS

se Jugendlichen Harmonie, Zusammenhalt, Treue, Hilfsbereitschaft, Ehrlichkeit und Anstand. Kontroll- und Autoritätswerte werden abgelehnt. Materialistische Hedonisten wollen Spaß und ein „gechilltes Leben"; Shoppen, Party und Urlaub gelten als die coolsten Sachen der Welt. Vandalismus, Aggressivität, illegale Drogen, sinnloses Saufen u. Ä. werden zwar einerseits abgelehnt, andererseits wird das Recht auf exzessives Feiern als Teil eines freiheitlichen Lebensstils eingefordert. Hochkulturellem stehen Materialistische Hedonisten sehr distanziert gegenüber. In der Regel haben sie damit kaum Berührungspunkte. Meist orientieren sie sich am popkulturellen Mainstream.

2.3 Adaptiv-Pragmatische

Adaptiv-pragmatische Jugendliche kombinieren die bürgerlichen Grundwerte und Tugenden wie Ehrlichkeit, Respekt, Vertrauen, Pünktlichkeit und Fleiß mit modernen und hedonistischen Werten wie Freiheit, Offenheit, Unvoreingenommenheit, Spaß und Humor. Anpassungs- und Kompromissbereitschaft sowie Realismus bezeichnen sie als ihre Stärken. Sie orientieren sich am Machbaren und versuchen, ihren Platz in der Mitte der Gesellschaft zu finden. Diese Jugendlichen sehen sich als verantwortungsbewusste Bürgerinnen und Bürger, die dem Staat

Abb. 4 Wohnwelten der Adaptiv-Pragmatischen

© SINUS

später nicht auf der Tasche liegen wollen. Von Menschen mit einer geringen Leistungsbereitschaft grenzen sie sich demonstrativ ab. Sie selbst möchten im Leben viel erreichen, sich Ziele setzen und diese konsequent, fleißig und selbstständig verfolgen. Es ist ihnen wichtig, vorausschauende und sinnvolle Entscheidungen zu treffen. Sie streben nach einer bürgerlichen „Normalbiografie" und Wohlstand, jedoch nicht nach übertriebenem Luxus. Adaptiv-Pragmatische haben ein ausgeprägtes Konsuminteresse, jedoch mit „rationaler Regulation". Mit Kultur verbinden sie in erster Linie Unterhaltungs-, Erlebnis- sowie Entspannungsansprüche und orientieren sich am populären Mainstream.

2.4 Sozialökologische

Sozialökologische Jugendliche betonen Demokratie, Gerechtigkeit, Umweltschutz und Nachhaltigkeit als zentrale Pfeiler ihres Wertegerüsts. Sie sind oft altruistisch motiviert und am Gemeinwohl orientiert. Andere von den eigenen Ansichten überzeugen zu können, ist ihnen wichtig („Sendungsbewusstsein"). Sie haben einen hohen normativen Anspruch an ihren Freundeskreis, suchen Freunde mit „Niveau und Tiefe". Von materialistischen Werten distanzieren sie sich deutlich. Sie sind aufgeschlossen für andere Kulturen und empfinden Abscheu, wenn Men-

Abb. 5 Wohnwelten der Sozialökologischen

© SINUS

schen wegen ihres Aussehens nicht akzeptiert werden und „ein Keil zwischen die Menschen getrieben" wird. Ganz eindeutig ist ihre Zurückweisung von Rassismus sowie die Ablehnung von Arroganz und Profilierungssucht („aufgesetzte Szeneleute"). Sie halten Verzicht nicht für einen Zwang, sondern für ein Gebot und kritisieren die Überflussgesellschaft. Ihre Freizeitinteressen sind vielfältig. Vor allem kulturell sind diese Jugendlichen sehr interessiert – explizit auch an Hochkultur – und finden dabei v. a. Kunstformen mit einer sozialkritischen Message spannend.

2.5   Experimentalistische Hedonisten

Freiheit, Selbstverwirklichung, Spontaneität, Kreativität, Risikobereitschaft, Spaß, Genuss und Abenteuer sind Ankerwerte der Experimentalistischen Hedonisten. Sie wollen das Leben in vollen Zügen genießen, das „eigene Ding" machen und Grenzen austesten. Selbstdisziplin und Selbstkontrolle von sich einzufordern, liegt Experimentalistischen Hedonisten oft fern. Wenn sie für „aufsässig" gehalten werden, zeigt ihnen das, dass sie auf dem richtigen Weg sind. Sie legen großen Wert auf kreative Gestaltungsmöglichkeiten und sind oft phantasievoll, originell und provokant. Routinen finden sie langweilig. Sie möchten anecken, „aus der Masse hervorstechen", sich vom Mainstream distanzieren. Sie lieben das Subkulturelle

Abb. 6 Wohnwelten der Experimentalistischen Hedonisten

© SINUS

und „Undergroundige" und haben entsprechend eine große Affinität zu Jugendszenen. Sie lieben die (urbane) Club-, Konzert- und Festivalkultur und distanzieren sich von der klassischen Hochkultur. Sie bemühen sich bereits früh, immer mehr Freiräume von den Eltern zu „erkämpfen", um ihre Freizeit unabhängig gestalten zu können.

2.6 Expeditive

Typisch für Expeditive ist ein buntes Werte-Patchwork. Sie legen großen Wert auf eine Balance zwischen Selbstentfaltung, Selbstständigkeit und Hedonismus einerseits und Pflicht- und Leistungswerten wie Streben nach Karriere und Erfolg, Zielstrebigkeit, Ehrgeiz und Fleiß andererseits. Von allen Jugendlichen sind sie mit die flexibelsten, mobilsten, pragmatischsten und innovativsten. Den eigenen Erfahrungshorizont ständig zu erweitern, ist ihnen eine wichtige Lebensmaxime. Sie möchten nicht an-, sondern weiterkommen: Ein erwachsenes Leben ohne Aufbrüche halten sie (noch) für unvorstellbar. Sie sehen sich selbst als urbane, kosmopolitische Elite unter den Jugendlichen. Man bezeichnet sich als interessant, einzigartig, eloquent und stilsicher. Wichtig ist ihnen, sich von der „grauen Masse abzuheben". Sie haben bereits ein ausgeprägtes Marken- und Trendbewusstsein.

Abb. 7 Wohnwelten der Expeditiven

© SINUS

Typisch ist, sich auf der Suche nach vielfältigen Erfahrungsräumen zu befinden, z. B. modernes Theater, Kunst und Malerei. Expeditive zieht es in den öffentlichen Raum und die angesagten Locations, dorthin – wo die Musik spielt, wo die Leute spannend und anders sind.

2.7 Prekäre

Jugendliche aus der Prekären Lebenswelt haben von allen Jugendlichen die schwierigsten Startvoraussetzungen. Viele sind sich ihrer sozialen Benachteiligung bewusst und sind bemüht, die eigene Situation zu verbessern, sich nicht (weiter) zurückzuziehen und entmutigen zu lassen. Das Gefühl, dass Chancen strukturell verbaut sind, dass man sie sich aber auch selbst verbaut, und die daraus resultierende Angst vor geringen Teilhabemöglichkeiten sind in dieser Lebenswelt dominant. Ihre Biografie weist schon früh erste Brüche auf (z. B. Schulverweis, problematische Familienverhältnisse). Während viele Anzeichen dafür sprechen, dass die meisten dieser Jugendlichen sich dauerhaft in der Prekären Lebenswelt bewegen werden, weil sich bei ihnen verschiedene Risikolagen verschränken, ist bei manchen aber auch vorstellbar, dass es sich nur um eine krisenhafte Durchgangsphase handelt, insbesondere wenn die feste Absicht besteht, „alles zu tun, um hier

Abb. 8 Wohnwelten der Prekären

© SINUS

raus zu kommen". Familie nimmt im Werteprofil der Prekären Jugendlichen eine zentrale Stellung ein. Dass es sich um eine idealisierte Vorstellung von Familie handelt, die oft kaum etwas mit dem zu tun hat, was die Jugendlichen tatsächlich erleben, ist bezeichnend. Die Affinität zum Lifestyle-Markt ist bei diesen Jugendlichen eher gering. Sehr deutlich äußern sie den Wunsch nach Zugehörigkeit und Anerkennung, danach, „auch mal etwas richtig gut zu schaffen". Sie nehmen allerdings wahr, dass das nur schwer gelingt. Die Gesellschaft, in der sie leben, nehmen sie als unfair und ungerecht wahr. Die eigenen Aufstiegsperspektiven werden als gering eingeschätzt, was bei einigen in dem Gefühl resultiert, dass sich Leistung nicht lohnt.

2.8 Wie groß sind die einzelnen Lebenswelten?

Um die Frage beantworten zu können, wie groß die auf qualitativer Basis identifizierten Lebenswelten der 14- bis 17-Jährigen sind, bedarf es einer repräsentativen Breitenerhebung sowie eines statistischen Instruments zur Diagnose der Lebensweltzugehörigkeit – einen sogenannten „Milieu-Indikator" (siehe hierzu den Beitrag von Barth und Flaig in diesem Band).

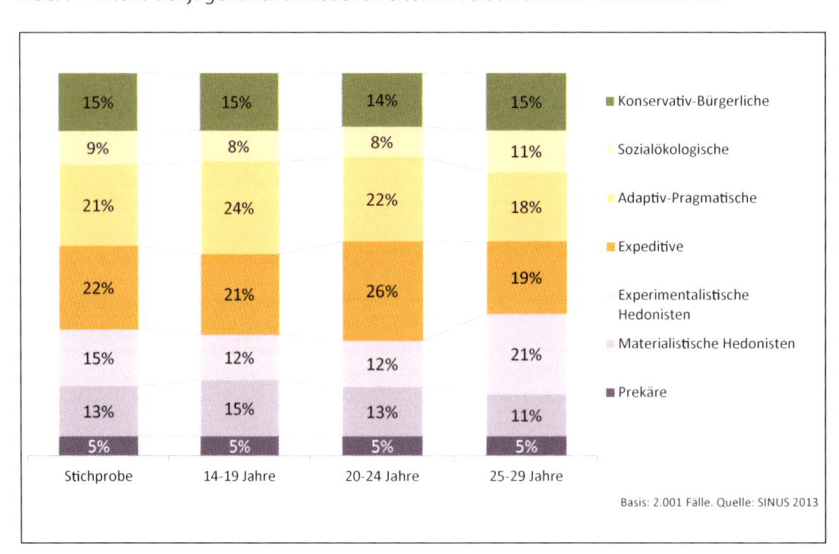

Abb. 9 Anteile der jugendlichen Lebenswelten in verschiedenen Alterskohorten

	Stichprobe	14-19 Jahre	20-24 Jahre	25-29 Jahre	
Konservativ-Bürgerliche	15%	15%	14%	15%	
Sozialökologische	9%	8%	8%	11%	
Adaptiv-Pragmatische	21%	24%	22%	18%	
Expeditive	22%	21%	26%	19%	
Experimentalistische Hedonisten	15%	12%	12%	21%	
Materialistische Hedonisten	13%	15%	13%	11%	
Prekäre	5%	5%	5%	5%	

Basis: 2.001 Fälle. Quelle: SINUS 2013

© SINUS

Eine solche quantitative Lebensweltanalyse für die Altersgruppe der 14- bis 17-Jährigen steht bislang noch aus. Im Jahr 2013 erfasste das SINUS-Institut aber die Lebenswelten der 14- bis 29-Jährigen repräsentativ (auf Basis von 2 000 Online-Interviews). In Abbildung 9 sind die Anteile der Lebenswelten in vordefinierten Altersgruppen der Unter-30-Jährigen ausgewiesen. Diese Daten erlauben ein näherungsweises Bild über die Größenverhältnisse der verschiedenen Lebenswelten der Teenager.

3 Anwendungsfelder des SINUS-Modells für jugendliche Lebenswelten

Das Gesellschafts- und Zielgruppenmodell von SINUS kommt vor allem in der Planung von Kommunikationsmaßnahmen zum Einsatz, da es aufzeigt, mit welchen Themen und Motiven, in welcher Sprache und über welche medialen Kanäle junge Menschen angesprochen werden können. Im kommerziellen Sektor greifen unter anderem Markenberater, Mediaplaner und Marktforscher auf diesen Ansatz zurück. Aber auch im non-kommerziellen Bereich wird das SINUS-Modell für jugendliche Lebenswelten herangezogen, beispielsweise um Bildungsangebote inhaltlich und didaktisch zielgruppenspezifisch auszugestalten (z. B. im Bereich der politischen Bildung, der Pastoral, der gesundheitlichen Aufklärung).

Nicht zuletzt wird die SINUS-Lebensweltensegmentation selbst zum Gegenstand von Bildungsprogrammen. Beispielsweise wird in schulischen und universitären Lehrbüchern auf Basis des Sinus-Milieuansatzes über soziale Ungleichheit aufgeklärt.

Literaturverzeichnis

Barth, Bertram und Flaig, Berthold Bodo. 2013. Was sind Sinus-Milieus? Eine Einführung in die sozialwissenschaftliche Fundierung und Praxisrelevanz eines Gesellschaftsmodells. In *Jugendliche Lebenswelten. Perspektiven für Politik, Pädagogik und Gesellschaft*. Thomas, Peter Martin und Calmbach, Marc. Hrsg. Heidelberg: Springer Spektrum, 11–35.

Calmbach, Marc, Borgstedt, Silke, Borchard, Inga, Thomas, Peter Martin und Flaig, Berthold Bodo. 2016. Wie ticken Jugendliche 2016? Lebenswelten von Jugendlichen im Alter von 14 bis 17 Jahren in Deutschland. Wiesbaden: Springer.

Calmbach, Marc, Thomas, Peter Martin, Borchard, Inga und Flaig, Berthold Bodo. 2012. Wie ticken Jugendliche 2012? Lebenswelten von Jugendlichen im Alter von 14 bis 17 Jahren in Deutschland. Düsseldorf: Verlag Haus Altenberg.

Jungkamp, Burkhard und John-Ohnesorg, Marei. Hrsg. 2016. Soziale Herkunft und Bildungserfolg. Schriftenreihe des Netzwerk Bildung. Berlin: Friedrich-Ebert-Stiftung.
Wippermann, Carsten und Calmbach, Marc. 2008. Sinus-Milieustudie u27 – Wie ticken Jugendliche. Düsseldorf: Verlag Haus Altenberg.

Keywords

Jugendmilieus, Sinus-Milieus, SINUS-Jugendforschung, jugendliche Lebenswelten, junge Zielgruppen, Jugendforschung, u18 Studie, Teenager in Deutschland, Jugendstudie in Deutschland, SINUS-Jugendstudie

Orientierung in der Unübersichtlichkeit: Das SINUS-Modell für Jugendliche und junge Erwachsene in Österreich

Von Bertram Barth

Zusammenfassung

In Österreich wurden von INTEGRAL und T-FACTORY bislang drei Sinus-Milieu-basierte Jugendstudien durchgeführt. Die sechs identifizierten Jugendmilieus finden vielfältige Anwendungsfelder. In diesem Beitrag wird die Milieusozialisation kurz erläutert. Die Jugendmilieus werden überblicksmäßig sowie anhand beispielhafter Darstellungen der befragten Jugendlichen vorgestellt.

---

1 Die SINUS-Jugendforschung in Österreich

In Österreich wird die milieudifferenzierte Jugendforschung vom Sinus-Milieu-Experten INTEGRAL gemeinsam mit dem Jugendexperten T-FACTORY durchgeführt. Bislang wurden drei Sinus-Milieu-Jugendstudien erstellt[1]. Im Unterschied zum Fokus der deutschen Jugendstudien auf 14- bis 17-Jährige (siehe den Beitrag von Calmbach in diesem Buch) werden in Österreich 14- bis 29-Jährige betrachtet. Die breite Altersdefinition trägt der Tatsache Rechnung, dass sich die Jugendphase ausgedehnt hat (siehe z. B. Heinzlmaier 2014). Trotzdem muss natürlich in dieser Altersspanne eine beträchtliche Heterogenität der Lebensumstände und Lebensstile in Kauf genommen werden.

Die Sinus-Milieu-Jugendstudien haben zum Ziel, die Alltagswirklichkeiten junger Menschen umfassend zu explorieren. Zusätzlich wurden 2014 die Spezialthemen Kommunikation, Recruiting und Mobilität sowie 2016 Körperbewusst-

---

[1] INTEGRAL und T-FACTORY 2013, 2014 und 2016; als Multi-Client Studien sind sie nur den Auftraggebern zugänglich und wurden bisher nicht veröffentlicht.

sein (Gesundheit, Ernährung, Mode, Styling) behandelt. Qualitatives Tiefenverständnis und repräsentative Verallgemeinerbarkeit wurden in der Kombination aus mehrstündigen Einzelexplorationen und repräsentativen Onlinebefragungen gewährleistet.[2] Weiters wurden die Jugendlichen im Vorfeld der Einzelexplorationen gebeten, Aufgabenhefte auszufüllen und zu diversen Fragen auch künstlerisch-kreative Antworten (z. B. in Form von Collagen) zu geben.

Die Differenziertheit der österreichischen Jugend wird in sechs Jugendmilieus abgebildet. Die Modellierung wurde speziell für die Jugendpopulation durchgeführt, ergibt aber eine gute Übereinstimmung mit dem Gesamtmodell der österreichischen Milieus.

2 Unsicherheit und Orientierung

2.1 Aktuelle Weltwahrnehmung

Aus der Jugendstudie 2016 wird klar, dass *ein* großes Thema das Leben der Geburtsjahrgänge 1987–2002 bestimmt: Drei Viertel von ihnen suchen Halt und Orientierung in einer unübersichtlich gewordenen Welt.

Die Vervielfältigung der Optionen durch Globalisierung und Digitalisierung bringt Faszination, aber auch Überforderung mit sich. Parallel dazu hat sich seit der Jahrtausendwende eine permanente Krisenstimmung entwickelt. Die damit verbundene Verunsicherung hat sich über die letzten Jahre noch verstärkt. Das Vertrauen in die Funktionstüchtigkeit des Staates und die Kompetenz unserer Eliten sind weiter gesunken, die Zukunftsängste nehmen zu. So glauben 2016 nur mehr 18 % an eine positive Zukunft der Gesellschaft (2013 waren es noch 23 %).

Für die meisten Jugendlichen ist die Welt draußen zu kompliziert geworden, um sie wirklich verstehen zu können oder zu wollen. Dagegen setzen sie aber einen überraschend hohen (wenn auch aktuell leicht rückläufigen) individuellen Bewältigungsoptimismus: Sechs von zehn sehen ihre persönliche Zukunft positiv. Die negativen Entwicklungen in unserer Gesellschaft mögen sich nicht mehr aufhalten lassen, man selbst wird es aber schon irgendwie schaffen[3].

---

2   Jugendstudie 2013: 50 Tiefeninterviews, 1 500 Onlineinterviews; 2014: 32 Tiefeninterviews, 1 000 Onlineinterviews: 2016: 47 Tiefeninterviews, 1 028 Onlineinterviews.
3   Wie die Shell Jugendstudie 2015 zeigt, sind deutsche Jugendliche (definiert als 12- bis 25-Jährige) ähnlich optimistisch, was die persönliche Zukunft angeht, allerdings weit optimistischer bezüglich der gesellschaftlichen Zukunft, siehe Leven et al. 2015, 101 ff.

Aber nicht alle nehmen die Herausforderungen der komplexen Gesellschaft mit Zuversicht an. Ein Drittel der Jungen ist skeptisch, was ihre persönlichen Zukunftschancen angeht, und fast jeder Zehnte (speziell aus bildungsfernem Elternhaus) fühlt sich bereits abgehängt.

2.2 Wertesysteme und Milieusozialisation

Die wichtigsten Entwicklungsaufgaben für Jugendliche sind die Ausbildung einer stabilen Identität sowie die Integration in Gemeinschaft und Gesellschaft. Damit haben sie eine schwierige Aufgabe zu bewältigen: Konfrontiert mit Unsicherheiten und Unklarheiten und allzu vielen Wahlmöglichkeiten müssen Jugendliche Entscheidungen treffen, Überkomplexitäten reduzieren, Zukunftsängste wegschieben, um ihren Alltag zu bewältigen. Die Milieusozialisation, d. h. die Adoption von milieukonstitutiven Werthaltungen und damit die Ausbildung von Gruppenzugehörigkeiten, dient zur Bewältigung dieser Entwicklungsaufgabe[4].

Wir konnten hier drei Metastrategien entdecken.

1) **Rückgriff auf Wertesysteme der Vergangenheit:** Unsere Gesellschaft bietet einen „Wertevorrat", aus dem sich Jugendliche im Zuge ihrer Wertesozialisation bedienen können, vermittelt durch Elternhaus, Lehrer und Peergroup. Die drei wichtigsten, milieubildenden Wertesysteme sind...

   a) Das **Konservativ-Bürgerliche** Weltbild (15 % der Jungen) – Das Beharren auf einer alten Ordnung von Glaube, Pflicht und Bescheidenheit, die (manchmal auch aggressive) Abwehr der Zumutungen der beschleunigten Moderne

   b) Die **Postmaterielle** Sicht (10 %) – Die Selbstverwirklichung in sozialer und gesellschaftlicher Verantwortung

   c) Die Haltung der **Performer** (14 %) – Die Überzeugung, dass sich die Welt durch Globalisierung zum Positiven weiterentwickelt, und dass man als ICH-AG für sich selbst das Beste herausholen kann

2) **Weltflucht der Hedonisten** (21 %) – Die Ablehnung der Werte des Mainstreams; die Glückssuche in der Clique in eskapistischer Momentbezogenheit

---

4 Nähere Erläuterungen zur Milieusozialisation siehe Barth und Flaig 2013. Hier soll keinesfalls behauptet werden, dass die Milieuzugehörigkeit absolut frei gewählt wird, vielmehr ist natürlich die „Interdependenz zwischen der biopsychischen Grundstruktur individueller Akteure und ihrer sozialen und psychischen Umwelt" (Hurrelmann et al. 2008, 25) zu berücksichtigen. Bauer und Vester 2008, 197 sprechen in diesem Zusammenhang die „Ermöglichungs- und Verhinderungsstrukturen des Herkunftsmilieus" an.

3) **Anpacken, mitmachen, sich durchsetzen: die egotaktischen Pragmatiker** – Das Ignorieren der gesellschaftlichen Komplexitäten und die Konzentration auf Begreifbares, Bearbeitbares, persönlich Vorteilhaftes; hier allerdings in zwei unterschiedlichen Ausprägungen:
   a) Die **Adaptiv-Pragmatische** Variante (20 %), die bestimmt ist von defensivem Sicherheitsstreben
   b) Die **Digital-Individualistische** Variante (20 %), welche die Vielfalt der Möglichkeiten offensiv experimentierend annimmt

3 Das österreichische Modell der Jugendmilieus

3.1 Beschreibung des Modells

Aus der obigen Darstellung ergibt sich das österreichische Jugendmodell der Sinus-Milieus, siehe Abbildung 1.

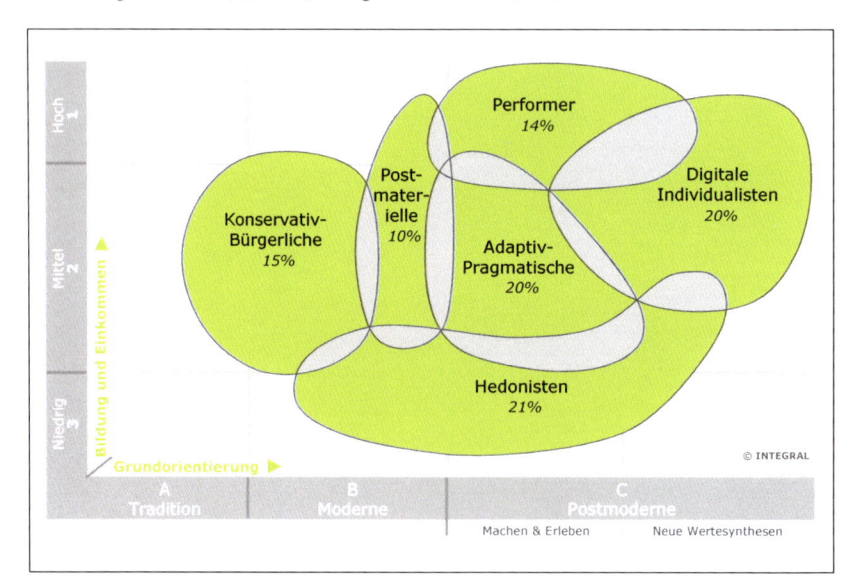

Abb. 1 Jugendmilieus (14- bis 29-Jährige) in Österreich (2016)

© INTEGRAL

Die vertikale Dimension bezeichnet die soziale Lage und wird im Fall der Jugendlichen über Einkommen (der Eltern, sofern sie noch keinen eigenen Beruf ausüben) bzw. eigenem (angestrebtem) Bildungsabschluss operationalisiert. Die horizontale Achse bildet die Grundorientierung der Jugendlichen ab.

Das Jugendmodell der Sinus-Milieus ist stark an das Gesamtmodell angelehnt, hat aber den Schwerpunkt im rechten Abschnitt, also im Bereich der Postmoderne[5]. Im Folgenden sollen die sechs Milieus kurz beschrieben werden.

3.2 Die „alten" Wertesysteme

3.2.1 Konservativ-Bürgerliche

Immerhin 15 % der Jugendlichen bestehen auf allgemein verbindlichen Werten, die für alle gelten müssten. Pflicht- und Akzeptanzwerte wie Leistung, Fleiß und Anpassungsbereitschaft, Selbstdisziplin statt Selbstverwirklichung, Bescheidenheit und Sparsamkeit bilden die Basis des Denkens und Handelns der Konservativ-Bürgerlichen. Sie beharren auf der alten Ordnung und auf der Selbstverständlichkeit der Normalbiographie und grenzen sich vehement gegenüber der schnelllebigen (Post-)Moderne ab.

Ein harmonisches, erfülltes Leben mit der eigenen Familie in einem sicheren und planbaren Rahmen, getragen von Glaube und Werten, bilden den Sinn des Lebens. Abbildung 2 stellt den Lebenssinn aus der Sicht einer 23-jährigen Konservativ-Bürgerlichen dar[6]. Zentral ist der Glaube an Jesus Christus. Familie und Freunde sind der zweite Lebensanker. Demgegenüber sind Interessen, Studium und Sport nachrangig.

---

5   Die Definition der Milieus der Postmateriellen, Performer, Digitalen Individualisten, Adaptiv-Pragmatischen und Hedonisten entspricht in der Jugendstudie weitgehend jener des Gesamtmodells. Natürlich sind die Größenverhältnisse in der Jugend anders ausgeprägt. Im „linken" Teil der Milieulandschaft musste jedoch eine andere Modellierung durchgeführt werden; hier gibt es das spezielle Jugendmilieu der Konservativ-Bürgerlichen anstelle der Erwachsenen-Milieus der Traditionellen, Konservativen, Etablierten, Bürgerlichen Mitte und Konsumorientierten Basis.

6   Diese und die folgenden Abbildungen wurden von den Jugendlichen selbst im Rahmen der eingangs erwähnten „Hausaufgaben" erstellt; die Fragestellung hier war: „Du darfst und sollst deiner Kreativität freien Lauf lassen und alles zum Thema ‚Das gibt meinem Leben Sinn' auf die folgenden Seiten kleben, schreiben oder malen. Du kannst hier z. B. Fotos, Bilder aus Zeitschriften, Zeitungen und anderes ausschneiden und in das Heft kleben oder einfach ein paar Begriffe oder Gedanken aufschreiben. Es ist uns überhaupt nicht wichtig, ob deine Arbeit letztendlich schön aussieht oder nicht, es geht nur darum, dass du deine persönliche Einstellung und Wünsche zum Thema offen darstellst."

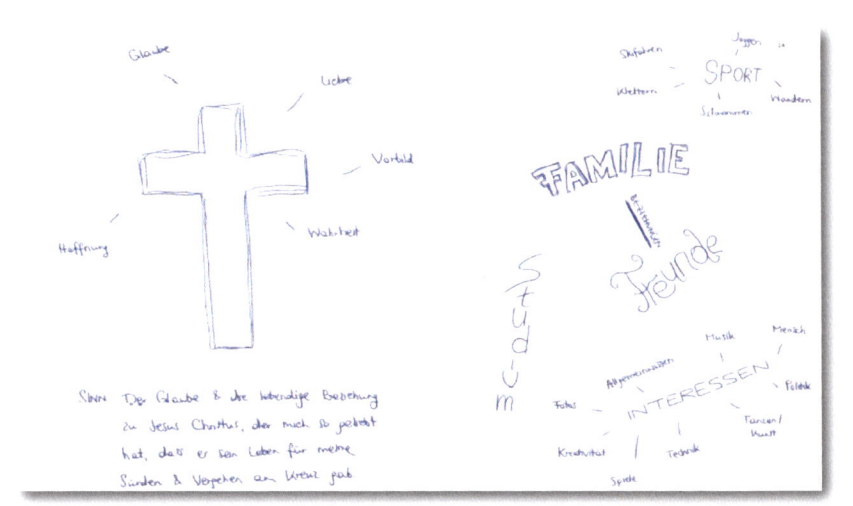

Abb. 2 „Lebenssinn" einer Konservativ-Bürgerlichen (23 Jahre alt)

© INTEGRAL

3.2.2 Postmaterielle

Jede(r) zehnte Jugendliche verfolgt ein differenziertes Konzept von Selbstverwirklichung in sozialer bzw. gesellschaftlicher Verantwortung. Im Unterschied zu den meisten anderen Jugendlichen denken die Postmateriellen über das eigene Nahumfeld hinaus: Österreich, Europa, die Welt sind ihre Referenzgrößen. Sie betrachten die aktuellen gesellschaftlichen Entwicklungen sehr kritisch, speziell auch die internationalen wirtschaftlichen Verflechtungen, sind aber trotzdem „internationalistisch" gesinnt. Sie haben vielfältige kulturelle und intellektuelle Interessen, wollen sich kreativ verwirklichen und suchen Freunde und Partner, die ähnlich hohe Ansprüche an das Leben haben. Von Materialismus, Rassismus oder auch nur politischer oder ökologischer Gedankenlosigkeit grenzen sie sich massiv ab.

Der Sinn des Lebens ist die persönliche Weiterentwicklung in einem sich verändernden sozialen und gesellschaftlichen Rahmen, letztlich das Gelingen des Miteinanders in Gemeinschaft und Gesellschaft. Abbildung 3 stellt den „Lebenssinn" einer 16-jährigen Postmateriellen dar. Typisch hier sind Welt-Orientierung (speziell auch der Explorationsgeist), politische Positionierung (Bernie Sanders), soziale Verantwortung (Freiwilligenarbeit) und die Vielfalt der persönlichen Interessen (Politik, Kultur, Reisen, Natur, Musik, Internetblogs).

Abb. 3 „Lebenssinn" einer Postmateriellen (16 Jahre alt)

© INTEGRAL

3.2.3 Performer

14 % der Jugendlichen haben eindeutig eine auf Arbeit und Beruf gründende Identität und stellen **berufliche Karriere und Erfolg an die Spitze ihrer Prioritäten**. Jugendliche Performer sind überzeugt, sich durch Anstrengung, Bildung und Leistung behaupten zu können – sowie durch konsequente Arbeit an sich selbst, durch Selbstmanagement, Selbstregulierung, Selbstoptimierung. Viele sehen sich als Unternehmerpersönlichkeit. Sie sind bedingungslose Anhänger der Globalisierung und haben – im Unterschied zu vielen anderen Jugendlichen – positive Erwartungshaltungen an gesellschaftliche und wirtschaftliche Entwicklungen.

Performer haben hohes Selbstvertrauen und sehen sich als moderne Elite, als Stil- und Techniktrendsetter.

Der Sinn des Lebens ist, sich selbst in der modernen, globalen Welt gut zu positionieren: durch Effizienz und Erfolg die Basis für ein Leben als Führungspersönlichkeit und in Wohlstand zu erreichen. Die folgende „Sinndarstellung" eines 22-jährigen Performers zeigt – neben der typischen (Selbst-)Ironie – eine klare Zielorientierung sowie die starke Erfolgsorientierung.

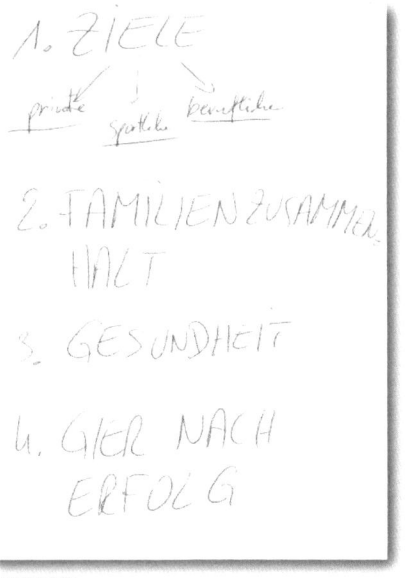

Abb. 4 „Lebenssinn" eines Performers (22 Jahre alt)

1. ZIELE
   private / spätere berufliche
2. FAMILIENZUSAMMENHALT
3. GESUNDHEIT
4. GIER NACH ERFOLG

© INTEGRAL

3.3 Die hedonistische Verweigerung

Jede(r) fünfte Jugendliche ist primär auf ein angenehmes Leben ohne allzu große Anstrengungen ausgerichtet. Die Suche nach Ablenkung, Spaß und Unterhaltung steht im Vordergrund. Alltagszwänge werden im Rahmen der notwendigen Schulausbildung oder der beruflichen Notwendigkeiten durchaus angenommen; das „eigentliche" Leben ist aber woanders zu finden, in szenischer Vergemeinschaftung, bei Spannung und Spaß, oft auch in kreativer Selbstverwirklichung.

Die Mehrheit lehnt den Leistungsgedanken sowie traditionelle Normen und Konventionen ab. Planung und Selbstkontrolle werden als spießig betrachtet. Aufgrund negativer Erfahrungen hat sich oft auch Bildungs- und Leistungsfatalismus entwickelt.

Lebenssinn ist, sich in momentaner Lust, im aktuellen Thrill, in gruppenspezifischer Besonderheit das zu holen, was die bürgerliche Normalwelt verweigert. In Abbildung 5 findet sich als eine mögliche Antwort auf die Frage nach dem hedonistischen Lebenssinn die Aufzählung all dessen, was Spaß macht: Shoppen, Kleidung, gutes Essen, Ausflüge, Musik, Filme, Gesellschaftsspiele. Und auch der Bezug auf Geld als dem Ermöglicher des guten Lebens.

Abb. 5 „Lebenssinn" eines Hedonisten (18 Jahre alt)

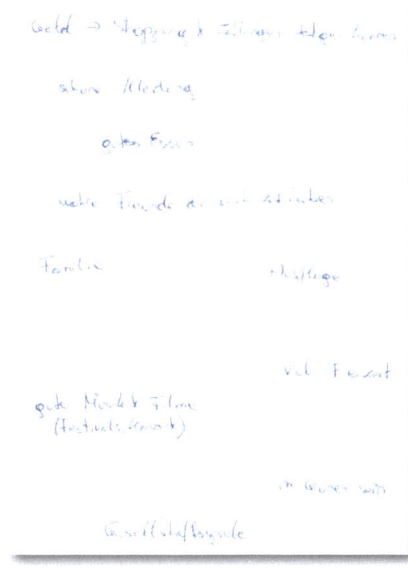

© INTEGRAL

3.4 Die egotaktischen Pragmatiker

3.4.1 Überblick

Die beiden „egotaktischen" Milieus definieren sich unmittelbar aus den Krisenerfahrungen der letzten Jahre. Sie haben gelernt, dass zwar nichts sicher ist, aber dass es irgendwie doch immer weitergeht. Sie sind ideologiefern, können mit dem Konzept von Gesellschaft wenig anfangen und sind auf „Opportunitätsgewinn und Nutzenmaximierung für das Ich ausgerichtet" (Hurrelmann und Albrecht 2014, 33[7]).

Allerdings fassen wir unter dem Oberbegriff des egotaktischen Pragmatismus zwei sehr unterschiedliche Grundhaltungen, die im Folgenden beschrieben werden[8].

---

7   Die Überlegungen zu den Egotaktikern von Hurrelmann und Albrecht werden allerdings global auf die „Generation Y" angewendet; wir möchten dagegen betonen, dass sie nur auf einen Teil der jungen Menschen zutreffen.
8   Für eine ausführlichere Gegenüberstellung der beiden Milieus vergleiche den Beitrag von Barth und Flaig in diesem Band.

3.4.2 Adaptiv-Pragmatische

Ein Fünftel der Jugendlichen kombiniert die bürgerlichen Tugenden (Fleiß, Ehrlichkeit, Pünktlichkeit) mit modernen und hedonistischen Werten. Adaptiv-Pragmatische haben eine hohe Anpassungsbereitschaft und Flexibilität. Sie zeichnet ein starkes Streben nach Zugehörigkeit und Verankerung aus. Von zentraler Bedeutung ist das eigene Nahumfeld: Familie, Freunde, Eigenheim und vertraute Umgebung bedeuten Sicherheit und Kontrollmöglichkeit über die ansonsten oft bedrohlich überkomplexe Außenwelt.

Sinn bedeutet Sicherheit und Wohlbefinden im vertrauten und kontrollierbaren Umfeld: Vertrauen und Liebe in der Familie, Zusammenhalt und Spaß mit den Freunden, Besitz, Regelmäßigkeit, Strukturen. Abbildung 6 bringt diese Sinnvorstellungen auf den Punkt: Zentral sind nicht mehr der Glaube, wie bei den Konservativ-Bürgerlichen, sondern Familie und Freunde und dass man im sicheren Rahmen Spaß hat.

Abb. 6 „Lebenssinn" einer Adaptiv-Pragmatischen (16 Jahre alt)

© INTEGRAL

3.4.3 Digitale Individualisten

Jede(r) fünfte Jugendliche nimmt die Multioptionalität des aktuellen Lebens aktiv und offensiv experimentierend an. Die Digitalen Individualisten streben nach Selbstverwirklichung und intensivem Erleben, sind aber durchaus auch leistungswillig und erfolgsorientiert. Sie grenzen sich klar von Konventionen und bürgerlicher Etabliertheit ab und betonen ihre Individualität und Besonderheit.

Die Digitalen Individualisten sind ständig in Bewegung. Die hohe Geschwindigkeit des postmodernen Gesellschafts- und Arbeitslebens wirkt auf sie stimulierend. Sie experimentieren kontinuierlich mit Rollenentwürfen, spielen mit Identitäten und wechseln ihre Charaktermaske je nach Situation und Interesse.

Ihr Lebenssinn besteht darin, sich selbst als Projekt zu begreifen und sich ständig weiterzuentwickeln. In der Lebenssinn-Collage der 20-jährigen Digitalen Individualistin in Abbildung 7 besticht die Dynamik der aktiven Welterkundung; typisch ist hier weiters die sehr individuelle, provokante Stilistik der Gesamtkomposition.

Abb. 7 „Lebenssinn" einer Digitalen Individualistin (20 Jahre alt)

© INTEGRAL

Die Digitalen Individualisten sind die aktuelle Lifestyle-Elite und die zukünftige Führungselite unserer Gesellschaft. Viele von ihnen sind gut gebildet, beruflich durchaus ehrgeizig (wenn auch die Balance mit privaten Projekten immer bestehen muss) und Meister der erweiterten Realität – digitale und analoge Welt sind für sie nicht mehr getrennt.[9] Oft meint man genau dieses Milieu, wenn man idealisierend und verallgemeinernd von der „Generation Y" spricht.

Die radikale Auflösung alter Strukturen und Bindungen und die fortschreitende Beschleunigung aller Lebensbereiche in der „Flüssigen Moderne" (Zygmunt Bauman) schaffen Anforderungsfelder und Möglichkeitsräume für einen neuen Persönlichkeitstypus, eben dem der Digitalen Individualisten. Hartmut Rosa 2012 behandelt situative Identitäten, die große Ähnlichkeiten mit dem Identitätsspiel der Digitalen Individualisten haben. Die situative Logik der alltäglichen Lebensführung ist unmittelbar identitätsprägend; „wer man ist, hängt davon ab, mit wem man es gerade zu tun hat" (371).

Zur Illustration der Relevanz der hier beschriebenen Grundhaltung sei abschließend noch auf Ikrath 2015 verwiesen. Er beschreibt über die Hipster gerade auch die Digitalen Individualisten[10], welche „idealtypisch die wichtigsten Grundzüge der gegenwärtigen Gesellschaftsordnung" (102) verkörpern, nämlich radikalen Individualismus, das Aufgehen in der privaten Sphäre ohne Interesse am öffentlichen Bereich sowie die zeit- und geschichtslose Verkörperung des flexiblen Menschen.

---

9   Die Milieubeschreibungen sind zwangsläufig idealtypisch verdichtet – es ist gerade hier notwendig darauf hinzuweisen, dass die Digitalen Individualisten eine Großgruppe darstellen und 20 % der Jugendlichen umfassen; darunter sind natürlich auch etliche, die von den zugespitzten Beschreibungen nur teilweise erfasst sind.
10 Ikrath sieht übrigens selbst die Parallele zum deutschen Pendant der Digitalen Individualisten, den Expeditiven.

4 Anwendungsfelder

Insgesamt 34 Institutionen und Unternehmen beteiligten sich an mindestens einer der drei österreichischen Jugendstudien[11], die sie für die folgenden Zwecke einsetzten:

- Entwicklung von Zielgruppenstrategien im Jugendbereich und deren Einpassung in die Gesamtstrategie; insbesondere auch die Verbesserung der Zukunftssicherheit von institutionellen oder kommerziellen Angeboten
- Entwicklung passgenauer Produkte und Dienstleistungen für die jugendlichen Zielgruppen
- Planung von Kommunikationsmaßnahmen – Kommunikationskanäle, Kampagnengestaltung, Markeninszenierungen, Gestaltung von Werbemaßnahmen unter Verwendung milieurelevanter verbaler und visueller Schlüsselelemente

Jugendliche Lebensstile und Kommunikationsweisen verändern sich schnell. Daher wird es auch in Zukunft immer wieder nötig sein, genau hinzusehen und allen Milieus gut zuzuhören, um Zugang zu den jugendlichen Welten und ihren Bedürfnissen zu ermöglichen.

Literaturverzeichnis

Bauer, Ullrich und Vester, Michael. 2008. Soziale Ungleichheit und soziale Milieus als Sozialisationskontexte. In Handbuch Sozialisationsforschung, Hrsg. Hurrelmann et al., 184–202. Weinheim und Basel: Beltz Verlag.
Heinzlmaier, Bernhard. 2014. Marketing in einer juvenilen Kultur – Über die Notwendigkeit der Verallgemeinerung jugendkultureller Kommunikationsstile. In Zielgruppen im Konsumentenmarketing, Hrsg. Marion Halfmann, 45–57. Wiesbaden: Springer Fachmedien.
Hurrelmann, Klaus und Albrecht, Erik. 2014. Die heimlichen Revolutionäre: Wie die Generation Y unsere Welt verändert. Weinheim und Basel: Beltz Verlag.
Hurrelmann, Klaus, Matthias Grundmann und Sabine Walpter. 2008. Zum Stand der Sozialisationsforschung. In Handbuch Sozialisationsforschung, Hrsg. Hurrelmann et al., 14–31. Weinheim und Basel: Beltz Verlag.
INTEGRAL und T-FACTORY. 2013. Sinus-Milieus® Jugendstudie 2013. Wien: INTEGRAL und T-FACTORY.

---

11 Sie kamen aus den Bereichen Banken, Handel, Hersteller von Getränken und Lebensmittel, Interessenvertretungen, Marketingverbände, Medien, Ministerien und öffentliche Verwaltung, Telekommunikation, Verkehrsunternehmen.

INTEGRAL und T-FACTORY. 2014. Sinus-Milieus® Jugendstudie 2014. Wien: INTEGRAL und T-FACTORY.
INTEGRAL und T-FACTORY. 2016. Sinus-Milieus® Jugendstudie 2016. Wien: INTEGRAL und T-FACTORY.
Ikrath, Philipp. 2015. Die Hipster. Trendsetter und Neo-Spießer. Wien: Promedia Verlag.
Leven, Ingo, Gudrun Quenzel und Klaus Hurrelmann. 2015. Familie, Bildung, Beruf, Zukunft: Am liebsten alles. In 17. Shell Jugendstudie, Hrsg. Shell Deutschland Holding, 47–110. Frankfurt/M: Fischer Taschenbuch.
Rosa, Hartmut. 2012. Beschleunigung. Die Veränderung der Zeitstrukturen in der Moderne. Frankfurt/M.: suhrkamp taschenbuch wissenschaft.

Keywords

Jugendmilieus, SINUS-Jugendforschung, Sinus-Milieus, jugendliche Lebenswelten, junge Zielgruppen, Jugendforschung, Jugendstudie in Österreich, Milieusozialisation

Übertragung in den Raum: Die Sinus-Geo-Milieus®

Von Rolf Küppers

Zusammenfassung

Die Sinus-Geo-Milieus versehen Wohnadressen mit Sinus-Milieu-Wahrscheinlichkeiten. Sie werden für zielgruppengenaues, crossmediales Marketing eingesetzt – für die Anreicherung und Analyse von Bestandsadressen, für Standortanalysen oder für die Selektion von Anschriften zur Neukundengewinnung. Fortwährende Entwicklungen und Verknüpfungen mit neuem Datenmaterial sorgen dafür, dass die Sinus-Geo-Milieus immer den Ansprüchen von Kunden und Märkten gerecht bleiben. In Zukunft kann dieser Ansatz auch im Rahmen der fortschreitenden Digitalisierung eine immer wichtigere Rolle einnehmen, um Online-Nutzer sinnvoll zu segmentieren und neue Impulse im Bereich des Online-Targetings zu liefern.

1 Einleitung

Die exklusive Partnerschaft zwischen microm und dem SINUS-Institut vereint bereits seit 1998 das Milieu-Know-how von SINUS und das microm-Wissen zur mikrogeografischen Marktsegmentierung in einem Instrument zur hausgenauen Analyse, den Sinus-Geo-Milieus. Mit ihnen lässt sich sagen, wo ein bestimmtes Ziel-Milieu wohnt.

Diese Zusammenarbeit begann vor 20 Jahren, als das SINUS-Institut auf der Suche nach einem geeigneten Partner war, um die Sinus-Milieus für das operative Marketing nutzbar zu machen, also für Anwendungsfelder wie Direktmarketing, Dialogmarketing, CRM (Customer Relationship Management) oder Multichannel-Marketing. Daneben etablierten sich Anwendungen im Bereich Geomarketing, die sich im Wesentlichen auf die Optimierung von Standorten oder die regionale Mediaplanung beziehen. Mit der zunehmenden Bedeutung der Digitalisierung finden die Sinus-Geo-Milieus auch in diesem Bereich Eingang, indem zusätzliche Schnittstellen von der realen Offline-Welt in die digitale Online-Welt geschaffen wurden.

2 Historischer Hintergrund

Doch zunächst noch einmal zurück zu den Anfängen. Begonnen hat die Entwicklung unter der Überschrift „MOSAIC Milieus", einer lizensierten Adaption der Sinus-Milieus und somit einem neuen Tool zur mikrogeografischen Marktsegmentierung von SINUS und microm. Der mikrogeografischen Marktsegmentierung liegt die Tatsache zugrunde, dass Menschen, die im gleichen Umfeld wohnen, häufig auch einer gleichartigen sozialen Schicht angehören sowie ähnliche Bedürfnisse und Verhaltensweisen erkennen lassen. Zwischen der räumlichen und der sozialen Nähe von Menschen gibt es deutliche Zusammenhänge. Soziologen sprechen bei diesem Phänomen von der sozialen Segregation. Umgangssprachlich bezeichnet man diesen Sachverhalt mit „gleich und gleich gesellt sich gern".

Bereits um die Wende vom 19. zum 20. Jahrhundert prägte Zille den Begriff des (Berliner) „Milljöhs", bei dem es sich um die ursprünglichen Arbeiter- oder Proletarierviertel handelte, aus denen Zille typische Alltagsszenen festhielt. In diesem Milieubegriff verschmelzen beide Ansätze, um die es auch hier geht: Die Großgruppen der Sinus-Milieus, denen Menschen mit gleicher Wertorientierung und häufig auch gleicher Schichtzuordnung angehören; sowie die kleinräumigen Nachbarschaften, die mittels microm-Daten beschrieben werden und in denen überwiegend Menschen mit gleichen oder ähnlichen Merkmalen zusammenleben.

Im Rahmen der langjährigen Zusammenarbeit sind diverse Produktvarianten entstanden. Das erste, zunächst rein westdeutsche Geo-Milieumodell, wurde 1999 fertiggestellt. Die Deutsche Bank und Centerparks gehörten zu den ersten Kunden. 2002 folgte das erste gesamtdeutsche Geo-Milieumodell, 2005 konnten dann auch die Modellierungen für Österreich und die Schweiz abgeschlossen werden. Eine weitere Entwicklung war der Milieu-Regio-Trend, der eine kleinräumige Prognose der Milieuentwicklung für einen Zeitraum von ca. 15 Jahren nach einem Status Quo-Szenario erstellt, siehe beispielhaft dafür die Entwicklung des Milieus der Liberal-Intellektuellen in Abbildung 1.

Weiter wurden Geo-Migrantenmilieus für die deutsche Bevölkerung mit Migrationshintergrund erstellt. Zusätzlich folgten vielfältige qualitative Verbesserungen, unter anderem in Form der Geo-Milieus Individual. Die jüngsten Entwick-

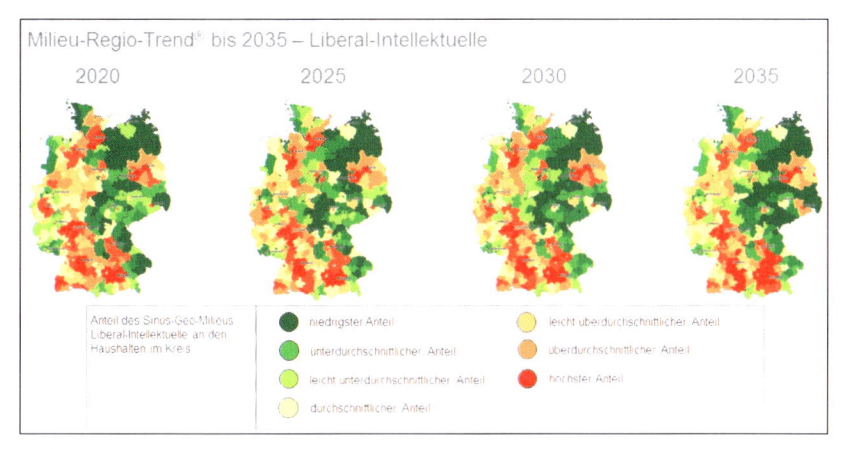

Abb. 1 Beispiel für eine Milieu-Regio-Trend®-Betrachtung

© microm

lungen sind die Sinus-Geo-Meta-Milieus[1], initial für Italien im Jahr 2016, und die Schaffung von Schnittstellen, um die Sinus-Geo-Milieus für das Onlinemarketing nutzbar zu machen, zum Beispiel für Facebook, Google AdWords, Display-Kampagnen und Mobile-Kampagnen auf Smartphones.

3 Wie entstehen die Sinus-Geo-Milieus®?

Für die Entwicklung der Sinus-Geo-Milieus werden repräsentative Befragungsdaten aus der Sinus-Milieuforschung mit microm-Adressdaten (microm Typologie etc.) verknüpft. Das Vorgehen ist grundsätzlich in allen Ländern ähnlich und soll im Folgenden exemplarisch für Deutschland beschrieben werden (siehe Abbildung 2).

Die Informationen zur Erstellung der microm Datenbank liegen anonymisiert und damit datenschutzkonform vor und werden von mehreren Quellen bezogen, wie zum Beispiel vom Verband der Vereine Creditreform und öffentlichen Behörden. Diese Informationen sind grundsätzlich für sämtliche 40,9 Millionen Haushalte in Deutschland verfügbar und werden für die rund 20 Millionen Häuser aus-

---

1 Erläuterungen zur internationalen Milieuforschung und zu den Sinus-Meta-Milieus gibt es im Artikel von Schäuble et al. in diesem Band.

Abb. 2 Entwicklung der Sinus-Geo-Milieus® in Deutschland

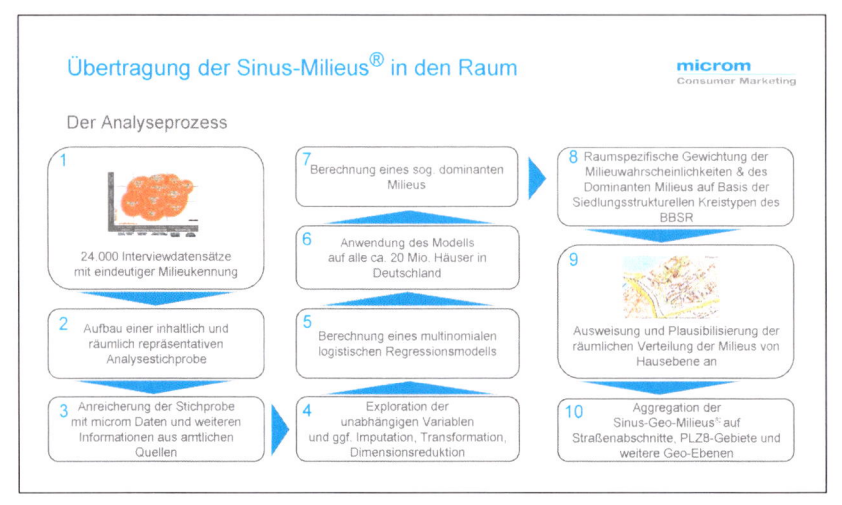

Übertragung der Sinus-Milieus® in den Raum

microm
Consumer Marketing

Der Analyseprozess

1. 24.000 Interviewdatensätze mit eindeutiger Milieukennung
2. Aufbau einer inhaltlich und räumlich repräsentativen Analysestichprobe
3. Anreicherung der Stichprobe mit microm Daten und weiteren Informationen aus amtlichen Quellen
4. Exploration der unabhängigen Variablen und ggf. Imputation, Transformation, Dimensionsreduktion
5. Berechnung eines multinomialen logistischen Regressionsmodells
6. Anwendung des Modells auf alle ca. 20 Mio. Häuser in Deutschland
7. Berechnung eines sog. dominanten Milieus
8. Raumspezifische Gewichtung der Milieuwahrscheinlichkeiten & des Dominanten Milieus auf Basis der Siedlungsstrukturellen Kreistypen des BBSR
9. Ausweisung und Plausibilisierung der räumlichen Verteilung der Milieus von Hausebene an
10. Aggregation der Sinus-Geo-Milieus® auf Straßenabschnitte, PLZ8-Gebiete und weitere Geo-Ebenen

© microm & SINUS

gewiesen. Für die Analyse werden aus Gründen des Datenschutzes mindestens vier, durchschnittlich sechs Haushalte zu einer Mikrozelle zusammengefasst. Die hausbezogenen Einzeldaten werden zu aussagefähigen Strukturindikatoren für die Mikrozellen verdichtet.

Eine Plausibilisierung und Validierung der so geschaffenen Daten erfolgt unter anderem im Rahmen einer Zusammenarbeit mit dem Deutschen Institut für Wirtschaftsforschung (DIW, www.diw.de). Dadurch ist microm in der Lage, eigene mikrogeografische Daten mit denen des Sozioökonomischen Panels (SOEP) zu verknüpfen[2]. Insgesamt fließen weit über eine Milliarde Einzelinformationen in die Datenerstellung ein. Auf Basis dieser Daten wurden mittels mathematisch-statistischer Verfahren Regressionsmodelle entwickelt, die für jedes Haus in Deutschland die statistische Wahrscheinlichkeit berechnen, mit der die einzelnen Sinus-Milieus vorkommen. Darüber hinaus wurde eine Methodik angewandt, die es ermöglicht, neben den Wahrscheinlichkeiten ein sogenanntes dominantes Sinus-Geo-Milieu auszuweisen. Ausgehend von der Hausebene werden die Milieu-

---

2   Das SOEP ist eine seit 1984 laufende, sich jährlich wiederholende Befragung von Deutschen, Ausländern und Zuwanderern in allen Bundesländern, die knapp 12 000 Haushalte umfasst. Themenschwerpunkte sind unter anderem Haushaltszusammensetzung, Einkommensverläufe, Gesundheit und Lebenszufriedenheit.

Informationen auf übergeordnete räumliche Ebenen aggregiert, um Standortbewertungen durchführen zu können oder Milieuverteilungen für Gemeinden oder beliebige andere Gebiete auszuweisen.

4 Anwendungsmöglichkeiten der Sinus-Geo-Milieus®

4.1 Allgemein

Die Sinus-Geo-Milieus liegen in Form der oben beschriebenen Daten für nahezu jedes Gebäude in Deutschland vor. Zur Veranschaulichung wird in Abbildung 3 ein Ausschnitt aus dem Kölner Milieustadtplan gezeigt.

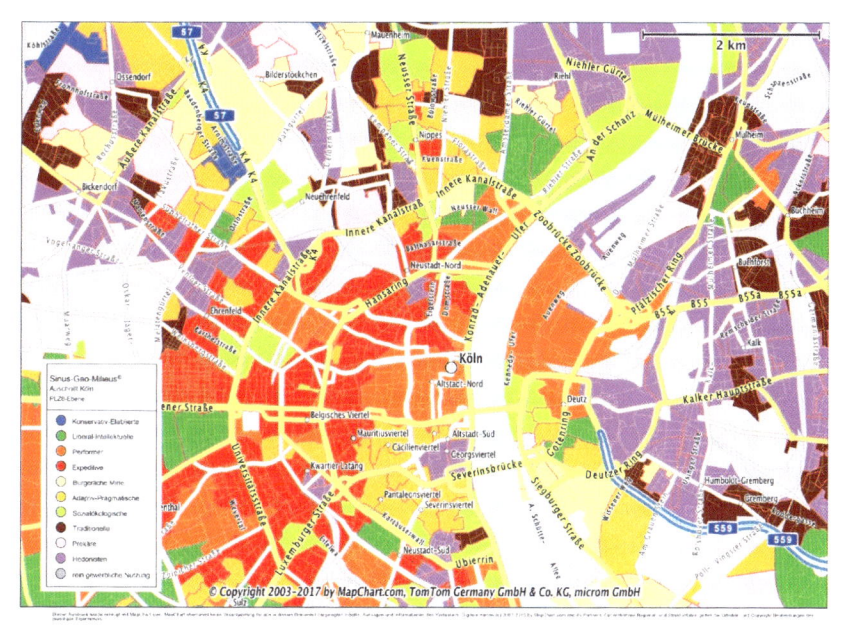

Abb. 3 Sinus-Geo-Milieus® in Köln

© microm

Damit wurde die Möglichkeit geschaffen, Konsumenten über ihre Wohngebäudeadresse mit den Sinus-Milieus zu verknüpfen und darüber zu beschreiben. Über die Beschreibung hinaus ergeben sich neue Wege zur Analyse und Ansprache von Kundendatenbeständen oder zur Verwendung von Adressdatenbanken zur Versendung von Mailings.

Neben der Verknüpfung mit Adressen bietet der regionale Bezug zu Standorten eine weitere Anwendungsmöglichkeit. So können z. B. Zielgruppenpotenziale für bestimmte Milieus bestimmt werden. Dies wiederum unterstützt die Mediaplanung im Einzugsbereich eines „Point of Sale" (POS) sowie die Ausgestaltung und die Sortimentsplanung am POS.

4.2 Kundenstrukturanalyse, Scoring und Potenzialermittlung für die Neukundengewinnung

Zu den frühen Nutzern der Sinus-Geo-Milieus im Bereich Tourismus gehörte neben Centerparks die TUI Deutschland GmbH. Hier wurden die Sinus-Geo-Milieus sehr erfolgreich für die Neukundengewinnung bei den Robinson-Clubs eingesetzt. Nach Aussage des damaligen Leiters Customer Dialogue Management wurde „durch das Scoring mit den Sinus-Geo-Milieus (…) die Buchungsquote für die Robinson-Clubs mehr als verdreifacht" und eine Umsatzsteigerung um 980 000 € erreicht.

Ziel des Projekts war es, zum einen eine Verbesserung der Buchungsquote im Club-Segment „Robinson" zu erreichen. Zum anderen sollten neue Adressen mit einer vordefinierten Nähe zum nächsten Reisebüro für gezielte Mailing-Aussendungen zur Neukundengewinnung generiert werden. Bei den Robinson-Kunden handelt es sich um eine gutsituierte und gut gebildete Zielgruppe, die seitens der TUI im Vorfeld mittels klassischer soziodemographischer Merkmale wie Bildung und Einkommen selektiert wurde. Bei diesem durchaus bewährten Vorgehen lag die Buchungsquote bei 0,5 %. Die klassischen Merkmale wurden nun u. a. mit den Geo-Milieu-Informationen ergänzt und in einem Scoringverfahren zur Prognose der Buchungswahrscheinlichkeit von Adressen verarbeitet. Selektiert und angeschrieben wurden dann Adressen, die im Einzugsbereich von Reisebüros lagen. Mit Hilfe dieser Analyseleistungen konnte TUI die Buchungsquote von 0,5 % auf 1,6 % erhöhen und somit die Quote mehr als verdreifachen.

4.3 Neukundengewinnung und -bindung im öffentlichen Sektor am Beispiel Fundraising in der katholischen Kirche

Angebote der katholischen Kirche erreichen vor allem Menschen aus nur drei der zehn Sinus-Milieus. Die Menschen aus den anderen sieben Milieus sind entweder noch wohlwollend-kritisch oder schon in einer ausgeprägten Distanz zum kirchlichen Leben. Für eine erfolgreiche kirchliche Fundraising-Kampagne sind dialogstarke Werbeinstrumente daher unabdingbar. Die Erzdiözese Freiburg hat dies erkannt und rief 2009 die Initiative „Wertvolle Zukunft" ins Leben. Dies war der erstmalige Versuch, durch gezielte crossmediale Marketingaktivitäten Neuspender zu gewinnen und Imagepflege zu betreiben. Dafür wurden eine flächendeckende und aufmerksamkeitsstarke Plakatierung sowie der Versand eines personalisierten Mailings an spendenaffine Haushalte eingesetzt. Mit diesen Methoden sollten auch Menschen aktiviert werden, die über die klassischen Kommunikationswege der Kirche nicht erreicht wurden.

Um die Plakatstandorte effektiv auswählen zu können, wurden zunächst Gebiete innerhalb der Erzdiözese Freiburg mit unterschiedlichen Anteilen katholischer Bevölkerung identifiziert und anschließend mit mikrogeografischen Daten wie beispielsweise der Kaufkraft und den Sinus-Geo-Milieus bewertet. Auf Basis dieser Analyse konnten optimale Standorte für die Plakatierung ermittelt werden. Darauf aufbauend wurde ein zielgruppenspezifisches Mailing entworfen, das in Sprache und Gestaltung exakt auf die identifizierten spendenaffinen Milieus zugeschnitten war. Im Ergebnis wurde die sog. response rate (Ansprechrate) mehr als verdoppelt. Für das Fundraising des Erzbistums Freiburg brachte diese facettenreiche Kampagne viele Erkenntnisse über die Spender für verschiedene Spendenzwecke, über die optimale Mailing-Gestaltung und über den gezielten Einsatz mikrogeografischer Daten bei der Mailing- und Plakatplanung.

5 Ausblick

Mit den Sinus-Geo-Milieus können neue Wege zur Analyse und Ansprache von Kunden und Zielgruppen erschlossen und für diverse Marketingaktionen nutzbar gemacht werden. Die Übertragung der Milieus in den Raum bietet zudem neue Möglichkeiten für die Bewertung von Standorten und kann in diesem Zusammenhang in unterschiedlichen wirtschaftlichen Unternehmensfeldern genutzt werden.

Die Sinus-Milieus unterstützen Werbetreibende bei der zielgruppengerechten Gestaltung der Werbekommunikation. Die Sinus-Geo-Milieus bieten die Möglichkeit, die Botschaften genau dort zu platzieren, wo die Zielgruppe erreicht werden kann. Und weil digitale Medien in Zukunft Dreh- und Angelpunkt für zielgerichtete Kommunikation sein werden, ist es umso wichtiger, die Milieus in die digitale Welt zu übertragen. Neue Technologien und Analyseverfahren erlauben es nun auch online, die anvisierten Zielgruppen zu identifizieren und ihnen ein Milieu zuzuordnen, um dann Inhalte individuell zu präsentieren.

Keywords

CRM – Customer Relationship Management, Dialogmarketing, Directmarketing, Geomarketing, Milieuforschung, Sinus-Geo-Milieus, Sinus-Geo-Meta-Milieus, Sinus-Milieus, microm, Geomarketing, Mikromarketing, Zielgruppenanalysen, Marktdaten, Geodaten, Milieu-Regio-Trend

Der Mensch hinter dem User: Die Digitalen Sinus-Milieus®

Von Jan Hecht und Nico Hribernik

Zusammenfassung

Bisherige Ansätze des Marketings auf digitalen Plattformen verlassen sich auf situative Zielgruppendefinitionen und Segmentierungsmethoden. Dies kann zu einem Bruch zwischen Offline- und Online-Marketing führen, da der Mensch hinter dem Online-User und seine komplexe Lebenswelt nicht beachtet werden.

Für die Digitalen Sinus-Milieus (DSM) wird die Milieuzugehörigkeit der Internetverwender aufgrund ihres Onlineverhaltens geschätzt. Dadurch lässt sich jeder User ganzheitlich erfassen. Dies kann aktuell für Traffic Analysen von Webseiten, Cross-Channel-Mediaplanung oder zur Content-Optimierung eingesetzt werden. Das volle Potenzial der Digitalen Sinus-Milieus entfaltet sich durch die Kombination von Milieu-Wissen aus der Online- und Offline-Lebenswelt, den Anschluss an globale Werbenetzwerke oder Werbeserver und durch passives User-Tracking.

1 Die Verheißungen des Online-Marketings

Die menschliche Lebensumwelt entwickelt sich ständig weiter. Eine tiefgreifend strukturverändernde Entwicklung der letzten Jahre ist die Digitalisierung, deren Fortschreiten einen großen Einfluss auf die Gesellschaft im Allgemeinen und auf einzelne Lebenswelten im Speziellen ausübt. Es kommt in Folge dieser Dynamik zu einer digitalen Spaltung der Gesellschaft und zu einem Auseinanderdriften der Lebenswelten.

Vor dem Hintergrund des Sinus-Milieumodells zeigt sich der sogenannte Digital Gap sehr prägnant. So gibt es einerseits gering digitalisierte Milieus, die keinerlei Bezug zu Social Media oder Streaming-Angeboten haben und anderseits Milieus, die zwischen Online- und Offline-Welten nicht mehr unterscheiden und deren virtuelle und echte Realität(en) im Alltag zu einer Mischform verfließen.

Im Zuge der Digitalisierung hat sich auf Seiten vieler Unternehmen ein radikales Umdenken bei der Marketing-Kommunikation vollzogen: So haben in Europa die Werbetreibenden 2016 zum ersten Mal mehr Geld für Internetwerbung als für klassische Fernsehwerbung ausgegeben.[1] Den größten prozentualen Zuwachs in Deutschland verzeichnete in diesem Jahr die Werbung auf Smartphones und anderen mobilen Endgeräten.[2]

Die Attraktivität von Online- und Mobile-Media liegt in der – im Vergleich zu traditionellen Marketingkanälen – besseren Aussteuerbarkeit der Zielgruppen (Targeting) und in der Messbarkeit der Rentabilität. Dank dynamischem Targeting[3] mit Browser-Cookies[4] lassen sich ohne größeren Aufwand Zielgruppen bilden, ansprechen und der Erfolg von Markenwahrnehmung (Impressions[5]) sowie erwünschte Aktivitäten (Konvertierungen[6]) live verfolgen und nachvollziehen. Darüber hinaus können die gesammelten Daten für eine kontinuierliche Optimierung des Targetings des Markenauftritts sowie des Produktangebots selbst genutzt werden.

Performance-orientiertes Online-Marketing, z. B. Maßnahmen mit dem Ziel der Erhöhung von Klickzahlen bei Werbebannern, ist häufig noch auf äußerst situationsbezogene Targeting- und Segmentierungsmethoden gestützt. Dank ihrer grundlegenden Effizienz haben sie durchaus ihre Daseinsberechtigung. Allerdings werden die komplexen Kausalitäten des täglichen Lebens und die Lebenswelten der Nutzer nicht mit einbezogen. Die Grenzen werden vor allem dann sehr schnell erreicht, wenn man vor strategischen Fragestellungen steht, die in die Offline- oder Mischwelt des einzelnen Users reichen, oder wenn sich ein Großteil der Customer Journey außerhalb digitaler Kanäle vollzieht (z. B. im Automobil-

---

1 https://www.adzine.de/2016/05/werbeausgaben-online-schlaegt-tv-na-und/.
2 http://meedia.de/2017/01/16/werbemarkt-jahresbilanz-brutto-umsaetze-steigen-um-5-mobile-werbung-waechst-um-72/.
3 Definition von Online-Zielgruppen, die sich laufend aus situativen Parametern wie Suchbegriffen, Social Media-Verhalten oder identifiziertem Produktinteresse neu zusammensetzen.
4 Im Browser automatisch abgespeicherte Text-Dokumente, die Informationen über das Surf-Verhalten und Webseiten-Besuche des jeweiligen Nutzers abspeichern.
5 Kennzahl zum Messen der Anzahl dem Nutzer angezeigter Werbe- oder Markenbotschaften.
6 Kennzahl zum Messen von Nutzer-Aktionen, die zum gewünschten Erfolg digitaler Werbung (z. B. Klicken auf Werbebanner) oder eines Angebots (z. B. Online-Kauf) führen.

Bereich). Aufgrund fehlender crossmedialer Lösungen entsteht oftmals ein Bruch, wenn Marken versuchen, ihre strategischen Zielgruppen sowohl konventionell als auch in digitalen Kanälen zu erreichen.

2 Digitale Sinus-Milieus®: Methodik und Nutzen

Um die Brücke zwischen Offline und Online zu schlagen, werden seit 2013 die Sinus-Milieus in der digitalen Welt nachgebildet. Die auf dem Onlineverhalten der Internetverwender beruhenden Milieuzuordnungen werden Digitale Sinus-Milieus (DSM) genannt. Die Modellierung geschieht in enger Zusammenarbeit mit Nugg.ad und Twyn Group, den jeweils führenden Experten für digitale Zielgruppen in Deutschland und Österreich.

Abbildung 1 zeigt illustrativ auf, dass die Vielfältigkeit der digitalen Aktivitäten vom traditionellen Bereich des Sinus-Milieumodells (links) bis hin zum postmodernen Abschnitt (rechts) stark zunimmt.

Abb. 1 Digitale Aktivitäten in den Sinus-Milieus®

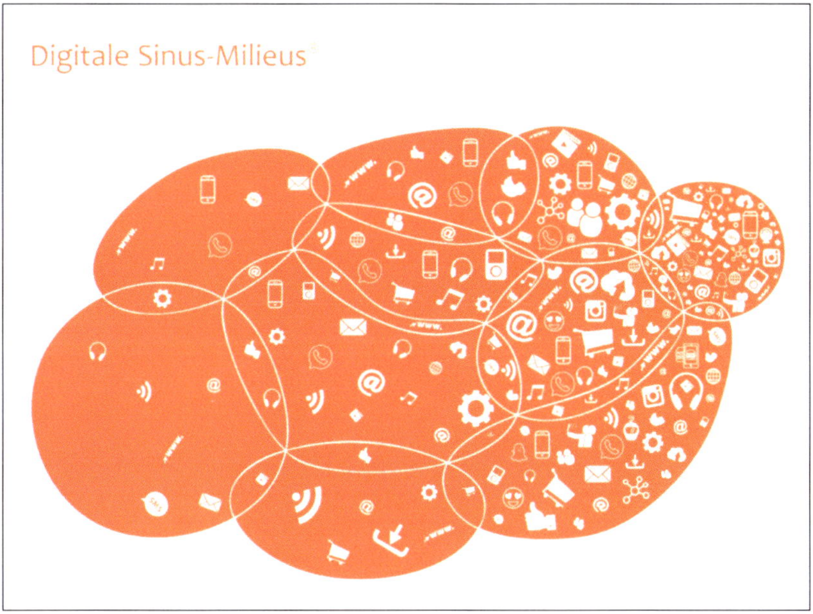

© SINUS

Für die Erstbestimmung der DSM wurde zunächst für eine große Stichprobe von Auskunftspersonen[7] die Milieuzugehörigkeit offline, durch den sogenannten Milieuindikator[8], bestimmt. Über Cookies konnte das Online-Verhalten dieser Auskunftspersonen beobachtet und ihr Surfverhalten aufgezeichnet werden, welches schließlich dazu diente, die (bekannte) Milieuzugehörigkeit nachzumodellieren. Somit wurde für jedes Milieu ein Verhaltensmuster als dynamische Grundlage für den komplexen Algorithmus gebildet, der in der Folge auf alle Internetnutzer angewendet wird, deren Onlineverhalten erfasst und analysiert werden kann.

Durch Ad-hoc-Umfragen bei Internet-Nutzern, deren Milieuzugehörigkeit auf klassischem Weg (via Milieuindikator) bestimmt wurde, wird dieser Algorithmus laufend aktualisiert.

Gewöhnliche Online-Zielgruppenmodelle basieren oft allein auf Korrelationen verschiedener Aspekte des Nutzungsverhaltens. Die Digitalen Sinus-Milieus dagegen reichern die Kausalität an: Sie werden zwar auch aufgrund des Online-Verhaltens gebildet, machen aber über die Milieuzuordnung gleichzeitig umfangreiches Hintergrundwissen verfügbar, welches vom Marketing zur Erklärung und Prognose des Verhaltens sowie zur kommunikativen Ansprache genutzt werden kann.

Die Digitalen Sinus-Milieus verbinden also gängige Methoden des Predictive Targeting mit einem ganzheitlichen Menschenverständnis. Dies eröffnet dem Online- bzw. Cross Media-Marketing eine neue Perspektive, die für Positionierungs-, Go-to-Market- oder auch reine Online-Markenstrategien sehr hilfreich ist. Mit dem Lösungsansatz von SINUS, der reale und digitale Welten strategisch und operativ miteinander verbindet, wird das strategische Potenzial von konsumentenzentrierter Markenführung auch online einsetzbar.

Die Digitalen Sinus-Milieus sind somit eine der wenigen funktionierenden Integrationen von traditioneller Marktforschung und Big Data-Analysen zu einem Online Marketing- und crossmedialen Mediaplanungs-Tool.

Mit dieser Digitalisierung werden die Sinus-Milieus nun endgültig ihrem Status als umfassender ‚Zielgruppenwährung' gerecht. So hat eine Umfrage der Unternehmensberatung Roland Berger aus dem Jahr 2015 ergeben, dass 50 % der deutschen Marketing-Entscheider die Sinus-Milieus als wichtiges Tool in der klassischen *und* digitalen Marketingplanung ansehen (Städele 2015).

---

7 Ca. 15 000 Personen in Deutschland, ca. 8 000 in Österreich.
8 Zur Erläuterung der klassischen Milieubestimmung siehe den Beitrag von Flaig und Barth in diesem Band.

3 Anwendungsgebiete der Digitalen Sinus-Milieus®

Die Digitalen Sinus-Milieus bieten eine besondere Perspektive, die sich in der Erarbeitung einer crossmedialen Marketingstrategie wie auch einer reinen Digitalstrategie einsetzen lässt.

Aktuell werden die Digitalen Sinus-Milieus vor allem in den drei folgenden Bereichen eingesetzt.

3.1 Traffic-Analyse von Webseiten

Beim Aufrufen einer Webseite wird der Nutzer mit Hilfe des oben beschriebenen Algorithmus einem Sinus-Milieu zugeordnet. Somit kann die Besucherstruktur einer Webseite – auch getrennt nach Startseite und weiteren Unterseiten – milieuspezifisch analysiert werden. Dies gibt Aufschluss über Schwerpunkte bei der eigenen Online-Zielgruppe, macht aber auch Lücken sichtbar, etwa wenn sich die anvisierte Zielgruppe nur unterdurchschnittlich im Besucherstrom wiederfindet. Zudem können durch das anschließende Beobachten und Analysieren der einzelnen Nutzer wichtige Rückschlüsse auf Content-Präferenzen gezogen werden.

3.2 Cross-Channel Mediaplanung

Für Marken, deren Marktkommunikation nicht ausschließlich online stattfindet, entsteht oft ein Bruch bei der Zielgruppenansprache: Die Zielgruppe, wie in der eigentlichen (Offline-)Medienstrategie geplant und erreicht, wird online nicht oder nur teilweise angesprochen. Für Marken, bei denen zum Beispiel der Kaufprozess vor allem in der Offline-Welt verankert ist und der digitale Kanal in erster Linie der Markenbildung dient, wird diese ungenaue Ansprache gerade in der Mediaplanung zu einem Problem. Mit den Digitalen Sinus-Milieus lassen sich die Zielgruppen ganzheitlich und stimmig erreichen: Werden z. B. Performer als strategische Zielgruppe in der Marketingplanung bestimmt, können sie nun in den traditionellen Marketingkanälen und online mit dem richtigen Content und abgestimmter Werbung erreicht und angesprochen werden.

3.3 Content-Optimierung nach Sinus-Milieus®

Das immense Wissen aus mehr als 30 Jahren Milieu-Forschung ist wohl der wichtigste Vorteil der Digitalen Sinus-Milieus gegenüber anderen Online-Zielgruppen. Dieses kann nun per Mausklick einzelnen Usern auf der Webseite zugeordnet werden. Jegliche Insights, die für die Sinus-Milieus durch traditionelle Marktforschung angesammelt wurden, können jetzt für die Zieloptimierung des eigenen Online-Contents umgesetzt werden: Entweder wird der Content auf die anvisierten Zielgruppen laut Traffic-Analyse angepasst oder der Content wird unter Einbindung eines Recommendation-Tools je nach der Milieu-Zugehörigkeit des Users dynamisch ausgespielt. Hierbei können auf Sinus-Milieus abgestimmte Content-Pakete vordefiniert und nach Zuordnung des einzelnen Users zu einem Digitalen Sinus-Milieu automatisch und zielgerecht ausgespielt werden. Mit dem website.optimizer steht hierfür in Zusammenarbeit mit *microm* und *Digitalraum* ein voll funktionsfähiges Tool bereits zur Verfügung.

Abb. 2 Website.Optimizer

© Digitalraum & microm

4 Perspektiven der Digitalen Sinus-Milieus®

Mit den Digitalen Sinus-Milieus ist es also gelungen, ganzheitlich erfasste und real existierende Zielgruppen ins Digitale zu übersetzen. Das ist nicht nur ein logischer Schritt im Zeitalter der Digitalisierung, sondern auch die Grundlage für eine Reihe von weiteren Lösungen und Ansätzen – immer mit dem Ziel, dass Marketingverantwortliche und Werbetreibende die Menschen mit all ihren komplexen Lebenswelten über digitale Kanäle erreichen, ansprechen und schlussendlich aktivieren können. Voraussetzung für eine optimale Ausnutzung des digitalen Potenzials der Sinus-Milieus ist der Anschluss an dynamische und Big Data-Datenbanken. Im weiteren Verlauf dieses Abschnittes werden einige konkrete sowie auch visionäre Ansätze dargestellt.

4.1 Anschluss an globale Werbenetzwerke (Facebook, Google)

Mit den sogenannten Sinus-Geo-Milieus, in Zusammenarbeit mit dem Geomarketing-Spezialisten *microm* entwickelt, werden Deutschlands Haushalte bereits seit einiger Zeit nach den Sinus-Milieus verortet (siehe den Beitrag von Küppers in diesem Band). Dies kann nun auf digitale Kanäle übertragen werden. Facebook und Google Adwords, die zwei wohl größten Online-Werbenetzwerke der Welt, betreiben auch Geo-Targeting und bieten ihren Werbepartnern darauf basierende Zielgruppen an. Hier lassen sich sinnvollerweise nun auch die Sinus-Milieus andocken. Gerade bei Kampagnen zur Markenbildung kommen mit den Sinus-Milieus als Zielgruppe alle Vorteile der erfassten Lebenswelten gegenüber rein demografischen Facebook- oder Google-Zielgruppen zum Tragen.

4.2 Passives User Tracking (Panel)

Es ist keine Zukunftsmusik mehr, dass Panelisten eines nach Sinus-Milieus verorteten Konsumenten-Panels rund um die Uhr passive Nutzungsdaten ihrer Online-Browser und Mobilgeräte liefern. Dies ist bereits mit engen Partnern von SINUS aufgesetzt und wird nach Vollendung der Qualitätskontrolle eine sehr interessante Lösung für Konsumentenforscher, Marketeers und Mediaplaner darstellen. Hierbei installieren sich die Panelisten eine Tracking-Software auf den Computer bzw. eine App auf das Smartphone, welche mit ihrem Einverständnis die gesamten Nutzungsdaten sammelt. Diese können dann entweder direkt über ein individuell gestaltetes Dashboard[9] visuell ausgewertet oder in einer Datenbank abgespeichert und je nach Bedarf durch eine Big-Data-Analyse verwertet werden.

Gerade zeitkritische Beobachtungen, wie etwa spezifische App-Nutzung oder aktuelle Trend-Themen, sind nicht mehr auf aufwendige Ad-hoc-Befragungen oder Markt-Media-Studien angewiesen, sondern können den einzelnen Milieus unmittelbar zugewiesen werden. Diese quasi Echtzeitbeobachtung der Sinus-Milieus im digitalen Raum kann für Zielgruppenansprachen und -angebote genutzt

---

9 Vordefinierte Nutzeroberfläche, die automatische Kennzahl-Reports darstellt.

werden. Ein weiterer Vorteil ist auch, dass über aktive Befragungen das Antwortverhalten mit dem tatsächlichen Verhalten der jeweiligen Zielgruppe abgeglichen werden kann.

4.3 Anschluss an Werbe- und DMP-Server

Eine weitere Verwendung der Digitalen Sinus-Milieus ist die Einspeisung eines Milieu-Algorithmus in eine Data Management Platform (DMP)[10], in der eine Vielzahl von digitalen Konsumentendaten abgespeichert und ausgewertet werden. Ist einmal eine solche DMP nach Sinus-Milieus verortet, lassen sich so gut wie alle Fragen zu den digitalen Lebenswelten der einzelnen Milieus dank dynamischer Daten beantworten und somit die Zielgruppenprofile je nach Bedarf und Ziel erweitern. Der Kreis von Partnern des SINUS-Instituts schließt allerdings nicht nur DMP-Betreiber ein, sondern z. B. auch Plattformen für Mobile Audience Targeting, die es Werbetreibenden auch auf mobilen Endgeräten ermöglichen, Zielgruppen passgenau zu erreichen und Streuverluste zu minimieren. Ziel ist es, zusammen mit Digital-Experten aus verschiedenen Bereichen, ein digitales Ökosystem für ganzheitliches Zielgruppenmarketing zu erschaffen.

4.4 Die dynamische Lebensweltdatenbank

Das oben beschriebene Ökosystem aus passiven und aktiven Datenbänken beschreibt bereits den größten Teil der Zukunftsvision einer dynamischen Lebensweltdatenbank, in der alle Daten in ihrer Rohform bzw. nach Sinus-Milieus verortet wie in einer DMP in Echtzeit zusammengeführt, abgespeichert und laufend aktualisiert werden. Durch das Anreichern von qualitativen Forschungsergebnissen wie Wohnbildern, Collagen, Musik und weitere Aspekte entsteht aus dieser DMP eine Datenbank, die das Leben der einzelnen Nutzer in all seinen Facetten abbildet. Marktforscher oder Werbetreibende können diese Daten in Echtzeit und je nach Fragestellung zusammenstellen und auswerten, um sie für ein nachhaltiges Marketing zu aktivieren.

---

10 Eine Datenbank, die in Echtzeit Nutzer-Daten sammelt und diese laufend zur Kontrolle, Steuerung und Optimierung von Online-Marketing zur Verfügung stellt.

Literatur

Städele, Kay. 2015. Kartoffeln für die Onliner. Werbung & Verkauf 9/2015, 48–51.

Keywords

Digitale Zielgruppen, Digitales Marketing, Digitale Sinus-Milieus, Sinus-Milieus, Predictive Targeting, Facebook, Google, Big Data

Migrantische Lebenswelten in Deutschland
Update des Modells der Sinus-Migrantenmilieus®

Ein Werkstatt-Bericht von Berthold Bodo Flaig
und Christoph Schleer

Zusammenfassung

Sozialwissenschaftliche Forschung zum besseren Verständnis der migrantischen Bevölkerung ist eine notwendige Basis für die künftige Integrationsarbeit. Das in diesem Beitrag vorgestellte Projekt fußt auf dem verstehenden Ansatz der Milieuforschung. Es zeigt auf, welche Lebenswelten – d. h. Gruppen von Menschen mit ähnlichen Werten und Lebensstilen – heute in der Bevölkerung mit Zuwanderungsgeschichte anzutreffen sind und wie sich die Milieulandschaft seit 2008, dem Zeitpunkt der ersten Migranten-Milieustudie, verändert hat.

1 Das Projekt

Unbestritten hat das Zukunftsthema Migration/Immigration einen enormen Einfluss auf die gesellschaftliche Situation in Deutschland. Vor diesem Hintergrund wurden im Zeitraum 2007/2008 zum ersten Mal die Lebenswelten und Lebensstile von Menschen mit unterschiedlichem Migrationshintergrund, so wie sie sich durch das Leben in Deutschland entwickelt haben, mit dem gesellschaftswissenschaftlichen Ansatz der Sinus-Milieus untersucht. Ziel war ein unverfälschtes Kennenlernen und Verstehen der Alltagswelt von Migranten, ihrer Wertorientierungen, Lebensziele, Wünsche und Zukunftserwartungen. Im Ergebnis konnten acht Migrantenmilieus mit jeweils ganz unterschiedlichen Lebensauffassungen und Lebensweisen identifiziert und beschrieben werden.

1.1 Hintergrund und Aufgabenstellung

In der Zwischenzeit hat sich durch die verstärkte Zu- und Abwanderung in der letzten Dekade und dem Flüchtlingszustrom der letzten Zeit die Migrantenpopulation in Deutschland verändert. Zentral ist dabei die Frage, welche Segregations- und Assimilationstendenzen auszumachen sind: Welche Gruppen gehen allmählich in der Aufnahmegesellschaft auf, in welchen Gruppen zeigt sich hingegen Enttäuschung und Resignation (Abwanderungsgedanken, reaktive Aggression, Rückzug in ethnische Kolonien) aufgrund mangelnder Integrationsfortschritte?

Eine interdisziplinäre Projektgruppe, bestehend aus dem Bundesverband für Wohnen und Stadtentwicklung vhw[1] (der das Projekt initiiert hat und es finanziert), dem Spezialisten für kleinräumliche Analysen der Migrationsdynamik microm und dem sozialwissenschaftlichen Institut SINUS, nimmt sich dieser Fragen seit Januar 2016 mit einer neuen empirischen Untersuchung an. Ziel ist eine Verstetigung der Migranten-Milieuforschung durch die Diagnose von Trendverschiebungen im Längsschnitt, eine Beschreibung der Veränderungen in der Milieulandschaft der Zuwanderer und ein besseres Verständnis der aktuellen Integrationsdynamik, d. h. wissenschaftlich gesicherte Aussagen zum Stand der erreichten Integration.

1.2 Erste Projektphase: Qualitative Leitstudie

Um unverfälschte Insights zu gewinnen über die Alltagswirklichkeit der Menschen mit Zuwanderungsgeschichte, ihre Werte, Lebensziele, Wünsche und Zukunftserwartungen, ist zunächst ein offenes, sensibles, explorativ ausgerichtetes methodisches Vorgehen unabdingbar. Standardisierte messende und quantifizierende Erhebungsverfahren werden erst in der zweiten Projektphase, der Repräsentativuntersuchung eingesetzt. In der ersten Projektphase, der qualitativen Leitstudie, wurde mit non-direktiv angelegten narrativen Interviews gearbeitet, die den Befragten Raum zur Selbstbeschreibung lassen und ihnen ermöglichen, ihre Meinungen, Einstellungen und Wahrnehmungen in ihrer natürlichen Alltagssprache zum Ausdruck zu bringen.

Die Interviews wurden in verschiedenen Sprachen geführt (deutsch, türkisch, russisch, arabisch, dari etc.). Die Fähigkeit zur kulturellen Übersetzung des Themenkatalogs und ein kulturelles Einfühlungsvermögen waren neben der Sprachbeherrschung zentrale Auswahlkriterien bei der Rekrutierung der Interviewer.

---

1 Zur Einschätzung des Projekts durch den Auftraggeber vhw siehe Hallenberg 2017.

Aus der Grundgesamtheit der Bevölkerung mit Migrationshintergrund[2] wurden drei Teilstichproben gezogen (vgl. Abbildung 1): Die Basisstichprobe beinhaltet Menschen mit Migrationshintergrund, die bis zum 31.12.2014 nach

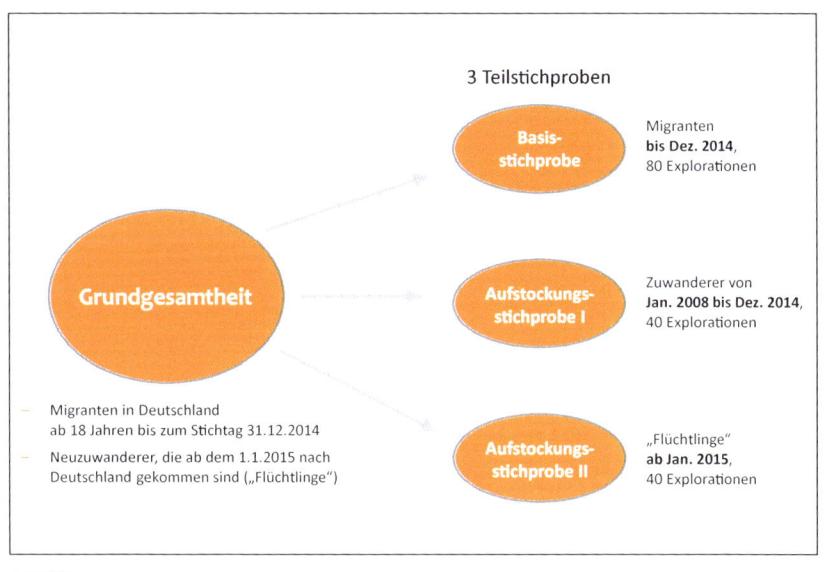

Abb. 1 Grundgesamtheit und Teilstichproben

© SINUS

Deutschland zugewandert sind. Die erste Aufstockungsstichprobe berücksichtigt Zugewanderte, die im Zeitraum 2008 bis 2014 nach Deutschland gekommen sind und die zweite Aufstockungsstichprobe Neuzuwanderer, die seit dem 1.1.2015 in Deutschland leben.

Die Rekrutierung der Gesprächspartner erfolgte nach einem Quotenplan, der die Vielfalt und sozioökonomischen Strukturen der unterschiedlichen Migranten-

---

2 Entsprechend der Definition des Statistischen Bundesamtes zählen zu den Menschen mit Migrationshintergrund „alle nach 1949 auf das heutige Gebiet der Bundesrepublik Deutschland Zugewanderten, sowie alle in Deutschland geborenen Ausländer und alle in Deutschland als Deutsche Geborene mit zumindest einem zugewanderten oder als Ausländer in Deutschland geborenen Elternteil."

gruppen abbildet wie Geschlecht, Bildung und Herkunftsländer. Grundlage dafür bildete der Mikrozensus 2015 und die EASY-Daten.[3]

2 Ergebnisse der qualitativen Leitstudie

Die erste Projektphase, die qualitative Leitstudie, wurde Ende 2016 abgeschlossen. Die durchgeführte Erhebung basiert auf 160 mehrstündigen narrativen Interviews. Kernthemen der Untersuchung waren die kulturelle Identität und die soziale Integration der Befragten. Dabei interessierte besonders, welche „lebensweltliche Richtung" die verschiedenen migrantischen Milieus seit 2008, dem Zeitpunkt der letzten Grundlagenstudie, eingeschlagen haben: Welche Gruppen gehen allmählich in der Aufnahmegesellschaft auf? In welchen Gruppen zeigt sich Enttäuschung und Resignation aufgrund mangelnder Integrationsfortschritte?

2.1 Veränderungen in der Milieulandschaft

Die Untersuchungsergebnisse bestätigen zunächst den zentralen Befund der Studie von 2008[4]: In der Population der Menschen mit Migrationshintergrund zeigt sich, wie in der einheimischen Bevölkerung, eine vielfältige und differenzierte Milieulandschaft – eine Pluralität von Lebensauffassungen und Lebensstilen. Die Migranten-Milieus unterscheiden sich dabei weniger nach ethnischer Herkunft als nach ihren Wertvorstellungen, Lebensstilen und ästhetischen Vorlieben. Die Herkunftskultur prägt zwar maßgeblich die Identität, aber sie determiniert nicht die milieukonstitutiven Grundorientierungen und Werthaltungen, die vom Verhaftetsein in vormodernen, konservativ-religiösen Traditionen über das Streben nach materieller Sicherheit, das Streben nach Erfolg, Besitz und gesellschaftlichem Aufstieg, das Streben nach Selbstverwirklichung und Emanzipation bis hin zu Entwurzelung, Unangepasstheit und Sinnsuche reichen.

Allerdings zeigen sich im Vergleich zu 2008 signifikante Veränderungen in der Milieulandschaft (vgl. Abbildung 2). So hat sich aus dem Adaptiven Bürgerlichen Milieu in der migrantischen Mitte ein junges leistungs- und familienorientiertes Mainstream-Milieu mit hoher Anpassungsbereitschaft ausdifferenziert, das sich vom einheimischen Milieu der Adaptiv-Pragmatischen kaum mehr unterschei-

---

3   Das EASY-System ist eine vom Bundesamt für Migration und Flüchtlinge (BAMF) genutzte IT-Anwendung zur Erstverteilung der Asylbegehrenden auf die deutschen Bundesländer. Siehe hierzu: BAMF 2016.
4   Siehe Wippermann und Flaig 2009.

det. Typisch für dieses migrantische Milieu ist eine postintegrative Perspektive. Man sieht sich selbstverständlich als Teil der Mitte der deutschen Gesellschaft, ohne aber die eigenen Wurzeln zu vergessen[5]. Dabei überwiegt eine pragmatisch-flexible Identifikation mit Deutschland. Zwar will man sich nicht festlegen, man fühlt sich aber auch nicht hin- und hergerissen zwischen den Kulturkreisen. Nicht anders ist es im älteren Segment des Adaptiven Bürgerlichen Migrantenmilieus, das – längst in Deutschland angekommen – seit 2008 allmählich im Gesamtmilieu der Bürgerlichen Mitte aufgegangen ist.

Auch im Bereich der modernen Unterschicht gab es – parallel zur Entwicklung in der einheimischen Population – Ausdifferenzierungsprozesse. Das Hedonistisch-subkulturelle Migrantenmilieu von 2008 existiert heute in zwei lebensweltlich eigenständigen Spielarten: das nonkonformistische, szeneorientierte Experimentalistische Milieu, das sich von der Mehrheitskultur abgrenzt, sowie das freizeitorientierte Konsum-hedonistische Milieu mit fatalistischer Grundhaltung und ausgeprägten materialistischen Wünschen.

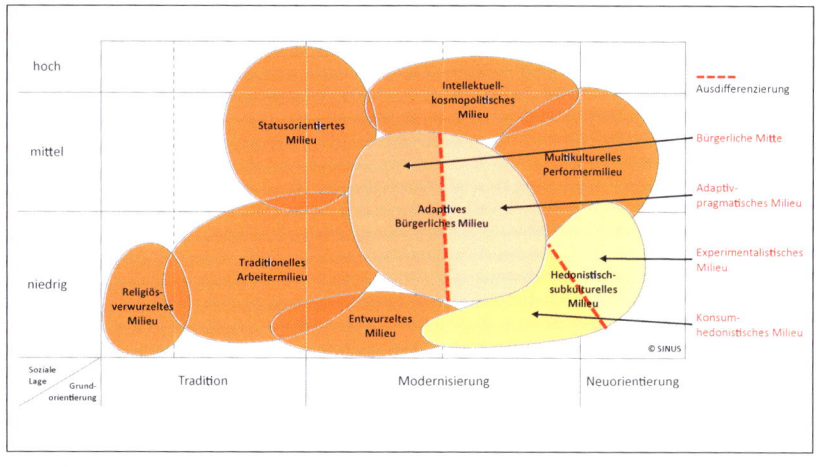

Abb. 2 Veränderungen in der migrantischen Milieulandschaft seit 2008

© SINUS

---

5   Neuere Zuwanderer-Studien zeigen, dass erfolgreich Integrierte gerade nicht ihre Herkunftskultur abwerten, sondern im Gegenteil eine Mischidentität entwickeln und je nach Situation zwischen ihren kulturellen Bezugs- und Orientierungssystemen wechseln. Siehe dazu z. B. Schiffauer 2008.

2.2 Konvergenz- und Segregationsprozesse

Schon in der Vorläuferstudie 2008 war erkennbar, dass der Stand der Integration in den soziokulturell modernen Lebenswelten unterschätzt wird. Hier ist inzwischen ein bi-kulturelles Selbstverständnis die Norm: zwar möchte man seine Wurzeln nicht kappen, aber Deutschland ist die (neue) Heimat. In der modernen Mitte (Bürgerliche Mitte, Adaptiv-Pragmatische) neigt man sogar zu einer post-integrativen Perspektive, die sich in Teilen auch in einer Überidentifikation mit deutschen Stereotypen niederschlägt. Man ist längst angekommen, sieht sich selbst nicht (mehr) als Migrant/in, sondern als selbstverständliches Mitglied der hiesigen Gesellschaft. Integration ist für diese Befragten kein Thema (mehr); Fragen danach wirken befremdlich, bisweilen diskriminierend – schließlich, so eine typische Aussage, sei man „deutscher als viele Deutsche".[6]

Auf der anderen Seite lassen sich aber auch Segregationstendenzen ausmachen – insbesondere in den traditionell geprägten Milieus und am sozial unteren Rand der Population. In diesem Segment fühlt man sich der Herkunftskultur deutlich stärker zugehörig und hält an heimatlichen Traditionen fest. Vielen ist die deutsche Kultur (nach wie vor) fremd. Stärker als bei der letzten Erhebung 2008 ist hier ein Rückzug in die eigenen ethnischen Enklaven zu beobachten. Man kapselt sich ab (ethnisch, sozial oder räumlich), ist nicht bereit oder nicht in der Lage, sich aktiv in die Aufnahmegesellschaft einzubringen und entwickelt Ressentiments gegenüber dem „westlichen" Lebensstil. Eine Verbesserung der teilweise prekären ökonomischen und sozialen Lage durch Einstieg und Aufstieg in der hiesigen Gesellschaft wird teilweise demonstrativ abgelehnt. Gründe hierfür sind Ausgrenzungserfahrungen, geringe Ressourcen, Sprachprobleme, Arbeitslosigkeit, Wohnen in ethnisch homogen strukturierten Wohnumfeldern sowie eine generelle Integrationsresignation.

Solche Segregationstendenzen werden von großen Teilen der Migrantenpopulation selbst wahrgenommen und oft als ärgerlich, bedrohlich oder beängstigend empfunden. Man befürchtet wachsende Verunsicherung und Aggression in der Mehrheitsgesellschaft, die durch die aktuelle Einwanderungssituation und die sich häufenden Terrorwarnungen noch befördert wird, und letztlich zu einer Verschlechterung und Verhärtung des gesellschaftlichen Klimas führt. Viele

---

6 Diesem Selbstverständnis der Migranten entspricht allerdings nur eingeschränkt ihre Akzeptanz bei den Einheimischen. So berichten etwa zwei Drittel einer 2013 befragten Stichprobe Türkeistämmiger von Diskriminierungserfahrungen. Diese Werte sind noch höher bei Angehörigen der zweiten und dritten Generation, die höhere Ansprüche an Gleichbehandlung stellen als ihre Eltern und sensibler auf Diskriminierungen reagieren. Zitiert nach Uslucan 2016.

äußern die Besorgnis, dass das Zusammenleben von Einheimischen und Migranten schwieriger wird, die Akzeptanz der multikulturellen Gesellschaft abnimmt.

2.3 Migranten-Milieus in Deutschland 2017

Die Grafik in Abbildung 3 veranschaulicht die aktuelle migrantische Milieulandschaft, so wie sie sich auf Basis der qualitativen Leitstudie strukturiert.[7] Sie zeigt die Position der 10 Milieus in der deutschen Gesellschaft nach sozialer Lage und

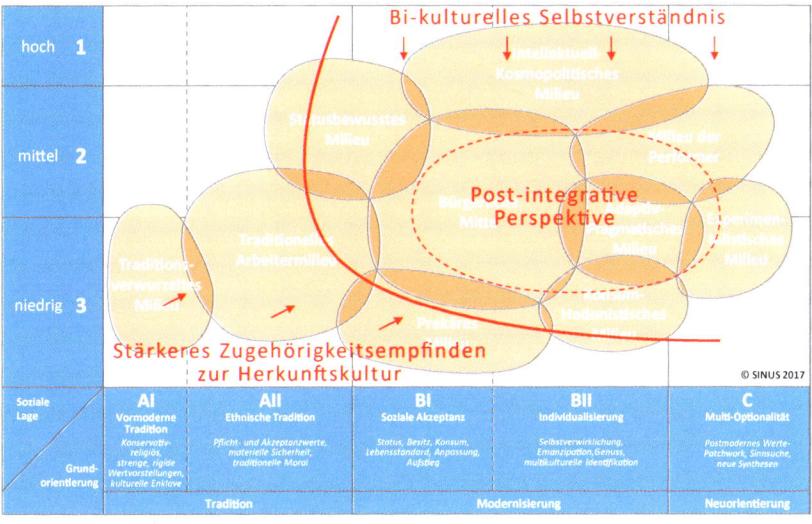

Abb. 3 Sinus-Migranten-Milieus® in Deutschland 2017

Hypothetisches Modell auf Basis der qualitativen Leitstudie

© SINUS und vhw

Grundorientierung: Je höher ein Milieu in dieser Grafik angesiedelt ist, desto gehobener sind Bildung, Einkommen und berufliche Stellung; je weiter rechts es positioniert ist, desto moderner sind Wertorientierungen und Lebensstile.

---

7 Die Größenverhältnisse können sich nach Durchführung der im nächsten Forschungsschritt geplanten Quantifizierung noch verändern.

Was die Grafik auch zeigt, ist die Dynamik in der migrantischen Population durch Konvergenz in der Mitte und im modernen Segment – wo sich autochthone und migrantische Milieus angleichen – sowie durch Divergenz in den traditionell geprägten Milieus und am unteren Rand – wo sich Segregationstendenzen und kulturelle Distinktion verstärkt haben.

3 Die nächste Projektphase: Quantifizierung

Im nächsten Forschungsschritt wird eine bundesweite Repräsentativuntersuchung durchgeführt mit 2 000 persönlich-mündlichen Interviews. Grundgesamtheit sind Menschen mit Migrationshintergrund[8] und Wohnsitz in Deutschland ab 15 Jahren. Die Auswahl der Befragten erfolgt nach Quotenmerkmalen. Dabei werden in erster Linie die Herkunftsregion, das Alter, das Geschlecht, der Bildungsstand und die Aufenthaltsdauer in Deutschland berücksichtigt. Ziel ist eine für die Grundgesamtheit repräsentative Quotenstichprobe.

Die Aufgabe dieser zweiten Projektphase ist es vor allem, das Vorkommen und die Verbreitung (Größe) der verschiedenen Milieus zu ermitteln und sie hinsichtlich ihres soziodemografischen Profils, ihrer Einstellungen, Werte und Perspektiven sowie hinsichtlich ihrer kulturellen Identifikation und ihrer sozialen Integration zu beschreiben. Geplant ist, dass dazu Anfang 2018 belastbare Ergebnisse vorliegen. In einer dritten Projektphase soll anschließend auf der Basis mikrogeografischer Analysen eine Übertragung der neu bestimmten Migranten-Milieus in den Raum erfolgen – um zu erfahren, wie sie sich in den verschiedenen städtischen und ländlichen Regionen in Deutschland verteilen.

---

8   Zugrunde gelegt wird die Definition des Statistischen Bundesamtes. Siehe zum Beispiel: Statistisches Bundesamt 2016.

Migrantische Lebenswelten in Deutschland

Kurzcharakteristik der Sinus-Migranten-Milieus® (1)

Ambitioniertes Segment

Milieu der Performer

Die zielstrebigen, international denkenden Zukunftsoptimisten mit großem Selbstbewusstsein und gehobenen Konsumansprüchen

Intellektuell-kosmopolitisches Milieu

Die aufgeklärte Bildungselite mit liberaler und postmaterieller Grundhaltung sowie vielfältigen intellektuellen Interessen

Experimentalistisches Milieu

Die spaß- und szeneorientierten Nonkonformisten mit Fokus auf dem Leben im Hier und Jetzt

Bürgerlicher Mainstream

Bürgerliche Mitte

Die gesellschaftliche Mitte der Migrantenpopulation, die längst in Deutschland angekommen ist, sich hier wohlfühlt und harmonisch und abgesichert leben möchte

Adaptiv-pragmatisches Milieu

Der flexible, leistungs- und familienorientierte moderne Mainstream mit hoher Anpassungsbereitschaft und Identifikation mit „westlichen" Werten

© SINUS und vhw

Kurzcharakteristik der Sinus-Migranten-Milieus® (2)

Moderne Unterschicht

Prekäres Milieu

Die kulturell entwurzelte um Orientierung und Teilhabe bemühte Unterschicht mit starken Zukunftsängsten, Ressentiments und oft fatalistischer Lebenseinstellung

Konsum-hedonistisches Milieu

Die freizeitorientierte Unterschicht mit niedriger Frustrationstoleranz und entsprechendem Bildungs- und Leistungsfatalismus, aber ausgeprägten markenbewussten Konsumwünschen

Traditionelles Segment

Traditionsverwurzeltes Milieu

Das archaische, patriarchalisch geprägte Milieu, verhaftet in den sozialen und religiösen Traditionen der Herkunftsregion

Traditionelles Arbeitermilieu

Das genügsame traditionelle Milieu der Arbeitsmigranten, das nach materieller Sicherheit strebt und den Traum einer Rückkehr in die Heimat aufgegeben hat

Statusbewusstes Milieu

Das leistungsbereite aufstiegsorientierte Milieu mit starkem Wunsch nach finanzieller Unabhängigkeit, hohem Lebensstandard und gesellschaftlichem Ansehen

© SINUS und vhw

Literaturverzeichnis

BAMF. 2016. Asylzahlen und Halbjahresbilanz. www.bamf.de/SharedDocs/Meldungen/DE/2016/20160707-asylgeschaeftsstatistik-juni.html. Zugegriffen: 29. März 2017.

Hallenberg, Bernd. 2017. Grundeinstellungen und Lebensstile in der Bevölkerung mit Zuwanderungsgeschichte. In *vhw Forum Wohnen und Stadtentwicklung* 1/Januar – Februar 2017.

Schiffauer, Werner. 2008. Parallelgesellschaften. Wie viel Wertekonsens braucht unsere Gesellschaft? Für eine kluge Politik der Differenz. Bielefeld.

Statistisches Bundesamt. 2016. Statistisches Jahrbuch 2016. Wiesbaden.

Uslucan, Haci-Halil. 2016. Die Lebenswelten von (türkeistämmigen) Zuwanderern: Von sinnvollen und negativen Kontakten zu Einheimischen. In *Der Bürger im Staat*, Heft 2/3-2016 der Landeszentrale für politische Bildung Baden-Württemberg, 150–157.

Wippermann, Carsten und Berthold Bodo Flaig. 2009. Lebenswelten von Migrantinnen und Migranten. In *Aus Politik und Zeitgeschichte* 5/2009, 3–11.

Keywords

Migration, Integration, Lebenswelt, Milieuforschung, Migrantenmilieus, Segregation, bi-kulturell, Sinus-Milieus

Segmentierungen für zukunftsorientiertes Marketing: Sinus-Milieus® maßgeschneidert

Von Silke Borgstedt und Frauke Stockmann

Zusammenfassung

In einer komplexer gewordenen Welt sind standardisierte Zielgruppenansätze oft nur der Ausgangspunkt für Marketing und Kommunikation. Aufgabe zukunftsfähiger Marktforschung ist es, versteh- und erreichbare Zielgruppen zu profilieren und diese vielfältig erlebbar zu machen. Prägende Einstellungen und Werte von Personengruppen werden dabei systematisch gebündelt und die umsetzungsrelevanten, angebotsbezogenen Zielgruppencharakteristika gleichzeitig mit detaillierter Tiefenschärfe erfasst. Der folgende Text zeigt sowohl die Vorgehensweise wie auch exemplarische Resultate solcher maßgeschneiderten Segmentierungen.

1 Segmentierung maßgeschneidert: Strategische Zielgruppen mit Zukunft

Die vielbeschworenen Zeiten der Unübersichtlichkeit werden oft für die Entstehung einer Spezies verantwortlich gemacht, die Unternehmen und Institutionen gleichermaßen herausfordert: der hybride Konsument mit Patchwork-Identität, der sich individuell und spontan durch Medienlandschaften und Konsumoptionen klickt – und morgen vermutlich schon wieder ganz anders tickt als heute. Nicht selten schließt hier unmittelbar die Frage an, ob denn Zielgruppen daher nicht längst obsolet seien.

Geradezu widersprüchlich hierzu mag die empirische Tatsache sein, dass Menschen offenbar immer noch Gemeinsamkeiten teilen, insbesondere Wünsche an das Leben, Zukunftsbefürchtungen oder Dinge, die dem eigenen Leben Sinn geben. Zweifelsohne haben sich dabei aber Lebensstile und Ästhetiken vor dem Hintergrund vielfältiger Optionen deutlich ausdifferenziert. Entsprechend verfeinern sich auch die Methoden der Zielgruppensegmentierung.

Die Frage lautet daher weniger: „Brauchen wir noch Zielgruppen?", sondern: „Was kann und muss eine Zielgruppensegmentierung heute leisten, um (noch) effektiv zu sein – für Produktentwicklung, Marketing und Kommunikation?"

Die Ansprüche an Segmentierungen sind ähnlich vielfältig wie die oben erwähnten Konsumoptionen: Zielgruppen müssen erreichbar und ansprechbar sein, sie sollten klar verifizierbar und marktrelevant sein sowie als optimales Ideensprungbrett für geeignete Marketingmaßnahmen nutzbar gemacht werden können.

Viele Anforderungen, die ein Segmentierungsansatz allein häufig nicht erfüllen kann. Vergleicht man verschiedene Vorgehensweisen, werden jeweils Vor- sowie Nachteile sichtbar, womit auch unterschiedliche Einsatzmöglichkeiten verbunden sind.

- **Segmentierungen nach soziodemographischen Merkmalen** sind zwar unaufwändig, aber in ihrer Aussage begrenzt, da soziodemographisch homogene Gruppen zumeist nicht die gleichen Interessen und Werte teilen.
- **Verhaltensbasierte Segmentierungen** (z. B. Heavy-User vs. Light-User) lassen sich unternehmensseitig häufig über Kundendatenbanken ermitteln, allerdings bleiben Motivationen und Beweggründe, die dem Verhalten zugrunde liegen, unbeleuchtet. Es wird zudem nur ein Status-quo abgebildet, eine systematische Zukunftsausrichtung oder eine Strategie zur Gewinnung von Neu-Kunden ist nicht möglich.
- **Psychografische Segmentierungsansätze** bieten ein tieferes Verständnis von zugrunde liegenden Motivationen. Anhand persönlicher Einstellungen und Habits lässt sich das Mind-Set der Gruppen verstehen und so die Ansprache optimieren. Direkte Verbindungen zum Anspruch dieser Gruppen an Produkte/Dienstleistungen/Services lassen sich aus den Typen selbst aber kaum ziehen.
- **Bedürfnisbasierte Segmentierungen** liefern differenzierte Insights für die Produktentwicklung, weil sie Erwartungen der Kunden einspielen. Bedürfnisse sind allerdings nur so stabil wie der Markt, auf den sie sich beziehen: Mit jeder Innovation, Neuentwicklung oder disruptiven Veränderung des Marktes verändern sich auch die Bedürfnisse der Konsumenten und damit das potenzielle Zielgruppenmodell.
- **Lebensweltbasierte Segmentierungen** wie die Sinus-Milieus beziehungsweise Sinus-Meta-Milieus zeichnen ein ganzheitliches Bild des Kunden. Sie fassen Gruppen „Gleichgesinnter" anhand ihrer gemeinsamen Werte zusammen und

sind über die Zeit stabil. Strukturbildend ist das gesamte Panorama der Lebenswelt einer Person, produktspezifische Bedürfnisse sind hierbei keine konstituierenden, sondern lediglich beschreibende Variablen.

Der folgende Überblick in Abbildung 1 zeigt die unterschiedlichen Zugänge und ihre Vor- und Nachteile sowie ideale Einsatzmöglichkeiten im Vergleich.

Abb. 1 Verschiedene Segmentierungsansätze und ihre Einsatzmöglichkeiten

Segmentierungs-ansätze	Vorteil(e)	Nachteil(e)	Strategische Planung	Produktentwicklung	Produktmgmt. / CX	Markenstrategie	Kommunikation
soziodemografisch	Einfach zu definieren	Verschiedene Bedürfnisse / Einstellungen / Weltwelten					
verhaltensbasiert	Leicht aus Kundendatenbanken zu definieren	Veränderungen bei Marktveränderungen, deckt nur Status Quo ab					
psychografisch	Tiefes Verständnis des Mind-Sets der Konsumenten, zukunftsfähig	Schwer in konkrete Produkte und Mediaplanung zu übersetzen					
bedürfnisbasiert	Tiefes Verständnis für konkrete Produktentwicklungsprozesse	Veränderungen bei Marktveränderungen					
lebensweltbasiert	Stabil über die Zeit, tiefes Verständnis des Konsumenten, zukunftsfähig	Schwer in konkrete Produkte zu übersetzen					

■ Gut geeignet ■ Weniger gut geeignet ■ Überhaupt nicht geeignet

© SINUS

Um die Bedarfe von Menschen systematisch und effektiv ansprechen und Angebote und Maßnahmen konkret darauf ausrichten zu können, ist eine Kombination von Ansätzen gewinnbringend.

Maßgeschneiderte SINUS-Segmentierungen verknüpfen den Ansatz der Lebensweltanalyse (Sinus-Milieus, Sinus-Meta-Milieus) mit einem einstellungs- und bedürfnisbasierten Ansatz. Dadurch können Schwächen der einzelnen Ansätze kompensiert und verschiedene strategische Fragestellungen zusammenhängend bearbeitet werden:

- Die ermittelten Wertorientierungen im Rahmen der Lebensweltanalyse sind stabil über die Zeit und machen das Modell zukunftsfähig.
- In Verbindung mit konkreten, produktbezogenen Bedürfnissen lassen sich sowohl aktuelle Präferenzen von Konsumenten differenzieren als auch künftige Bedarfe antizipieren.
- Die gewonnenen Erkenntnisse können unmittelbar in Zukunftsszenarien und entsprechende Maßnahmenplanungen übersetzt werden.

2 Identifikation von Zielgruppen, die es wirklich gibt: Vorgehensweise

Die Herausforderung im Entwicklungsprozess einer praktikablen Segmentierung ist die Ausarbeitung differenzierender Items über alle für den Markt beziehungsweise Themenbereich relevanten Dimensionen. Der Auftraggeber agiert hierbei als Experte für seinen Markt bzw. Bereich, und die Lebensweltperspektive garantiert, dass keine hypothetischen Konstrukte entstehen, sondern versteh-, begreif- und erlebbare, reale Segmente. Bereits beim Entwurf des Instruments für die Segmentierung ist es essentiell, Motivationen, Einstellungen und Bedürfnisse in der Tiefe zu fassen. Es geht nicht nur um die Frage, „ob" das Produkt, die Dienstleistung oder der Service als „toll" empfunden werden, sondern: warum. Um zu einer guten Segmentierung zu gelangen, ist daher eine Mischung aus Einstellungen und Bedürfnissen wichtig.

Bei einer Segmentierung im Finanzbereich ließen sich verschiedene Ausprägungen der Einstellungsdimension „Zugang zum Thema Finanzen" explorieren, z. B.:

- Spaß am Thema Finanzen
- Beschäftigung mit dem Thema Finanzen, nur weil man muss
- Generelles Misstrauen gegenüber Finanzdienstleistern

Dies ermöglichte zunächst eine Unterscheidung von Personen, die dem Thema mit unterschiedlicher Wertung begegnen. Welche Produkte, Services oder Dienstleistungen diese verschiedenen Gruppen benötigen, ließ sich anschließend über Bedürfnisdimensionen abdecken, z. B.:

- Notwendigkeit einer Beratung vor Ort versus Directbanking-Angebote
- Basis-Produkte versus individuelle, spezielle Produkte

Hierdurch ließen sich die verschiedenen Gruppen präzisieren: Es kann sowohl Menschen geben, die an Finanzthemen Spaß haben und Bankgeschäfte alleine per Directbanking regeln wollen, als auch Menschen, die sich gerne mit Finanzthemen beschäftigen und ein starkes Bedürfnis nach einem Berater und einer Filiale vor Ort haben. In Kombination mit den Sinus-Milieus beziehungsweise Sinus-Meta-Milieus konnten in einem weiteren Schritt zugrundeliegende Werte dieser Gruppen identifiziert werden, wie zum Beispiel Risikobereitschaft versus Sicherheitsbedürfnis, die einen nicht unerheblichen Anteil des Anlageverhaltens erklären. Anhand dieses Beispiels wird schnell ersichtlich, dass sich im Finanzbereich verschiedene Einstellungen, Bedürfnisse und Werte in spezifischen Kundentypen manifestieren, die jeweils unterschiedliche Anforderungen an Finanzdienstleister stellen.

Auf den ersten Blick wird durch die Ausdifferenzierung vieler verschiedener Bedürfnisse und Einstellungen mehr Komplexität geschaffen. Der nächste Schritt in der Erarbeitung einer maßgeschneiderten Segmentierung besteht daher darin, diese Komplexität zu reduzieren. Mittels einer Faktorenanalyse werden Einstellungen, Bedürfnisse und Werte, welche jeweils die gleiche Dimension abdecken, in gemeinsamen Faktoren gebündelt, um das breite Feld wieder auf ein handhabbares und verstehbares Maß zusammenzufassen. Hierbei ist das Ziel, die Faktorenlösung zu finden, welche die größte Aussagekraft mit einer möglichst geringen Anzahl an Faktoren hat. Gleiches gilt für die Anzahl der mittels Typologieanalyse identifizierten Segmente, um den gesamten relevanten Markt beziehungsweise Themenbereich abzudecken. Prinzipiell sind unendlich viele Faktoren bzw. Segmente denkbar. Welche Lösung die beste ist, hängt von verschiedenen Aspekten ab, wie zum Beispiel der Heterogenität der Dimensionen des Marktes oder der strategischen Zielsetzung, bei der die Segmentierung das Unternehmen unterstützen soll.

3 Fallbeispiel zur Entstehung strategischer Zielgruppen: „Digitale Lebenswelten" (im Auftrag von DIVSI, Deutsches Institut für Vertrauen und Sicherheit im Internet)

Internetbezogene Segmentierungen gibt es viele, ob zu Smartphone-Nutzern, Social-Media-Stilen oder zu E-Commerce-Präferenzen. Allerdings beziehen sich diese Typologien immer nur auf einen Ausschnitt der Wirklichkeit, nämlich ein konkretes Kommunikations-Setting oder eine spezifische Gerätenutzung.

Online-Aktivitäten sind aber Teil eines umfassenden digitalen Stils. Sollen Zielgruppen tatsächlich auch kommunikativ erreicht werden, braucht es einen holistischen Zugang, der die zugrundeliegenden Werte und Bedürfnisse identifiziert, die konkretes Verhalten überhaupt erst motivieren. Die Aufgabenstellung des Kunden war die Entwicklung einer Gesamtstruktur der digitalen Gesellschaft in Deutschland auf Basis strategisch bedeutsamer Zielgruppen, einsetzbar für die gesellschaftlich-politische Maßnahmenplanung, digitales Themen-Marketing und die auf Vertrauen und Sicherheit im Internet gerichtete Aufklärungskommunikation.

Die DIVSI Internet-Milieus (erstmals erstellt 2012[1], aktualisiert 2016[2]) kombinieren entsprechend Motivationsanalyse (Einstellungstypen) und Lebensweltanalyse (Sinus-Milieus) und integrieren dabei sozio-ökonomische Aspekte, Einstellungen zum Internet, berichtetes Nutzungsverhalten und grundlegende Werthaltungen zu prototypischen digitalen Lebensweisen. Durch die Verbindung dieser Dimensionen wird die digitale Grundhaltung multiperspektivisch erfasst. Das Modell ist somit weit mehr als eine Nutzertypologie, es liefert eine anschauliche Kartografie der digitalen Gesellschaft.

Ausgangspunkt für die Zielgruppenbestimmung ist die Struktur der Einstellungslandschaft, für deren Bestimmung ein zweistufiges Verfahren gewählt wurde (qualitative Leitstudie und quantitative Befragung mit 2 000 persönlichen Interviews, repräsentativ für die deutsche Wohnbevölkerung).

In der qualitativen Phase wurden handlungsleitende Einstellungsmuster erfasst, die in Form einer Statement-Batterie für die quantitative Befragung operationalisiert wurden. Im Rahmen der multivariaten Auswertungen wurde zunächst eine Faktorenanalyse der Einstellungsbatterie durchgeführt, um die hinter den Einzelmeinungen stehenden grundlegenden Einstellungsfaktoren zu bestimmen[3].

In diesem Einstellungsspektrum zeigten sich sehr unterschiedliche Haltungen zum Medium Internet und zur Problematik von Vertrauen und Sicherheit im Internet, die auf deutliche Mentalitätsunterschiede innerhalb der Bevölkerung hinwiesen. Relevante Dimensionen waren z. B. Digitalisierungslevel, Viralität, Wissensstand zu digitalen Themen, Initiativniveau, Verantwortungs- und Sicherheitskonzept und das Ausmaß der gefühlten Souveränität bei Online-Aktivitäten.

---

1 https://www.divsi.de/sites/default/files/presse/docs/DIVSI-Milieu-Studie_Gesamtfassung.pdf
2 https://www.divsi.de/wp-content/uploads/2016/06/DIVSI-Internet-Milieus-2016.pdf
3 Lösung der Wahl war ein Acht-Faktorenmodell mit insgesamt 53 Prozent Varianzaufklärung. Es wurden verschiedene Lösungen berechnet, die aber in allen Fällen zu strukturell ähnlichen Grundfaktoren führten.

Bei der anschließenden Modellierung der Typen hat sich das SINUS-Institut einer speziellen Form der Clusteranalyse bedient. Grundsätzlich ist das Ziel der Clusteranalyse die Bildung von Gruppen (Typen), die hinsichtlich ihrer themenbezogenen Einstellungen und Verhaltensweisen in sich möglichst homogen sind und sich gleichzeitig deutlich voneinander unterscheiden. Weil die herkömmlichen Clusterverfahren anfällig sind für bestimmte Antwort-Tendenzen (Response Sets) von Befragten[4], wurde für die Typenbildung folgendes Vorgehen gewählt:

1) Hypothesengeleitete Definition von Typen-Seeds (Kristallisationspunkte) auf der Basis der ermittelten Einstellungsfaktoren und deren Milieu-Schwerpunkten
2) Klassifikation der Befragten entsprechend der größten Nähe zu einem der gesetzten Typenzentren[5]

Mit Hilfe dieser faktoriell optimierten Segmentationsanalyse wurden verschiedene Typenlösungen erarbeitet und analysiert. Das beste Ergebnis im Sinne konsistenter und plausibler Segmente erbrachte eine Sieben-Typenlösung. Im nächsten Analyse-Schritt wurden die von der Clusteranalyse gelieferten Typen anhand wichtiger passiver Variablen (soziodemografisches Profil, Trendprofil, Verortung in den Sinus-Milieus etc.) validiert und anschließend im Detail hinsichtlich Internet-Nutzungsverhalten, Einstellungen und Werthaltungen im Zusammenhang mit Sicherheit und Datenschutz im Internet sowie sicherheitsrelevanter Anforderungen an Produkte, Dienstleistungen und gesetzliche Regelungen beschrieben.

Zur Visualisierung wurden die Typen auf das Bezugssystem der Sinus-Milieus projiziert mit den beiden Hauptachsen Grundorientierung (horizontal) und soziale Lage (vertikal). In diesem soziokulturellen Raum sind die sieben Typen entsprechend ihrem jeweiligen dominanten Milieu-Hintergrund positioniert. Je höher eine Gruppe in dieser Grafik angesiedelt ist, desto gehobener sind Bildung, Einkommen und Berufsgruppe; je weiter nach rechts sie sich erstreckt, desto moderner im soziokulturellen Sinn ist die Grundorientierung. Abbildung 2 zeigt im oberen Teil das resultierende Modell 2012 und darunter die Weiterentwicklung im Jahr 2016.

---

4   Beispielsweise werden häufig „Ja-Sager-Typen" und „Nein-Sager-Typen" generiert, weil das Verfahren Befragte mit der Tendenz, den vorgelegten Items grundsätzlich zuzustimmen bzw. diese grundsätzlich abzulehnen, zu Typen zusammenfasst.
5   Kriterium der geringsten euklidischen Distanz.

Abb. 2 DIVSI-Internet-Milieus 2012 und ihre Weiterentwicklung 2016

DIVSI Internet-Milieus 2012

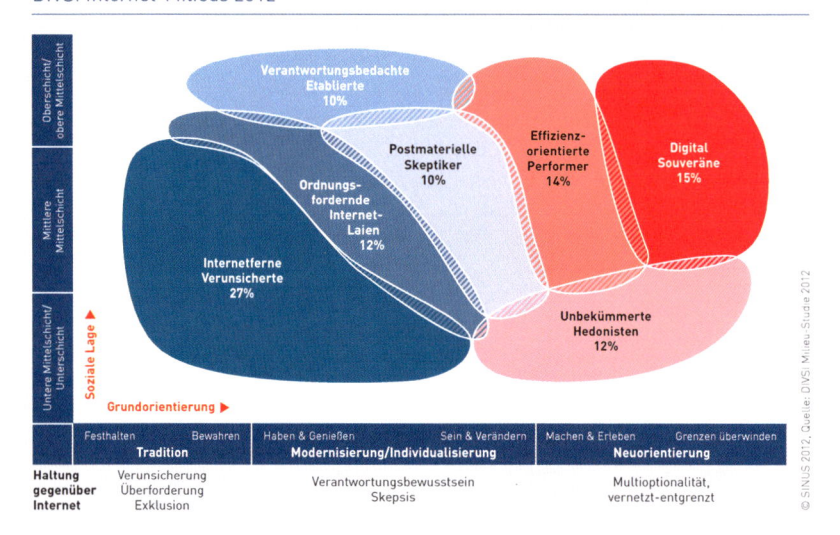

Soziale Lage: Oberschicht/obere Mittelschicht, Mittlere Mittelschicht, Untere Mittelschicht/Unterschicht

- Verantwortungsbedachte Etablierte 10%
- Postmaterielle Skeptiker 10%
- Effizienzorientierte Performer 14%
- Digital Souveräne 15%
- Ordnungsfordernde Internet-Laien 12%
- Internetferne Verunsicherte 27%
- Unbekümmerte Hedonisten 12%

Grundorientierung:
- Tradition (Festhalten, Bewahren)
- Modernisierung/Individualisierung (Haben & Genießen, Sein & Verändern)
- Neuorientierung (Machen & Erleben, Grenzen überwinden)

Haltung gegenüber Internet:
- Verunsicherung, Überforderung, Exklusion
- Verantwortungsbewusstsein, Skepsis
- Multioptionalität, vernetzt-entgrenzt

© SINUS 2012, Quelle: DIVSI Milieu-Studie 2012

DIVSI Internet-Milieus 2016

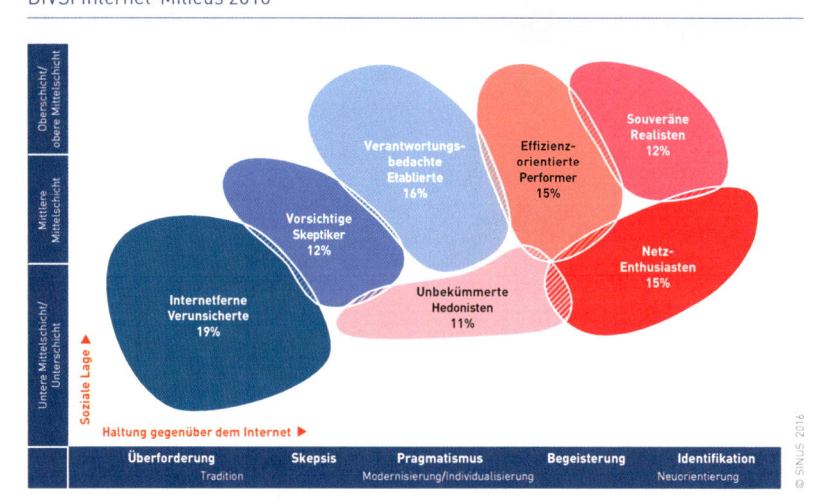

Soziale Lage: Oberschicht/obere Mittelschicht, Mittlere Mittelschicht, Untere Mittelschicht/Unterschicht

- Verantwortungsbedachte Etablierte 16%
- Effizienzorientierte Performer 15%
- Souveräne Realisten 12%
- Vorsichtige Skeptiker 12%
- Internetferne Verunsicherte 19%
- Unbekümmerte Hedonisten 11%
- Netz-Enthusiasten 15%

Haltung gegenüber dem Internet:
- Überforderung (Tradition)
- Skepsis
- Pragmatismus (Modernisierung/individualisierung)
- Begeisterung
- Identifikation (Neuorientierung)

© SINUS 2016

© DIVSI & SINUS

4   Profilierung von Zielgruppen – weltweit

Eine große Herausforderung für international agierende Unternehmen ist eine Zielgruppenstrategie für Konsumenten in unterschiedlichen Märkten, die möglichst viele Synergieeffekte ausschöpft, ohne die marktbedingten Unterschiede zu ignorieren. Statt mit unterschiedlichen Zielgruppenmodellen für unterschiedliche Märkte zu agieren, liegt es nahe, mit einem Modell für mehrere Länder zu arbeiten. Eine Lösung dafür können maßgeschneiderte Ansätze auf Basis der Sinus-Meta-Milieus sein (vergleiche den Beitrag von Schäuble et al. in diesem Band).

Die Grenzen einzelner Segmentierungsansätze treten bei internationalen Studien noch deutlicher zutage, da hier die Komponenten unterschiedlicher kulturhistorischer Entwicklungen ebenso zum Tragen kommen wie Aspekte unterschiedlicher Wettbewerbsumfelder, Entwicklungsstandards und Lifestylekomponenten. All diese Faktoren müssen bei der Entwicklung einer internationalen Segmentierung berücksichtigt werden. In einer westlichen Konsumgesellschaft liegt es nahe, bei der Kombination von Einstellungen, Bedürfnissen und Werten ähnliche Dimensionen bezüglich bestimmter Branchen, Märkte und Produkte zu identifizieren. Als Ausgangsbasis ist es jedoch notwendig, bei der Entwicklung einer globalen Segmentierung, die über mehrere Länder gültig sein soll, alle Faktoren im Vergleich zu analysieren – um sicherzustellen, dass sich die herausgearbeiteten Dimensionen mehr oder weniger ähnlich finden lassen. Das Ziel sollte nie sein, ein Modell zu entwickeln und über verschiedene Länder zu stülpen, sondern den Unterschieden in den Ländern Rechnung zu tragen. Das Modell sollte deshalb für die einzelnen Länder so ähnlich wie möglich und so unterschiedlich wie nötig sein. In diesem iterativen Prozess kann auch der Potenzialität Rechnung getragen werden, dass gewisse Dimensionen für ein Land tatsächlich einzigartig prägend sind.

Ein mögliches Segment der „selbstoptimierenden Directbanker" kann in Deutschland vielleicht nur 10 % des Marktes ausmachen, in UK hingegen ein Drittel. Und während in Deutschland vor allem junge moderne Milieus zu diesem Segment gehören, kann es in UK durch etabliertere Milieus geprägt sein. Das verbindende Element sind dann die gemeinsamen Einstellungen und Bedürfnisse bezüglich Finanzdienstleistungen über die Ländergrenzen hinweg. Diese sind Dreh- und Angelpunkt für länderübergreifende Strategien, Kommunikationsmaßnahmen oder Produktentwicklungsprozesse.

5 Zielgruppen für die Zukunft: Tracking und Projektion

Strategische Zielgruppen können für Produktentwicklung, Marketing oder Kommunikation nur relevant sein, wenn sie auch zukunfts-fit sind. Gerade in Zeiten grundlegenden gesellschaftlichen und technischen Wandels gilt es, diese Veränderungsprozesse in ihren konkreten Auswirkungen für spezifische Gruppen bzw. für einzelne Verhaltensweisen und Konsummuster anschaulich zu beschreiben.

Das Basismodell der Sinus-Milieus umfasst Milieus mit unterschiedlicher Zukunftsrelevanz, wie im Beitrag von Barth und Flaig in diesem Buch dargestellt wird. Die Sinus-Milieus werden vor dem Hintergrund des Wertewandels laufend aktualisiert. Aber auch für diverse *kundenspezifische* Segmentierungen führt SINUS kontinuierliche Aktualisierungen durch. Dies geschieht zum einen auf Basis wiederholter Messungen und Erhebungen, zum anderen aber auch mit Hilfe von Instrumenten der SINUS-Trendforschung. Hier erfolgt ein kontinuierliches Monitoring aktueller Trends sowie dahinter liegender Motive, Bedürfnisse und Erwartungen[6]. Berücksichtigt werden dabei sowohl Trends, die neue Ressourcen und Potenziale aufzeigen, als auch Trends, die Defizite und Gegenbewegungen zur Modernisierungsdynamik markieren.

Mit Hilfe dieser Instrumente und einer sozio-demographischen Zukunftsprojektion können dynamische Zielgruppenmodelle entwickelt werden, die Hypothesen liefern, wie sich bestimmte Gruppen künftig in der Gesellschaft positionieren werden.

Ein Beispiel für eine Zielgruppen-Projektion ist die Typologie „Ruhestand 2040 – Wer sind die Rentner von morgen?", die SINUS im Auftrag des Gesamtverbands der Deutschen Versicherungswirtschaft erarbeitet hat (siehe Abbildung 3). Hier wurden Einstellungen, Verhaltensweisen und Bedürfnisse für die Bereiche Gesundheit, soziale Beziehungen und Finanzen erfasst – zum einen mit Blick auf die aktuelle Lebensweise, zum anderen hinsichtlich der Erwartungen an das eigene Leben im Alter. Diese Erkenntnisse wurden mit der Lebenswelt-Analyse der Sinus-Milieus gekoppelt, unter Einbeziehung der zielgruppenspezifischen Bestimmung sozio-kultureller Trends.[7]

Maßgeschneidert sind Segmentierungen immer dann, wenn sie perfekt auf die Fragestellung und die Kundenanforderungen zugeschnitten sind. Der Einbezug der Lebenswelt, d.h. unterschiedlicher Dimensionen menschlichen Denkens und

---

6   U. a. wird ein Indikator zur Messung sozio-kultureller Strömungen eingesetzt, der quantitativ aufzeigen kann, welche Trends gesellschaftliche Gruppen mehr oder weniger stark beeinflussen und verändern.
7   Die Studie entstand im Rahmen der Initiative „7 Jahre länger"; für den Internet-Auftritt wurde eine komprimierte Form der Typologie mit Hilfe eines Selbsttests erlebbar gemacht. https://www.7jahrelaenger.de/

Abb. 3 Zielgruppenüberblick aus der Studie „Ruhestand 2040 – Wer sind die Rentner von morgen?"

Die Rentner von morgen: Fünf Typen

- **Die Abenteurer (28%)** – Die selbstbewussten Zukunftsentdecker
- **Die Besorgten (25%)** – Die kämpfenden „einfachen" Leute
- **Die Relaxten (18%)** – Die Zukunftspragmatiker mit Verdrängungstendenzen
- **Die Engagierten (17%)** – Die Familienmenschen
- **Die Strategen (12%)** – Die aktiven Planer mit gehobenen Ansprüchen und Nachholbedarf im Alter

© SINUS & Gesamtverband der Deutschen Versicherungswirtschaft

Handelns, liefert dabei ein vielschichtiges, aber gleichzeitig übersichtliches Bild der jeweiligen Zielgruppenlandschaft. Durch definierte quantitative und qualitative Indikatoren sind die Zielgruppen für aktuelle Fragestellungen immer wieder auffindbar. Gleichzeitig werden bei der kontinuierlichen Begleitung der eigenen Kernzielgruppen auch Veränderungen sichtbar. Ein solches Tracking ermöglicht aber nicht nur Modell-Anpassungen an die Gegenwart. Durch das Verständnis der jeweiligen Zielgruppen*dynamik,* d. h. der systematisch erfassten Art der Veränderungen und der Beschreibung, wie sich Gruppen dabei aneinander orientieren bzw. voneinander abgrenzen, lassen sich auch klare Hypothesen für die künftige Entwicklung ableiten und operationalisieren. Das Ergebnis sind Zielgruppen, die es wirklich gibt sowie ein lebensnaher Ausblick auf diejenigen, mit denen wir künftig zu rechnen haben.

Keywords

Maßgeschneiderte Segmentierungen; DIVSI Internet-Milieus; Strategische Zielgruppen; Zielgruppen der Zukunft, Basis-Trends; Internationale Segmentierung; Digitale Lebenswelten; Segmentierungsansätze; Sinus-Milieus

Teil III
Anwendungen

Soziale Milieus in der Mobilitätsforschung

Von Jens S. Dangschat

Zusammenfassung

Mit einer soziologischen Sichtweise geht man davon aus, dass mittels der Merkmale sozialer Ungleichheit unterschiedliche Einstellungen und Verhaltensweisen erklärt werden können. Aufgrund der gesellschaftlichen Ausdifferenzierungen haben jedoch die klassischen soziodemografischen Merkmale an Erklärungskraft verloren. Im Gegensatz dazu gewinnen soziokulturelle Merkmale wie Lebensstil und soziales Milieu/Habitus an Bedeutung. Im folgenden Beitrag wird geprüft, inwieweit der Ansatz der Sinus-Milieus zu besseren Erklärungen unterschiedlichen Mobilitätsverhaltens führt, als dies mit traditionellen Merkmalen möglich ist.

1 Handeln und soziostruktureller Kontext

Innerhalb der Soziologie wird das Handeln von Menschen traditionell über sozioökonomische (Einkommen, Eigentum, Bildungsgrad) und soziodemografische Merkmale (Alter, Geschlecht, Haushaltstyp, Migrationshintergrund etc.) erklärt. Aufgrund unterschiedlicher Modernisierungs- und Entwicklungstrends sind in den vergangenen etwa 30 Jahren jedoch verstärkt Inkonsistenzen zwischen den Merkmalen des Schichtungskonzepts entstanden. Zudem sind weitere Dimensionen, sog. „neue soziale Ungleichheiten" (Gender, sozialstaatliche Regelungen, regionale Ungleichheiten, Wohnbedingungen) bedeutsam geworden (Hradil 2001). Ein weiterer zusätzlicher Aspekt wird in den neo-liberalen Treibern zunehmender und vielfältiger Formen sozioökonomischer Ungleichheit gesehen (Kronauer 2007).

Innerhalb der deutschsprachigen Community lassen sich vier verschiedene Forschungslinien danach unterscheiden, wie eine typologische Beschreibung sozialer Ungleichheiten in modernen Gesellschaften vorgenommen werden sollte.

a) Eine Gruppe, die nach wie vor das Konzept der *sozialen Schichtung* resp. der *sozialen Lage* verfolgt (Geißler 2006).

b) Die AnhängerInnen der *Individualisierungsthese* gehen davon aus, dass strukturelle Rahmenbedingungen und Bindungen an Bedeutung verlieren oder schon verloren haben (,dis-embedding') und stattdessen spontane Konstellationen relevant seien und Biografien als „Bastel-Prozesse" konzipiert werden sollten (Beck 1995).

c) Die VertreterInnen der ‚re-embedding'-These gehen – ähnlich wie die unter b) Genannten – ebenfalls davon aus, dass die sozioökonomischen und soziodemografischen Struktur-Kategorien immer mehr an Trennschärfe verloren haben, unterstellen aber Rückbettungs-Prozesse entlang der soziokulturellen Merkmale (Lebensstile, soziale Milieus) (Schulze 1992, Vester et al. 2001, Otte 2005, Dangschat 2017a, 2017b).

d) Die *PraxeologInnen* bilden eine vierte Gruppe. Sie bezweifeln, dass es Sinn mache, Menschen definitorisch in soziale Kategorien einzuteilen, weil sie sich in sozialen Situationen immer neu „aufstellen" (Reckwitz 2003, Wilde 2013, Isenböck et al. 2014b, Renn 2014); sie gehen teilweise sogar so weit zu behaupten, dass Personen – je nach sozialer Situation – jeweils anderen sozialen Milieus zugehören können[1] (Bohnsack 2014, Rössel & Just 2014, Renn 2014, Schwinn 2014).

Der hier verfolgte Ansatz lässt sich der dritten Gruppe zuordnen und baut in starkem Maße auf der Theorie von Pierre Bourdieu (1976) auf. Jener geht von drei relevanten Ebenen aus: Struktur, Habitus und Praxis. Die *Strukturebene* wird durch die Mengen und Austauschrelationen unterschiedlicher Kapitalarten (ökonomisches, kulturelles, soziales und symbolisches Kapital) bestimmt, die ihrerseits jedoch auch von soziodemografischen Kategorien (Alter, Kohorte, Geschlecht, Nationalität, Ethnie) beeinflusst werden. Die Strukturdaten wirken jedoch nicht direkt, sondern vermittelt über den Habitus (Wertvorstellungen, zentrale Einstellungen, Geschmack) auf das Verhalten (Praxis). Bourdieu sieht also im Verhältnis Struktur-Habitus und Habitus-Praxis keinen Determinismus, sondern ein

---

1 Die Idee spontaner, situationsabhängiger Milieubildung widerspricht den Milieu-Ansätzen insoweit, als diese davon ausgehen, dass die Schließungen um gemeinsame Wertvorstellungen wirkmächtig sind, um unterschiedliches (Konsum)Verhalten erklären zu können.

‚*framing*', welches dazu führt, dass bestimmte Konstellationen wahrscheinlicher als andere sind. Zudem geht er davon aus, dass Verhaltensroutinen auf den Habitus zurückwirken und dieser die Mengen und Zusammensetzungen der unterschiedlichen Kapitalarten beeinflussen kann. Bourdieu hat jedoch kein konsistent operationalisiertes Konzept des Habitus vorgelegt.

Parallel dazu gab es im deutschsprachigen Raum eine Debatte über soziale Milieus und Lebensstile als Bindeglied zwischen dem Schichtungs- resp. Lagemodell auf der einen Seite und dem messbaren Verhalten auf der anderen Seite[2]. Der Lebensstilansatz von Müller (1989) war hier sehr einflussreich. Er basiert auf vier unterschiedlichen Verhaltens-Aspekten (interaktiv, kommunikativ, kognitiv, evaluativ). Während die ersten beiden genannten Aspekte auf der Verhaltens-/Lebensstilebene, also der Mikro-Ebene der Praxis liegen, müssen die zuletzt genannten dem Milieu- (vgl. Hradil 1992) resp. dem Habitus-Konzept (vgl. Bourdieu 1976), also der Meso-Ebene zugerechnet werden. Die Folge war, dass unter dem Lebensstil-Begriff sowohl Aspekte des Habitus/Milieu, als auch des Lebensstils bzw. der Praxis verstanden wurde. Diese unscharfe Verwendung wurde über die Wohnmilieu-Studie von Schneider & Spellerberg (1999) erstmalig im Stadt-Leben-Projekt in die Mobilitätsforschung übernommen (Beckmann et al. 2006).

Um die beiden Konzepte eindeutig zu trennen, wird in diesem Beitrag daher von vier zu unterscheidenden Ebenen des theoretischen Konzepts ausgegangen:

a) Strukturebene (soziale Schicht, soziale Lage, Haushaltsstruktur, Geschlecht, Alter, Kohorte, Ethnie, Nationalität),
b) Ebene Habitus/Soziales Milieu (Werte, Einstellungen in zentralen Lebensbereichen/Feldern),
c) Ebene Lebensstil (Verhaltensroutinen) und
d) Ebene Handeln als beobachtetes Verhalten (rationales und irrationales, spontanes und geplantes Handeln).

---

2   Die Debatte ist jedoch nicht durch eine einheitliche Verwendung der Begriffe „Lebensstil" und „soziales Milieu" gekennzeichnet und wird zudem durch die Begriffe „Lebensführung" oder „Lebensführungsstil" erweitert (vgl. beispielhaft die Beiträge in Rink 2002 und Rössel & Otte 2011).

2 Mobilitäts-Handeln, methodische Überlegungen

In der Forschung zur Mobilitätsgenese wird das Handeln im Verkehrsbereich entweder im Rahmen ökonomischer und psychologischer Modellierungen oder innerhalb von Systemen von Strukturgleichungen oder mittels multivariater Verfahren (Faktoren-, Cluster- und Korrespondenzanalysen) analysiert. Mit den Modellierungen wird das Ziel verfolgt, das allgemein menschliche Verhalten über die Bewertung von Handlungsalternativen (rational choice) (Diekmann & Preisendörfer 1998; Bamberg 2004) resp. im Kontext motivationaler und kognitiver Kontexte zu erklären (Hunecke 2015). Dabei wird meist unterstellt, dass sich Menschen ausschließlich rational nach den Kategorien „Geld" und „Zeit" verhalten.

Im Rahmen des Projekts StadtLeben (Beckmann et al. 2006) wurde der Erklärungsbeitrag des Lebensstil-Konzepts durch ein System von Strukturgleichungen ermittelt (Kasper & Scheiner 2006) – auch hier stand die Rationalitäts-Annahme im Vordergrund. Davon abweichend hat Götz (2007, Götz et al. 2011) sein Konzept des Mobilitätsstils über die hierarchisierte Kombination von Faktoren- und Clusteranalysen konstruiert. Im Projekt „mobility2know", aus dem im folgenden Kapitel Ergebnisse dargestellt werden, wurden unterschiedliche Methoden der Analyse angewandt, darunter auch Korrespondenzanalysen (Dangschat & Segert 2011, Dangschat et al. 2012).

Ein weiterführender Ansatz könnte darin liegen, die sozialpsychologischen Entscheidungsmodelle nicht nur auf ein allgemein menschliches Verhalten, sondern gruppenspezifisch differenziert – also beispielsweise jeweils für jedes Sinus-Milieu – anzuwenden. Dabei würde sich die unterschiedliche Bedeutung der Variablen des allgemeinen Modells (beispielsweise der gesellschaftlichen Verantwortung, der Orientierung an den Peers, der Wirksamkeit sozialer Kontrolle, des Kontrollverlustes oder der Überzeugung, durch das eigene Handeln Einfluss auf bedeutsame Zielgrößen haben zu können, beispielsweise auf die Reduktion der Emission von Treibhausgasen) für jedes soziale Milieu zeigen. Auf diese Weise würde ein differenziertes Bild darüber entstehen, aufgrund welcher kognitiver Prozesse sich soziale Milieus unterscheiden. Hiervon würde die Milieuforschung nicht nur in Abhängigkeit unterschiedlicher sozialer Felder, sondern auch hinsichtlich der „inneren Kräfte des Zusammenhalts" der jeweiligen Milieus profitieren (vgl. Dangschat 2013, 2017a).

3 Mobilitätsstile und soziale Milieus[3]

Klassischerweise wird innerhalb der Mobilitätsforschung ein unterschiedliches Verhalten mit soziodemografischen und sozioökonomischen Merkmalen sowie mit Merkmalen des Zugangs zum Mobilitätssystem (Führerscheinbesitz, Zugang zu einem Pkw, Monats-/Jahreskarten für den Öffentlichen Personen-(Nah-)Verkehr – ÖP(N)V – und (in der Regel sehr grob) durch Lage- und Ausstattungs-Parameter des Wohnortes beschrieben und erklärt. Seit knapp 20 Jahren wird in der Milieuforschung auch ein Lebensstil-Ansatz verfolgt (Götz 2007) resp. ein Lebensstil-Ansatz, der nicht sauber zum Milieukonzept abgegrenzt ist (Beckmann et al. 2006; Kasper & Scheiner 2006; zur Übersicht Scheiner 2007a, 2009).

Im Projekt „mobility2know" (m2k)[4] wurde erstmalig das Modell der Sinus-Milieus im Rahmen einer Mobilitätsstudie angewandt. Das gesamte Land Österreich wurde nicht als Grundgesamtheit gewählt, weil dabei die Berechnungen der Ausstattung und der Erreichbarkeiten der Orte unverhältnismäßig aufwändig geworden wären. Stattdessen wurde eine siedlungsstrukturelle, zentralörtliche und ökonomische Typologie über alle Politischen Bezirke (vergleichbar in Deutschland mit Kreisen) gebildet. Aus jedem der so ermittelten Typen wurden je zwei Vertreter als Grundgesamtheit ausgewählt, und es wurde je eine Zufallsstichprobe gezogen. Die gesamte Stichprobe wurde nach den aus der Statistik bekannten Parametern, aber auch nach der quantitativen Stärke der Sinus-Milieus gewichtet.

In Abbildung 1 ist das stark zusammengefasste Ergebnis von erklärenden Variablen *(driving forces)* auf alle 42 Zielvariablen des Mobilitätshandelns (beispielsweise Verkehrsmittelwahl und deren Kombination, Zweck des Weges, Länge und Dauer der Wege, etc.) dargestellt. Hier zeigt sich, dass mit Hilfe des Milieumodells die Verhaltensunterschiede über alle vier Mobilitätsformen insbesondere für das zu Fuß gehen und das Pkw-Fahren am besten erklärt werden können. An zweiter Stelle steht der sehr differenziert erhobene und daher mit relativ hoher Aussage-

---

3 Als Milieumodell wurden die österreichischen Sinus-Milieus in der Modellvariante 2001 verwendet. Diese Variante unterscheidet sich von der aktuellen v. a. darin, dass es noch die Milieus der Ländlichen und der Experimentalisten enthält und noch nicht die Milieus der Adaptiv-Pragmatischen und der Digitalen Individualisten.

4 Das Projekt „mobility2know_4_ways2go" (m2k) wurde vom Österreichischen Bundesministerium für Verkehr, Innovation und Technologie (bm:vit) im Rahmen der Ausschreibung „ways2go" gefördert. Auf der Basis von mehr als 1 000 Telefoninterviews wurden die grundlegende Mobilität sowie die Einstellungen zu bestimmten Mobilitätsformen vom Marktforschungs-Institut INTEGRAL erhoben. Zusätzlich konnte jedem Befragten der genaue Wohnort zugeordnet werden, was es ermöglichte, die Ausstattung mit wesentlichen Einrichtungen sowie deren Erreichbarkeit mit dem Pkw, dem ÖP(N)V, mit dem Fahrrad und zu Fuß sehr genau zu bestimmen.

kraft versehene Erreichbarkeits-Index, mit dem die Nutzung des ÖP(N)V gut erklärt werden kann, was aber letztlich das Ergebnis geplanter Siedlungsentwicklung ist.

Abb. 1 Durchschnittlicher Erklärungsgehalt verschiedener driving forces hinsichtlich verkehrsmittel-bezogener Variablen des Verkehrshandelns

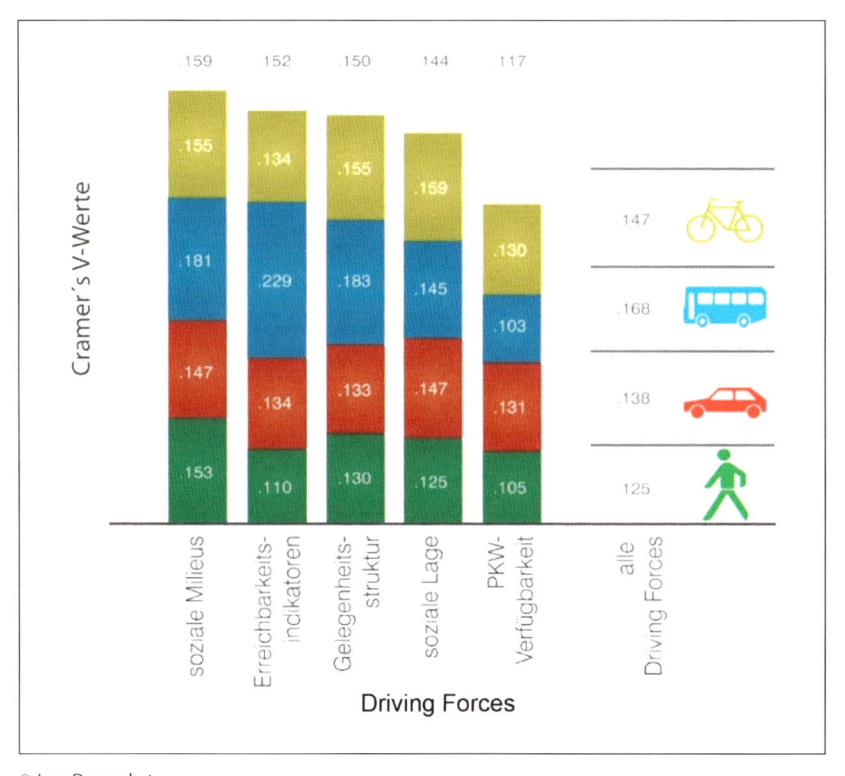

Hinter diesem allgemein guten Ergebnis verbergen sich jedoch erhebliche Unterschiede hinsichtlich der Erklärungskraft einzelner Zielvariablen, die in die folgende These zusammengefasst werden können: Je größer die Freiheitsgrade bei der Entscheidung resp. je stärker zeitliche, ökonomische Einschränkungen und Verpflichtungen sind, desto besser/schlechter können Verhaltensunterschiede mittels sozialer Milieus erklärt werden.

Diese These wird durch die Abbildung 2 verdeutlicht: Mit dem Milieu-Ansatz lassen sich sehr gut die Einstellungen zur Kostenersparnis und zum Umweltschutz (2a), das Ausmaß der Multi-Modalität (2b) und der Wunsch beschreiben, häufiger den ÖP(N)V nutzen zu wollen (2d), obwohl hier auch Lageparameter hereinspielen, die in einem engen Zusammenhang mit den Wohnstandort-Präferenzen nach Milieus stehen. Einen noch stärkeren Einfluss hat die Raumstruktur, d. h. die Ausstattung mit Angeboten sowie deren Erreichbarkeit für diejenigen, die nie ein öffentliches Verkehrsmittel benutzen (2c). Dass sich die Wohnstandorte der sozialen Milieus hinsichtlich der Erreichbarkeit der alltagsrelevanten Gelegenheiten deutlich unterscheiden, wird in 2e deutlich.

Abb. 2 Ausgewählte Aspekte der Mobilität, nach Sinus-Milieus®

2a Mobilitätsorientierung „Kostenersparnis & Umweltschonung" (z-transformierte Werte)

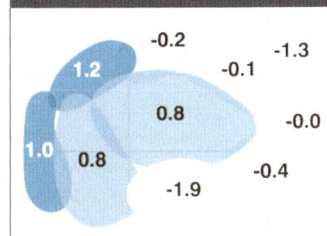

Der Faktor „Kostenersparnis & Umweltschonung" wurde im Rahmen einer Faktoranalyse über 14 Fragen zur Mobilitätsorientierung abgeleitet. Geringer Ressourcenaufwand, Kostenersparnis und die Schonung der Umwelt sind besonders für die traditionell orientierten Milieus relevant, so für die Ländlichen (1,0) und die Konservativen (1,2). Uninteressiert an diesen Werten zeigen sich die Modernen Performer (−1,3) und insbesondere die Konsumorientierte Basis (−1,9).

2b Vielfältigkeit der Verkehrsmittelnutzung (Multi-Modalität) (z- transformierte Werte)

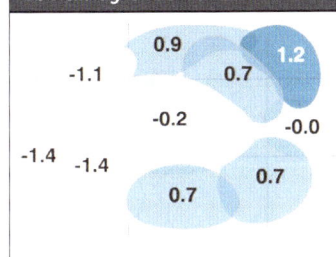

Die Vielfältigkeit der Verkehrsmittelnutzung wird aus den Nutzungshäufigkeiten der unterschiedlichen Verkehrsmittel errechnet. Zum einen verwenden gehobene Milieus verschiedenste Verkehrsmittel sehr häufig. Bei den Modernen Performern (1,2), den Etablierten (0,9) und den Postmateriellen (0,7) handelt es sich um jene Milieus, die über die größten Ressourcen verfügen. Zum anderen greifen die konsum- und freizeitorientierten Milieus Konsumorientierte Basis (0,7) und Hedonisten (0,7) oft auf unterschiedliche Verkehrsmittel zurück. Eine sehr einseitige Verkehrsmittelwahl treffen hingegen die traditionell orientierten Milieus.

2c Prozentsatz jener, die keine ÖPV-Wege zurücklegen

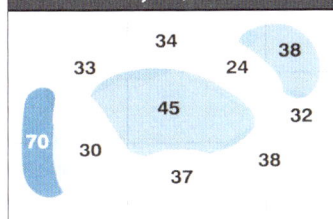

Die ÖPV-Verweigerung hat weniger milieuspezifische als raumstrukturelle Treiber. So nutzen 70 % der hauptsächlich in peripheren Räumen lebenden Ländlichen keinen ÖPV. Dem gegenüber stehen nur 24 % der hauptsächlich in zentralen Räumen wohnenden Postmateriellen. Die restlichen der Raumstruktur weniger eindeutig zuordenbaren Milieus rangieren knapp um die durchschnittlichen 38 %.

2d Prozentsatz jener, die häufiger mit dem ÖPV fahren wollen

18 25 19
       26
20 15 15 24
       14 26

Der Wunsch, häufiger mit dem ÖPV fahren zu wollen, zeigt ein Gefälle zwischen den städtisch, progressiv orientierten und den peripher, traditionell orientierten Milieus. So wollen sowohl die Etablierten, die Postmateriellen, die Hedonisten und die Experimentalisten zu 24–26 % mehr ÖPV fahren. Nur 14–15 % der Mitglieder der Bürgerlichen Mitte, der Konsumorientierten Basis und der Traditionellen wünschen sich, häufiger mit dem ÖP(N)V unterwegs zu sein.

2e Erreichbarkeitsindikator (z-transformierte Werte)

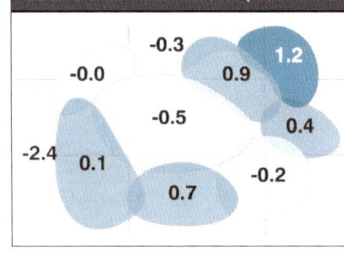

         -0.3   1.2
-0.0   0.9
       -0.5   0.4
-2.4 0.1
              -0.2
          0.7

Erreichbarkeitsindikatoren sind Resultat der Verteilung von Wohnstandorten und Gelegenheiten und damit hauptsächlich raumstrukturell bedingt. Dass sich die Erreichbarkeitswerte nach Milieus unterscheiden, bildet die räumliche Verteilung der Milieus ab. Progressiv orientierte Milieus wohnen bevorzugt in zentralen Räumen mit hohen Erreichbarkeiten. Das Ländliche Milieu als größter Vertreter der Peripherie weist die mit Abstand schlechtesten Erreichbarkeiten auf (–2,4).

© Jens Dangschat & INTEGRAL

Das bedeutet, dass auch solche Milieus, die zwar dem motorisierten Individualverkehr (MIV) kritisch gegenüberstehen, dennoch den eigenen Pkw nutzen, weil sie keine Alternativen sehen[5] (zum Zusammenhang zwischen Wohnstandortwahl und Einstellung zum Verkehrsmittel vgl. Hunecke & Schweer 2006; Scheiner & Holz-Rau 2007; Manderscheid 2009).

Mit der Korrespondenzanalyse wurde ein heuristisches multivariates Verfahren gewählt, um spezifische Muster der Verkehrsmittelwahl für bestimmte Wegzwecke (Lebensmittel einkaufen und zur Arbeit/Ausbildung fahren) resp. die Nicht-Nutzung bestimmter Verkehrsmittel aufzuzeigen (Abb. 3). Die Auswertungsmethode der Korrespondenzanalyse ermöglicht es, in den inhaltlich bestimmten Raum Merkmale von Personen hinein zu projizieren, ohne die inhaltlichen Relationen zu beeinflussen.

---

5   Dieser Zusammenhang wurde in einem anderen Projekt – Non-Routine-Trips (NRT) – im Rahmen von Fokusgruppen-Sitzungen in Wien und Graz deutlich: Während in Wien die Milieus, die dem Kfz kritisch gegenüberstehen, dieses auch nicht nutzen, sehen sich die Mitglieder der gleichen Milieus in Graz, der zweitgrößten Stadt in Österreich, aufgrund des schlechteren ÖPNVs und der peripheren Lage der Einkaufszentren gezwungen, das Auto beispielsweise zum Einkauf zu nutzen.

Soziale Milieus in der Mobilitätsforschung   147

Abb. 3 Tätigkeiten nach bevorzugtem Verkehrsmittel, nach Sinus-Milieus®

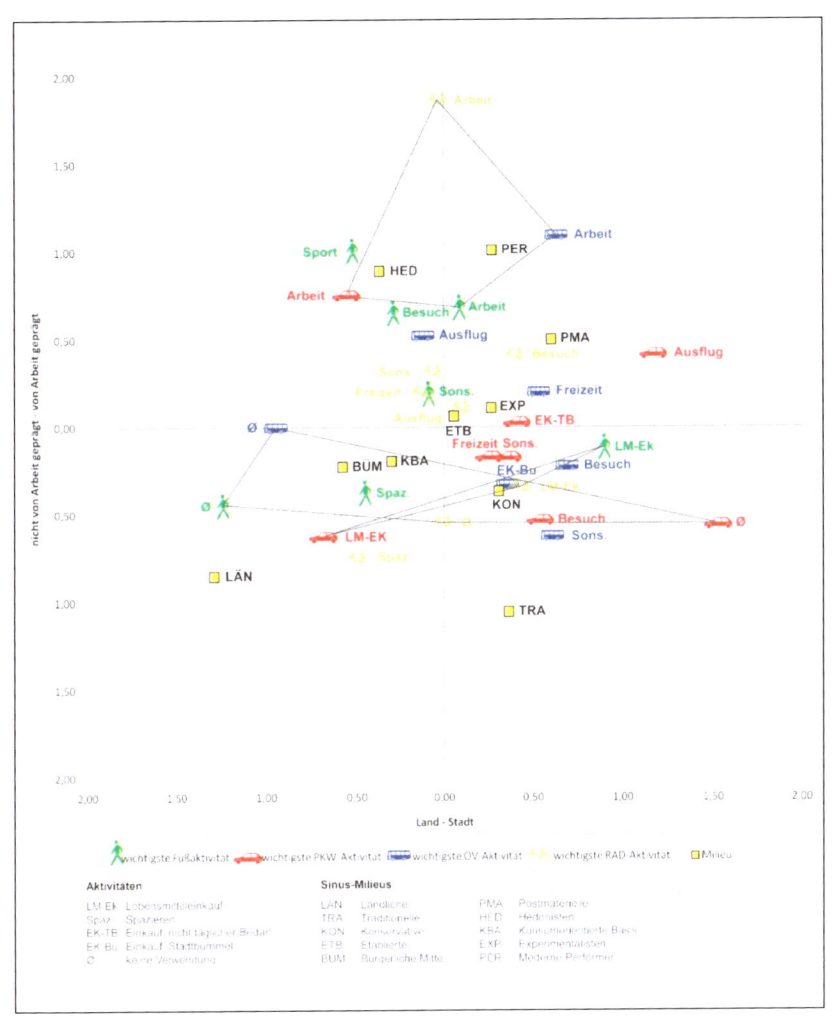

© Jens Dangschat

Der inhaltliche, mehrdimensionale Raum wird durch die Dimensionen der Beteiligung/Nicht-Beteiligung an der Erwerbsarbeit (vertikal) resp. der Zentralität/Dezentralität des Wohnstandortes (horizontal) aufgespannt. Mit der Lage der Wohnstandorte ko-variiert auch die Rollenaufteilung der Geschlechter, was sich in den klassischen Rollenaufteilungen der Erwerbsarbeit und des täglichen Einkaufs ausdrückt.[6]

Es zeigt sich, dass die Ländlichen und die Traditionellen aufgrund ihres Alters am wenigsten, die Hedonisten und die Modernen Performer am stärksten durch die Erwerbsarbeit geprägt sind. Letztere kommen aber in unterschiedlicher Weise zum Arbeitsplatz: Die Hedonisten eher mit dem Pkw, die Modernen Performer eher mit dem ÖPNV. Beides ist zudem durch den Stadt-Land-Gegensatz gekennzeichnet – Pkw eher ländlich, ÖPNV eher städtisch.

Sehr deutlich schlägt die Lage im Siedlungssystem durch, wenn nach der Nicht-Nutzung von Verkehrsmitteln gefragt wird: Das Auto wird im stark urbanen Umfeld vermieden (u. a. auch, weil das ÖPNV-Angebot sehr gut ist und die Erreichbarkeiten hoch sind), während man im ländlichen Raum sehr selten zu Fuß oder mit dem ÖP(N)V – letztlich aufgrund des schlechten Angebots – unterwegs ist. Die Nicht-Nutzung des Fahrrades wird hingegen nicht von der Lage des Wohnstandortes im Siedlungssystem beeinflusst.

Der letzte Aspekt, die Wahl des Verkehrsmittels beim Einkauf von Lebensmitteln, zeigt keinen Einfluss durch Milieus, sondern erneut durch die Lage im Siedlungssystem und damit die Erreichbarkeit der jeweiligen Geschäfte, wenn man im städtischen Kontext zum Lebensmittel-Einkauf eher zu Fuß, im ländlichen Raum eher mit dem Pkw unterwegs ist.

4 Zusammenfassung und Ausblick

Wie anhand einer Auswahl der Ergebnisse aus der Studie m2k gezeigt werden konnte, ist es möglich, mit Hilfe der Sinus-Milieus die Unterschiede im Mobilitätsverhalten gegenüber dem „klassischen Vorgehen" insbesondere dort besser zu erklären, wo die Freiheitsgrade der Entscheidungen groß und die materiellen Einschränkungen von Zeit und Geld gering sind.

---

6   Unterteilt man die Stichprobe nach Männern und Frauen, zeigen sich nach Geschlecht getrennte Verortungen und Verkehrsmittelnutzungen im Matrix-Raum. Das verweist aber nicht nur auf erhebliche Unterschiede zwischen den Geschlechtern, sondern auch darauf, dass die jeweiligen Gender-Relationen stark durch die Milieus und die darin verankerten Wertvorstellungen geprägt sind.

Das Mobilitätsverhalten ist zudem letztlich Folge einer vorgelagerten Wohnstandortentscheidung – wie immer freiwillig diese ist. Diese wird u. a. auch aufgrund eines gewünschten Mobilitätsverhaltens getroffen (bevorzugtes Verkehrsmittel, Bereitschaft zu Pendelwegen etc.). Für die unterschiedlichen Konsumentscheidungen in beiden Bereichen hat das Milieu-Modell von SINUS eine gute Erklärungskraft. Wohnstandortwahl und Mobilität werden jedoch im Gegensatz zu den meisten anderen Konsumentscheidungen auch sehr stark von den jeweiligen kleinräumigen Standortbedingungen, von der infrastrukturellen Ausstattung und der Erreichbarkeit geprägt – nach diesen Kategorien differenziert das SINUS-Modell (wie auch alle anderen Milieu-Modelle aus der Wissenschaft und Marktforschung) jedoch nicht.

Die Modelle der Sinus-Milieus sind auf der Ebene von Nationalstaaten kalibriert, weil für die meisten Auftraggeber die national definierten und abgegrenzten Märkte nach wie vor relevant sind. Aufgrund der Globalisierung sind aber insbesondere die Leit-Milieus zunehmend international orientiert, was versucht wird, mit den Meta-Milieus zu umgreifen. Damit werden die nationalen Eigenarten und Ausdifferenzierungen überdeckt, was die Binnen-Variation der jeweiligen Milieus vergrößert.

Für die Mobilitäts-, Stadt- und Regionalforschung sowie die Immobilienwirtschaft wäre es notwendig, unterhalb der nationalen Ebene Modelle zu entwickeln – beispielsweise für einzelne Bundesländer und Großstädte[7]. Dieses wäre unter Marktbedingungen jedoch kaum möglich, denn die Zahl der beauftragten Studien wäre zu gering, um ein robustes Modell erstellen zu können.

Der SINUS- ebenso wie der microm-Ansatz, mit Hilfe dessen die kleinräumliche Verteilung sozialer Milieus innerhalb ausgewählter Regionen kartografisch dargestellt werden kann, steht unter der Annahme, dass jedes Milieu in jeder Region jeweils gleich ist – eine mutige und meines Wissens nie geprüfte Annahme. Würde man mit der gleichen Item-Batterie repräsentative Stichproben beispielsweise in Berlin, Hamburg und München ziehen, so würden – meine Gegenthese – drei verschiedene Milieumodelle entstehen, die zwar große Gemeinsamkeiten aufweisen, unter Umständen aber auch spezifische lokale Milieus entstehen lassen (wie seinerzeit die DDR-Nostalgischen).

Folgt man dieser These, dann weisen die Sinus-Milieus eine höhere Binnenvariation auf, weil die lokalen/regionalen Eigenheiten nicht berücksichtigt werden. Ein plausibler, aber langer Ausweg wäre, siedlungsspezifische Merkmale in

---

7 Umgekehrt sind die in der deutschsprachigen Soziologie am häufigsten verwendeten Modelle von Schulze und Otte nicht auf der nationalstaatlichen Ebene, sondern mittels Stichproben je einer Stadt (Nürnberg resp. Mannheim) entwickelt und dann – methodisch sehr fragwürdig – auf Deutschland „hochgerechnet" worden.

die Analyse einzubeziehen und neben sozialen auch sozial-räumliche Typologien zu entwickeln – das würde die Unterschiede im Mobilitätsverhalten besser erklären können. Hier ist aber auch die Soziale Ungleichheits-Forschung aufgefordert, an solchen sozialräumlichen Typologien zu arbeiten. Aufgrund der dringenden Notwendigkeit, den CO_2-Ausstoß gerade im Mobilitätssektor absenken zu müssen und der Tatsache, dass ein Erfolg nur bedingt mit dem technischen Fortschritt erreichbar wäre, ist es notwendig, das Mobilitätsverhalten zu verändern. Das funktioniert aber nur dann, wenn man die Gesellschaft in sinnvolle Zielgruppen unterteilen kann, um entsprechende Informationen, Anreizsysteme und Marketing-Strategien setzen zu können.

Literaturverzeichnis

Bamberg, Sebastian 2004: Sozialpsychologische Handlungstheorien in der Mobilitätsforschung. In: H. Dalkmann, M. Lanzendorf & J. Scheiner (Hrsg.) 2004: Verkehrsgenese. Studien zur Mobilitäts- und Verkehrsforschung, Band 5. Mannheim: Metagis: 51–70.

Beck, Ulrich 1995: Die „Individualisierungsdebatte". In: B. Schäfers (Hrsg.): Soziologie in Deutschland. Entwicklung, Institutionalisierung und Berufsfelder, theoretische Kontroversen. Opladen: Leske + Budrich: 185–198.

Beckmann, Klaus J.; Hesse, Markus; Holz-Rau, Christian & Hunecke, Marcel (Hrsg.) 2006: StadtLeben – Wohnen, Mobilität und Lebensstil. Neue Perspektiven für Raum- und Verkehrsentwicklung. Wiesbaden: VS Verlag für Sozialwissenschaften.

Bohnsack, Ralf 2014: Die Milieuanalyse der Praxeologischen Wissenssoziologie. In: Isenböck et al. (Hrsg.) 2014: 16–45.

Bourdieu, Pierre 1976: Struktur, Habitus, Praxis. In: P. Bourdieu: Entwurf einer Theorie der Praxis auf der ethnologischen Grundlage der kabylischen Gesellschaft. Frankfurt am Main: Suhrkamp: 139–202.

Dangschat, J. S. 1996: Raum als Dimension sozialer Ungleichheit und Ort als Bühne der Lebensstilisierung? – Zum Raumbezug sozialer Ungleichheit und von Lebensstilen. In: O. G. Schwenk (Hrsg.): Lebensstil zwischen Sozialstrukturanalyse und Kulturwissenschaft. Opladen: Leske + Budrich: 99–135.

Dangschat, J. S. 2007: Raumkonzept zwischen struktureller Produktion und individueller Konstruktion. In: Ethnoscripts 9, Heft 1: 24–44.

Dangschat, Jens S. 2013: Eine raumbezogene Handlungstheorie zur Erklärung und zum Verstehen von Mobilitätsdifferenzen. In: Scheiner et al. (Hrsg.) 2013: 91–104.

Dangschat, Jens S. 2017a: Wie bewegen sich die (Im-)Mobilen? Ein Beitrag zur Weiterentwicklung der Mobilitätsgenese. In: M. Wilde, M. Gather, J. Neiberger & J. Scheiner (Hrsg.): Verkehr und Mobilität zwischen Alltagspraxis und Planungstheorie – Sozialwissenschaftliche Perspektiven auf Verkehr und Mobilität. Wiesbaden: Springer: 25–52.

Dangschat, Jens S. 2017b: Zu einer sozial differenzierten Handlungstheorie des Energiekonsums. In: K. Großmann, A. Schaffrin & C. Smigiel (Hrsg.): Energie und soziale Ungleichheit: Zur gesellschaftlichen Dimension der Energiewende in Deutschland und Europa. Wiesbaden: Springer VS: 101–127.

Dangschat, Jens S.; Mayr, René & Segert, Astrid 2012: Mobility to know for ways to go. Endbericht. Wien. Mimeo.

Dangschat, Jens S. & Segert, Astrid 2011: Nachhaltige Alltagsmobilität – soziale Ungleichheiten und Milieus. In: Österreichische Zeitschrift für Soziologie, 36 (2): 55–73.

Diekmann, Andreas & Preisendörfer, Peter 1998: Umweltbewusstsein und Umweltverhalten in Low- und High-Cost-Situationen. Eine Überprüfung der Low-Cost-Hypothese. In: Zeitschrift für Soziologie 27 (6): 438–453.

Geißler, Rainer 2006: Soziale Klassen und Schichten – soziale Lagen – soziale Milieus: Modelle und Kontroversen. In: R. Geißler (Hrsg.): Die Sozialstruktur Deutschlands. Zur gesellschaftlichen Entwicklung mit einer Bilanz zur Vereinigung. 4., überarbeitete und aktualisierte Auflage. Wiesbaden: VS Verlag für Sozialwissenschaften.

Götz, Konrad 2007: Mobilitätsstile. In: Schöller et al. (Hrsg.) 2007: 759–784.

Götz, Konrad; Deffner, Jutta & Stieß, Immanuel 2011: Lebensstilansätze in der angewandten Sozialforschung – am Beispiel der transdisziplinären Nachhaltigkeitsforschung. In: Rössel & Otte (Hrsg.) 2011: 86–112.

Hammer, Antje & Scheiner, Joachim 2006: Lebensstile, Wohnmilieus, Raum und Mobilität – der Untersuchungsansatz von StadtLeben. In: Beckmann et al. (Hrsg.) 2006: 15–30.

Hradil, Stefan 1992: Alte Begriffe und neue Strukturen. Die Milieu-, Subkultur- und Lebensstilforschung der 80er Jahre. In: S. Hradil (Hrsg.): Zwischen Bewußtsein und Sein. Die Vermittlung „objektiver" Lebensbedingungen und „subjektiver" Lebensweisen. Opladen: Leske+Budrich: 15–55.

Hradil, Stefan 2001: Soziale Ungleichheit in Deutschland, 8. Auf., Wiesbaden: VS Verlag für Sozialwissenschaften.

Hunecke, Marcel 2015: Mobilitätsverhalten verstehen und verändern. Psychologische Beiträge zur interdisziplinären Mobilitätsforschung. Wiesbaden: Springer.

Hunecke, Marcel & Schweer, Indra R. 2006: Einflussfaktoren der Alltagsmobilität – Das Zusammenwirken von Raum, Verkehrsstruktur, Lebensstil und Mobilitätseinstellungen. In: Beckmann et al. (Hrsg.) 2006: 147–165.

Isenböck, Peter; Nell, Linda & Renn, Joachim (Hrsg.) 2014a: Die Form des Milieus. Zum Verhältnis von gesellschaftlicher Differenzierung und Formen der Vergemeinschaftung. In: Zeitschrift für Theoretische Soziologie (ZTS), 1. Sonderband. Weinheim: Beltz Juventa.

Isenböck, Peter; Nell, Linda & Mautz, Christoph 2014b: Die normative Binnenstruktur sozialer Milieus und ihre differenzierungstheoretische Erschließung. In: Isenböck et al. (Hrsg.) 2014a: 357–381.

Krizek, Kevin J. 2003: Residential Relocation and Changes in Urban Travel – Does Neighborhood-Scale Urban Form Matter? In: Journal of the American Planning Association 69: 265–281.

Kronauer, Martin 2007: Neue soziale Ungleichheiten und Ungerechtigkeitserfahrungen: Herausforderungen für eine Politik des Sozialen. In: WSI-Mitteilungen 7/2007: 365–372.

Lanzendorf, Martin & Tomfort, Dennis 2010: Mobilitätsbiographien und Schlüsselereignisse – Wie Mobilitätsmanagement zu einer nachhaltigeren Mobilität beitragen kann. In: Forschung Frankfurt 3/2010. Frankfurt: Goethe-Universität Frankfurt am Main.

Manderscheid, Katharina 2009: Integrating Space and Mobilities into the Analysis of Social Inequality. In: distinction – Scandinavian Journal of Social Theory 18: 7–27.

Mayr, René 2012: Raum und Mobilität. Raumstruktur als Einflussfaktor für Verkehrshandeln in Österreich. Wien: Technische Universität Wien, Fachbereich Soziologie (ISRA), Masterarbeit. Wien: Mimeo.

Müller, Hans-Peter 1989: Lebensstile. Ein neues Paradigma der Differenzierungs- und Ungleichheitsforschung? In: Kölner Zeitschrift für Soziologie und Sozialpsychologie 41: 53–71.

Otte, Gunnar 2005: Hat die Lebensstilforschung eine Zukunft? In: Kölner Zeitschrift für Soziologie und Sozialpsychologie 57 (1): 1–31.

Otte, Gunnar & Rössel, Jörg 2011: Lebensstile in der Soziologie. In: Rössel & Otte (Hrsg) 2011: 7–33.

Reckwitz, Andreas 2003: Grundelemente einer Theorie sozialer Praktiken: Eine sozialtheoretische Perspektive. In: Zeitschrift für Soziologie 32 (4): 282–301.

Renn, Joachim 2014: Die Form der Milieus – Vergemeinschaftung, multiple Differenzierung und die tiefenhermeneutische Makroanalyse. In: Isenböck et al. (Hrsg.) 2014a: 304–338.

Rink, Dieter (Hrsg.) 2002: Lebensstile und Nachhaltigkeit. Konzepte, Befunde und Potentiale. Opladen, Leske + Budrich.

Rössel, Jörg & Otte, Gunnar (Hrsg.) 2011: Lebensstilforschung. In: Kölner Zeitschrift für Soziologie und Sozialpsychologie, Sonderheft 51/2011.

Rössel; Jörg & Just, Daniel 2014: Zentrale Entwicklungstendenzen sozialer Milieus in Deutschland. Eine netzwerkanalytische Perspektive. In: Isenböck et al. (Hrsg.) 2014a: 205–220.

Scheiner, Joachim 2006: Wohnen und Aktionsraum: Welche Rolle spielen Lebensstil, Lebenslage und Raumstruktur? In: Geographische Zeitschrift 94 (1): 43–62.

Scheiner, Joachim 2007a: Verkehrsgeneseforschung. In: Schöller et al. (Hrsg.) 2007: 687–709.

Scheiner, Joachim 2007b: Mobility Biographies: Elements of a Biographical Theory of Travel Demand. In: Erdkunde 61(2): 161–173.

Scheiner, Joachim 2009: Sozialer Wandel, Raum und Mobilität. Empirische Untersuchungen zur Subjektivierung der Verkehrsnachfrage. Wiesbaden: VS Verlag für Sozialwissenschaften.

Scheiner, Joachim; Blotevogel, Hans-Heinrich; Frank, Susanne; Holz-Rau, Christian & Schuster, Nina (Hrsg.) 2013: Mobilitäten und Immobilitäten. Menschen – Ideen – Dinge – Kulturen – Kapital. Blaue Reihe – Dortmunder Beiträge zur Raumplanung 142. Essen: Klartext.

Scheiner, Joachim & Holz-Rau, Christian 2007: Travel Mode Choice: Affected by Objective or Subjective Determinants? In: Transportation 34 (4): 487–511.

Schneider, Nicole & Spellerberg, Annette 1999: Lebensstile, Wohnbedürfnisse und Mobilität. Opladen: Leske + Budrich.

Schöller, Oliver; Canzler, Weert & Knie, Andreas (Hrsg.) 2007: Handbuch Verkehrspolitik. Wiesbaden: VS Verlag für Sozialwissenschaften.

Schulze, Gerhard 1992: Die Erlebnisgesellschaft: Kultursoziologie der Gegenwart. Frankfurt am Main & New York: Campus.

Schwinn, Thomas 2014: Soziale Milieus: Varianten und Entstehungsbedingungen. In: Isenböck et al. (Hrsg.) 2014a: 150–167.

Vester, Michael; von Oertzen, Peter; Geiling, Heiko; Hermann, Thomas & Müller, Dagmar 2001: Soziale Milieus im gesellschaftlichen Strukturwandel. Frankfurt am Main: Suhrkamp.

Wilde, Mathias 2013: Mobilität als soziale Praxis: ein handlungstheoretischer Blick auf Bewegung. In: Scheiner et al. (Hrsg.) 2013: 35–48.

Keywords

Mobilität, Mobilitätsverhalten, Mobilitätsforschung, Multimodalität, Raumbezug, Handlungstheorie, Wohnstandortwahl, soziales Milieu, Sinus-Milieus, Lebensstil

Bildungsforschung mit den Sinus-Milieus®

Von Heiner Barz

Zusammenfassung

Lange vor Gerhard Schulzes Studie „Erlebnisgesellschaft" hat das Forschungsinstitut SINUS ein Milieumodell der gesellschaftlichen Segmentierung entwickelt, das permanent an gesellschaftliche Veränderungen angepasst wird. Der von SINUS entwickelte Milieu-Ansatz mit seinen sozio-kulturellen Differenzierungen bietet für die Sozialforschung produktive Möglichkeiten, die im vorliegenden Beitrag exemplarisch für den Bildungsbereich vorgestellt werden. Behandelt werden der Bildungsbegriff, Erziehungsstile, Schulwahlmotive, Einstellungen und Verhalten im Bereich Weiterbildung sowie aus einer neueren Studie die Bildungserfahrungen und Bildungsaspirationen der Personen mit Migrationshintergrund – jeweils beispielhaft im Hinblick auf ihre milieuspezifische Ausgestaltung. Diskutiert werden auch Grenzen und Reichweite des Lebensstilkonzeptes sowie des alternativen Schichtmodells, das beispielsweise in den PISA-Studien zum Einsatz kommt.

Die Wiederentdeckung der symbolischen, der ästhetischen und expressiven Dimensionen im sozialen Gefüge und im gesellschaftlichen Zusammenleben hat auch die Bildungsforschung in den letzten 20 Jahren stark befruchtet. Waren seit den Tagen des großen Soziologen Georg Simmel (1858–1918) – unvergessen sein Essay „Der Henkel. Ein ästhetischer Versuch" von 1905 –, des großen Kulturphilosophen Ernst Cassirer (1874–1945) – Hauptwerk „Philosophie der symbolischen Formen" (1923–29) – oder des exzentrischen amerikanischen Gesellschaftskritikers Thorstein Veblen (1857–1929) ästhetische und soziokulturelle Dimensionen lange Zeit kaum mehr in den Blick genommen worden, so erleben diese in den letzten Jahrzehnten einen enormen Bedeutungszuwachs in der Sozialwissenschaft. Und dies gilt bereits vor und neben dem Boom, den heute alle Disziplinen erfahren, die „irgendwas mit Medien" zu tun haben.

Das Paradigma der Lebensstilforschung, anfangs oft als kurzatmige Modeerscheinung beargwöhnt (vgl. Müller 1992, S. 376) und im Diskurs der Sozialwissenschaften kaum aufgegriffen, hat sich inzwischen als neues und für viele Fragestellungen produktives Modell der gesellschaftlichen Differenzierung durchgesetzt (vgl. schon Hradil 1992; Dangschat und Blasius 1994). Bereits Anfang der 1990er Jahre hat es Eingang ins Lehrbuchwissen (vgl. Wiswede 1991, S. 314 ff.) und in Unterrichtsmaterialien für Schulen (vgl. Stratenschulte 1996; Stratenschulte und Moschin 1996) gefunden. Nicht zuletzt sind die Ergebnisse der Sinus-Jugendmilieustudien und der Jugendmedienstudien (vgl. den Beitrag von Calmbach in diesem Band) für viele Fragen der Sozialisations- und Bildungsforschung von hoher Relevanz. Selbst von Kritikern wurde das Lebensstilparadigma – vielleicht etwas vorschnell – bereits als Mainstream der deutschen Sozialstrukturanalyse bezeichnet (vgl. Geissler 1996, S. 320), auch wenn es immer wieder recht kontrovers bilanziert wird (vgl. Hermann 2004; Otte 2005). Das inzwischen mehrfach neu aufgelegte „Handbuch Bildungsforschung" (Tippelt und Schmidt – 2017 ist die 4. Auflage in Vorbereitung) stellt das Lebensstilkonzept ausführlich vor (Barz und Liebenwein 2010) und – um nur noch ein weiteres Beispiel herauszugreifen – im „Handbuch Bildungs- und Erziehungssoziologie" ist der Milieuansatz gleich in zwei Beiträgen (Bremer 2012, Choi 2012) prominent vertreten.

1 Die Entdeckung der soziokulturellen Dimension: Veblen, Bourdieu, Schulze

Das neue Interesse an den soziokulturellen Erscheinungsformen sozialer Ungleichheit und der symbolischen Relevanz von Bildungskarrieren wurde ganz maßgeblich durch die enorme Resonanz befördert, die Pierre Bourdieu (1939–2002) mit seinem Hauptwerk „Die feinen Unterschiede. Kritik der gesellschaftlichen Urteilskraft" (frz. Original 1979, dt. zuerst 1982) ausgelöst hat. Die Ursprünge aber liegen – betrachtet man vor allem die soziale Vermittlung von Kultur, Ästhetik und Ökonomie – eindeutig in Thorstein Veblens (1899/1981) „ökonomischer Untersuchung der Institutionen" in seinem gesellschaftswissenschaftlichen Klassiker „Theorie der feinen Leute" von 1899. Von grundsätzlicher Bedeutung ist für Veblen die Unterscheidung zwischen produktiver Arbeit und unproduktivem Tätigsein. Letzteres ist für Veblen alles, was nicht unmittelbar der Erzeugung von Gütern dient. Die gesamte Oberschicht, so Veblens durchaus gesellschaftskritische Auffassung, führt demnach ein Parasitenleben, insofern sie selbst keinen produktiven Beitrag zum gesellschaftlichen Reichtum leistet, dennoch aber einen unverhältnismäßig hohen Anteil davon konsumiert. Eine zentrale Rolle spielt bei Veblen der symbolische Kampf um Prestige und Status: „Um Ansehen zu erwerben und zu erhalten, genügt es nicht, Reichtum oder Macht zu besitzen. Beide müssen sie auch in Erscheinung treten, denn Hochachtung wird erst ihrem Erscheinen gezollt" (Veblen 1899/1981, S. 42).

Veblen analysiert vier Strategien, mittels derer der eigene Statusanspruch kommuniziert wird: conspicious consumption – augenfälliger (oder: demonstrativer) Konsum; conspicious waste – augenfällige Verschwendung; conspicious leisure – augenfällige Muße; vicarious leisure – stellvertretende Muße. Insbesondere Veblens Begriffe der augenfälligen und stellvertretenden Muße enthalten scharfe bildungstheoretische Thesen, weshalb sie hier kurz erläutert werden sollen: Da unproduktive Tätigkeiten nicht ständig vor den Augen der anderen Gesellschaftsmitglieder „vorgeführt" werden könnten, habe man Fertigkeiten kultiviert, durch deren Besitz dokumentiert wird, dass der Betreffende es sich leisten konnte, über viele Jahre hinweg seine Zeit mit gänzlich nutzlosen Dingen zu verbringen, so etwa „die Kenntnis toter Sprachen oder der okkulten Wissenschaften, eine fehlerfreie Orthographie, die Beherrschung von Grammatik und Versmaßen, die Hausmusik und andere häusliche Künste, Mode, Möbel und Reisen, Spiele, Sport, Hunde- und Pferdezucht" (Veblen 1899/1981, S. 48).

Veblens merkwürdiges Amalgam aus positivistischen und marxistischen Ideen entschlüsselt den Statuswettbewerb nicht nur an Kleidung, gesellschaftlichen Ritualen und religiösen Gebräuchen. Er widmet auch der „Bildung als Ausdruck der Geldkultur" ein eigenes Kapitel (ebd., S. 268–294) und behauptet, dass „doch der eigentliche und letzte Prüfstein der guten Erziehung und der feinen Manieren in der wirklichen und sichtbaren Verschwendung von Zeit" besteht (Veblen 1899/1981, S. 52).

Auch Pierre Bourdieu (1982) spricht in der marxistischen Tradition neben dem „ökonomischen" vom „symbolischen Kapital" und meint damit die Summe an kultureller Anerkennung, die ein einzelnes Individuum oder auch eine soziale Gruppe durch geschickte Verwendung des gesellschaftlichen Symbolsystems für sich gewinnen kann. Dabei geht Bourdieu davon aus, dass in den kollektiven Wahrnehmungs- und Bewertungsschemata der sozialen Gruppen das positionsbedingte Nutzenkalkül als „Habitusform" geronnen sei. Geschmacksfragen wie Essgewohnheiten, Kleidungsstile oder Kunsturteile sind für Bourdieu damit nicht das spontane Resultat ästhetischer Empfindungen, sondern das sozialisatorische Produkt eines Erziehungsprozesses, in dem der Geschmack klassenspezifisch erlernt wird. Im „Habitus" sind die verschiedenen Strategien des gesellschaftlichen Konkurrenzkampfes sozialer Gruppen als unterschiedliche Geschmacksstile und Lebensgewohnheiten geronnen.

Vertikal unterscheidet Bourdieu drei Klassen – Bourgeoisie, Kleinbürgertum und Arbeiterschaft – denen er auf der Grundlage seiner empirischen Erhebungen drei Lebensstile, bzw. Geschmackstypen zuordnet: „Distinktion" für die herrschende Klasse, „Prätention" für die mittleren Schichten und das Diktat der „Notwendigkeit" in der Arbeiterklasse.

Ausgehend von der breiten Rezeption der „feinen Unterschiede" Bourdieus (1982) rückte die kulturelle und ästhetische Dimension des sozialen Lebens und seiner symbolischen Grenzen auch in der Bildungsforschung stärker in den Blickpunkt der Diskussion. Die Kategorie des „Lebensstils" verbindet dabei sozioökonomische Merkmale mit Einstellungs- und Wertdispositionen. Lebensstil bezeichnet dementsprechend alltagsästhetische Grundmuster der Lebensführung von Individuen oder Gruppen, die sich in bestimmten expressiven Verhaltensweisen ausdrücken und der Selbstdarstellung (Kleidung, Konsumgewohnheiten, kulturelle Partizipation) sowie der Abgrenzung von anderen dienen. Unter „Lebensstil" wird „ein regelmäßig wiederkehrender Gesamtzusammenhang von Verhaltensweisen, Interaktionen, Meinungen, Wissensbeständen und bewertenden Einstellungen eines Menschen" (Hradil 2005, S. 431) verstanden. Die Studie über die „Erlebnisgesellschaft" von Gerhard Schulze (1992) mit ihrer Deskription von fünf soziokulturellen Milieus lieferte ein anspruchsvolles, die gesamte Gesellschaft umspannendes Modell, das die gesellschaftstheoretischen Überlegungen empirisch einzulösen versuchte. Schulze definiert soziale Milieus „als Personengruppen, die sich durch gruppenspezifische Existenzformen und erhöhte Binnenkommunikation voneinander abheben" (ebd. 1992, S. 174).[1] Die wichtigsten Milieudeterminanten bleiben für Schulze das Alter (Trennlinie bei 40 Jahren) und das Bildungsniveau (höhere vs. niedrige Bildung). So verfügen Angehörige des Niveau- und des Selbstverwirklichungsmilieus über höhere Bildungsabschlüsse, Personen, die dem Integrationsmilieu angehören über ein mittleres Bildungsniveau und Mitglieder des Harmonie- und des Unterhaltungsmilieus über niedrige Bildungsabschlüsse. In Schulzes Entwurf kommt sowohl dem Bildungsabschluss wie auch dem humanistischen Bildungsverständnis eine zentrale Rolle zu: „Bildung verrät sich fast ebenso schnell wie das Alter. Sie zählt zu den Standardinformationen, die beinahe unvermeidlich am Anfang jeder Bekanntschaft ausgetauscht werden, wenn auch häufig nur zwischen den Worten" (Schulze 1992, S. 191). Auch hinsichtlich ihrer Fortbildungsaffinität unterscheiden sich die Angehörigen der verschiedenen Milieus erheblich. „Hohes Interesse an Fortbildung" haben im Harmoniemilieu 17 %, im Unterhaltungsmilieu 29 %, im Integrationsmilieu 36 %, im Niveaumilieu 54 % und im Selbstverwirklichungsmilieu 66 % der Befragten.

---

1 Zur Geschichte des Milieubegriffs und seinen Wurzeln bei Montesquieu, Comte, Durkheim und Weber vgl. Hradil 1994, S. 98 ff. und Lepsius 1973.

2 Soziokulturelle Differenzierung und Bildungsforschung

Neben und lange vor Schulze hat das Forschungsinstitut SINUS ein Milieu-Modell der gesellschaftlichen Segmentierung entwickelt. Dass der von SINUS entwickelte Milieu-Ansatz mit seinen sozio-kulturellen Differenzierungen für die Sozial-, Jugend- und Bildungsforschung produktive Möglichkeiten eröffnet, ist heute vielfach dokumentiert. Zu nennen sind hier beispielsweise die Studie zur Politischen Bildung im Auftrag der Friedrich-Ebert-Stiftung (1993), das Hannoveraner Forschungsprojekt zum Bildungsurlaubsprogramm von „Arbeit und Leben Niedersachsen e. V." (vgl. Bremer und Lange 1997), die Untersuchung zu Studierenden im Spiegel des Milieumodells (vgl. Gapski, Köhler und Lähnemann 2000, Lange-Vester und Sander 2016), zu milieuspezifischen Medieninteressen (vgl. Mediagruppe München 1999), zu bürgerschaftlichem Engagement in den sozialen Milieus (vgl. Ueltzhöffer 2000), zur intergenerationalen Milieukontinuität (vgl. Vester u. a. 2001), zur Gewalt und deren Ursachen unter Jugendlichen (vgl. Heitmeyer u. a. 1998), zur Entwicklung des Rechtsradikalismus (vgl. Wippermann 2001), zu Erziehungsstilen (vgl. SINUS-Institut 2005a; 2005b; Liebenwein 2008; Merkle/Wippermann 2008), zu religiösen und kirchlichen Orientierungen in den Sinus-Milieus (vgl. Bremer und Teiwes-Kügler 2003; Vögele, Bremer und Vester 2002; Wippermann und de Magalhaes 2006; Ebertz und Hunstig 2008, Ebertz und Wunder 2009, Hempelmann 2013), zu Bildungsverläufen und Übergängen im Schulsystem in den Leistungsmilieus (vgl. Schmidt 2006) und zu den Bildungserfahrungen und -aspirationen von Menschen mit Migrationshintergrund aus unterschiedlichen Milieus (vgl. Barz et al. 2015).

Im folgenden Abschnitt werden ausgewählte Ergebnisse der von Barz und Tippelt begründeten Forschungslinie „Soziale Milieus und Weiterbildung" vorgestellt. Diese Weiterbildungsstudien stellen die vielleicht bisher umfassendste Anwendung des Lebensstil-Ansatzes im Bildungsbereich dar. Zusätzlich kommen Befunde zur Schulwahl (vgl. Merkle und Wippermann 2008) und zu Erziehungsstilen (vgl. Liebenwein 2008) zur Darstellung. Abschließend wird mit ausgewählten Befunden aus der Studie „Große Vielfalt – weniger Chancen" (Barz et al. 2015) die Möglichkeit skizziert, den Milieuansatz auch für Fragen von Migration und Bildung fruchtbar zu machen.

2.1 Bildungsbegriff

Von jeher sind mit dem Begriff der Bildung unterschiedliche Konnotationen verbunden. Obwohl er in der Vergangenheit eindeutig positiv besetzt war, rückten je nach Perspektive doch verschiedene Elemente seiner Bedeutung ins Zentrum. Man kann Bildung vor allem als breites und gründliches Bescheidwissen verstehen – aber man kann Bildung auch als Bestandteil einer reifen Persönlichkeit auffassen und dabei eher den Aspekt der „Herzensbildung" betonen. Strzelewicz, Raapke und Schulenberg (1966) sahen Bildung im Spannungsfeld von sozialer Differenzierung (Bildung entscheidet wesentlich über den sozialen Status) und personaler Differenzierung (Bildung entscheidet wesentlich über den Charakter). Heute werden nun neue Polaritäten sichtbar (vgl. Barz 2000). Während das „alte" Spannungsfeld durch die Pole sozial-differenzierend vs. personal-differenzierend gekennzeichnet war, lässt sich das heutige Bildungsverständnis in den sozialen Milieus auch durch seine Nähe oder Ferne zu den Polen „enzyklopädisches Wissen" vs. „Selbstverwirklichung" differenzieren. Der ursprüngliche, (neu-)humanistische Entwurf des klassischen Bildungsideals degenerierte nicht zuletzt im Zuge der in seinem Namen durchgeführten Bildungsreformen zu einem instrumentellen Bildungsbegriff, dessen Gehalt sich immer stärker auf das in Prüfungen reproduzierbare Wissen reduzierte. In diesem verkürzten Verständnis ist der Gebildete derjenige, der über möglichst hohe formale Bildungszertifikate verfügt. Sein Habitus ist im Extremfall der des mit unnützem Schulbuchwissen prahlenden Strebers, der sich im praktischen Leben vor einfachsten Aufgaben und vor allem auch im mitmenschlichen Bereich als Versager erweist. Ein solches Bildungsverständnis findet sich heute in den bildungsfernen Milieus. Dieses Zerrbild des „Gebildeten", schon von Nietzsche als „Bildungsphilister" verspottet, setzt Bemühungen in Gang, Bildung neu zu definieren. Bei dieser im alltäglichen Leben bereits in Ansätzen vollzogenen Neukonzeption spielen die Erschließung der eigenen Persönlichkeit sowie die Fähigkeit, sich in der Welt der Gegenwart zu orientieren und zu behaupten, eine Schlüsselrolle. Bildung wird heute insbesondere in den gehobenen postmaterialistischen Milieus immer stärker auch als Persönlichkeitsbildung und als Weg zur Selbstfindung definiert. Dass dabei auch Umgangsformen von Bedeutung sind, zeigt sich in den Milieus der Konservativ-Etablierten und der Bürgerlichen Mitte: Bildung gilt hier als Element eines gehobenen Lebensstils und als Basis, um sich reibungslos und zielorientiert in den höheren Etagen der Gesellschaft zu bewegen.

2.2 Weiterbildungsinteressen in den Sinus-Milieus®[2]

Ähnliche Befunde spiegeln sich in den Weiterbildungsinteressen wider (vgl. Barz und Tippelt 2004a,b): Hochkulturelle Interessen und eine starke Wertschätzung kultureller, „schöngeistiger" Angebote in der allgemeinen Weiterbildung (Philosophie, Geschichte, Kunst und Musik) finden sich in erster Linie in den Milieus der Konservativ-Etablierten und der Liberal-Intellektuellen. Für das Milieu der Performer ist der Praxis-, Berufs- und Anwendungsbezug von Weiterbildung zentral, kulturelle Weiterbildung muss stark gegenwarts- und ich-bezogen, wenn möglich auch berufsbezogen präsentiert werden, um anzusprechen. Kulturelle Interessen von Adaptiv-Bürgerlichen und Expeditiven beziehen sich in erster Linie auf fremde Sprachen und Kulturen sowie auf die eigene künstlerische Tätigkeit (z. B. Malen und Bildhauerei). Hedonisten, Angehörige des Prekären Milieus und Traditionelle lehnen hochkulturelle Bildungsangebote eher ab, sie fühlen sich an schulische Zwänge erinnert und sehen keine alltagspraktische Relevanz (vgl. Barz und Tippelt 2004b).

Das relativ junge und stark leistungsorientierte Milieu der Modernen Performer bevorzugt besonders informelle und individuelle Formen des Lernens. Wenn man sich an formal-organisierter Weiterbildung beteiligt, wünscht man zeitlich möglichst kurz gehaltene oder als Blockseminar gestaltete Seminarkonzepte auf höchstem professionellen Niveau. Ausschlaggebend ist das Besondere und „Exklusive" einer Veranstaltung – dies kommt dem Selbstverständnis als Leistungselite entgegen. Entspricht ein Kurs den hohen Ansprüchen, so besteht hinsichtlich des Preises kaum eine „Schmerzgrenze". Besucht werden vor allem Veranstaltungen bei privaten Anbietern zu Themen wie digitale Skills, Kaufmännisches, Persönlichkeitsentwicklung, Management und Rhetorik, Mitarbeiterführung. Die richtige Weiterbildungsveranstaltung findet man vornehmlich durch aktives Suchen im Internet, durch Empfehlungen von Freunden oder Bekannten sowie durch eine direkte und exklusive Ansprache, bspw. in Fachzeitschriften oder auf Kongressen.

Das Unterschichtmilieu der Konsum-Materialisten zeigt eine starke Affinität zu formal-organisierten Veranstaltungen. Überraschend häufig nehmen die Vertreter dieses Milieus an beruflicher Weiterbildung teil – wobei es sich hier allerdings oft um „verordnete" Maßnahmen, z. B. von Seiten der Arbeitsagentur oder des Arbeitgebers, handelt. Für Konsum-Materialisten spielen Schwellen- und Prüfungsängste sowie negative Schulerfahrungen eine große Rolle. Begünstigt wird die Beteiligung an Weiterbildung durch eine individuelle Betreuung sowie die

---

[2] Bezug genommen wird im Folgenden auf das bis 2010 gültige Sinus-Milieumodell für Deutschland.

Einpassung von Angebotswerbung und -gestaltung in die milieutypische Lebenswelt. Wichtige subjektive Gütekriterien sind eine entspannt-freundschaftliche Atmosphäre sowie ein kameradschaftlicher und individuell betreuender Dozent. Zur Weiterbildung findet man zumeist durch die Unterstützung des Vorgesetzten oder anderer „weisungsbefugter" Personen. Als „Selbstzahler" findet sich dieses Milieu in Weiterbildungsveranstaltungen nur bei eindeutig erkennbarem Nutzen in Bezug auf den Arbeitsmarkt.

Im Milieu der Traditionsverwurzelten wird Weiterbildung eher als Pflichterfüllung und Statussicherung erlebt. Die männlichen Milieuangehörigen beteiligen sich häufig an gewerblich-technischer, aber auch an IT-bezogener Fortbildung. Außerhalb des Berufes konzentriert man sich eher auf seine Hobbies und Interessen, bspw. Kochen, Nähen, Modellbau oder Segeln; auch Angebote zur Erhaltung der Gesundheit stehen hoch im Kurs. Präferiert werden kleine, lernhomogene Gruppen, eine angenehme und entspannte Lernatmosphäre sowie die Möglichkeit zum „Kontakteknüpfen" und zu privaten Unternehmungen. Bei der Wahl der Weiterbildungsveranstaltung achtet man vor allem auf Bekanntheit und Seriosität des Anbieters (Volkshochschulen, Kirchen und Gewerkschaften). Beliebt sind ausführliche Veranstaltungsinformationen wie z. B. über das Programmheft der Volkshochschule. Entsprechend dem eher begrenzten Einkommen und der klaren Prioritätensetzung zugunsten von (Groß-)Familie und Freunden können auch zu hohe Veranstaltungsgebühren eine Teilnahmebarriere darstellen.

In den Ergebnissen wurden auch erhebliche Nachfragepotentiale deutlich. Beispiel „Persönlichkeitsentwicklung": Nur 6 % aller Befragten hatten bereits Erfahrungen mit persönlichkeitsbildenden Kursen – aber ca. 50 % äußern Interesse an diesen Weiterbildungsinhalten. Wie bei allen Themenfeldern gibt auch hier die Milieudifferenzierung wichtige Aufschlüsse. So sind die eher traditionell orientierten Milieus mit diesem Themenfeld kaum zu erreichen – Persönlichkeit gilt hier als eine durch Weiterbildung und Training kaum beeinflussbare Größe. Und innerhalb der stärker modernisierten Milieus zeigen sich erhebliche Interessensunterschiede, je nachdem, ob die Motive eher in Richtung auf innere Werte und Selbsterfahrung oder in Richtung auf Selbstdarstellung und Verbesserung der Wirkung auf Andere zielen.

Mit der Erstellung eines nach Milieus differenzierenden Inventars der Weiterbildungsinteressen wurde die Heterogenität des Weiterbildungsmarktes auf der Nachfrageseite detailliert nachgezeichnet. Für eine zielgruppenspezifische Gestaltung von Angebots- und Programmsegmenten konnten diese Informationen über Interessen, Barrieren und Teilnahmemotive der verschiedenen gesellschaftlichen Milieus bereits von vielen Weiterbildungsanbietern erfolgreich genutzt werden. Denn die trennscharfen Teilnehmer- und Adressatenprofile haben wichtige Implikationen für die Angebots- und Programmplanung der Weiterbildungsinstitutionen – nicht zuletzt im Blick auf bildungsferne Zielgruppen. Auf dem Hintergrund des Milieumarketings für den Weiterbildungsmarkt wurde es möglich, institutionenspezifische Marketingkonzepte zu entwickeln und passgenaue Angebots- und Programmsegmente zu erarbeiten und zu erproben. Derart konkret optimierte Angebotskonzepte wurden in einem Implementierungsprojekt mit Partnern aus der Weiterbildungspraxis erarbeitet und als Fallstudien veröffentlicht (vgl. Tippelt et al. 2008). Vom Eltern-Kind-Kurs in Trägerschaft eines katholischen Bildungswerks über das Premiumangebot für Volkhochschulen (VHS exklusiv) bis zum Szenario-Workshop zur Nanotechnologie bei der Bundeszentrale für Politische Bildung konnten exemplarisch Best-Practice-Beispiele entwickelt werden, die inzwischen vielfach aufgegriffen wurden.

2.3 Schulwahlmotive

Die milieuspezifisch unterschiedlichen Einstellungen zu Bildung und Weiterbildung schlagen sich auch deutlich in den Wünschen, Einstellungen und Zielen für den Schulbesuch der Kinder nieder (vgl. Merkle und Wippermann 2008). Das Ansehen des öffentlichen Schulsystems erodiert milieuübergreifend, die Konsequenzen hingegen zeigen deutliche Milieuunterschiede. Besonders stark ist der Trend, die Bildung der Kinder schon vom Kleinkindalter an selbst in die Hand zu nehmen, in den Milieus der Etablierten, Modernen Performer und Bürgerlichen Mitte zu beobachten. Hier sind hohe Bildungsabschlüsse, (früh)kindliche Förderung und der gezielte Ausbau von Talenten zentrale Erziehungsziele. Folgen sind eine hohe Bereitschaft, in die Bildung der Kinder zu investieren sowie eine starke Affinität zu Privat- und Eliteschulen. Im Etablierten Milieu ist das Abitur unhinterfragte „Standardanforderung" (Merkle und Wippermann 2008, S. 92), die familienorientierte Bürgerliche Mitte folgt ebenfalls diesem Ziel, obwohl hier noch Vorbehalte wirksam werden, die Kinder könnten überfordert sein. Man erkennt „Bildung als Vehikel zur Distinktion" (ebd., S. 159) an. Anders die Konsequenzen in den postmaterialistischen Milieus: Die reflektierte Kritik an der Qualität des Regelschulsystems mündet in einem starken Interesse an Alternativ- und Reformschulen.

2.4 Erziehungsstile

In engem Zusammenhang mit der Schulwahlentscheidung steht der elterliche Erziehungsstil bzw. das Bild, das Eltern unterschiedlicher Milieus von der Persönlichkeit ihrer Kinder in sich tragen (vgl. Liebenwein 2008). Allgemein lässt sich festhalten, dass ein autoritärer, von Gewalt geprägter Erziehungsstil in den Sinus-Milieus kaum noch zu finden ist. Ausnahmen bilden das Traditionsverwurzelte Milieu, das diesen selbstbewusst vertritt, sowie einige Migranten-Milieus (vgl. Merkle und Wippermann 2008). In den bürgerlichen und postmaterialistischen Milieus kann der Erziehungsstil als demokratisch, sehr zuwendend, egalitär und die Bedürfnisse von Eltern und Kinder berücksichtigend beschrieben werden. Kinder gelten als weltoffen, gleichwertig, individuell und zuwendungsbedürftig. Eine deutlichere Abgrenzung zwischen Eltern und Kindern und eine geringere Verhandelbarkeit von Regeln finden sich in den Milieus der Konservativen, Etablierten und Modernen Performer, die autoritativ erziehen. Sie sehen Kinder aufgrund ihrer Unreife als erziehungs- und förderungsbedürftig an. Hedonisten beschreiben sich als permissiv-verwöhnend, sie legen Wert darauf, dass sowohl sie als auch ihre Kinder frei von gesellschaftlich vorgegebenen Zwängen und Pflichten leben; Kinder gelten als nicht erziehungsbedürftig. Im Milieu der Konsum-Materialisten findet sich ein vernachlässigender, inkonsistenter Erziehungsstil, der oftmals mit Überforderung, Problembelastung und Bequemlichkeit begründet wird. Kinder sind Glück und enorme Belastung zugleich.

2.5 Bildung, Milieu und Migration[3]

Die Bildungseinstellungen, -erfahrungen und -erwartungen von Migranten in Deutschland wurden im Rahmen eines Projekts an der Heinrich-Heine-Universität (vgl. Barz et al. 2015) auf der Basis des Migranten-Milieumodells des SINUS-Instituts untersucht. Auch konnte die Erreichbarkeit für Angebote der Elternbildung nachgezeichnet werden, für die sich in den traditionelleren Milieus beispielsweise der Weg über Migrantenselbstorganisationen, in den modernen Milieus aber auch Internetangebote als Plattform eignen. In den acht Migranten-Milieus zeigen sich deutliche Unterschiede in den Bildungsmotiven: Vom Wunsch nach Zugehörigkeit zur Mitte Deutschlands im Adaptiven Bürgerlichen Milieu, über die Wahrung traditioneller Werte im Religiös-verwurzelten Milieu bis hin zum Streben nach Selbstverwirklichung im Sinne eines humanistischen Bildungsideals im Intellektuell-kosmopolitischen Milieu. Über alle Milieus hinweg wird jedoch der Wunsch geäußert, dass die Kinder „es einmal besser haben sollen", womit in der Regel das Streben nach einer guten Bildung verbunden ist.

Allerdings unterscheiden sich die Ressourcen, die Eltern hierfür aufbringen können, entscheidend milieuspezifisch. Während sich im Religiös-verwurzelten

---

3 Grundlage der hier referierten Studie war das bis 2017 gültige Migranten-Milieumodell von SINUS. Siehe dazu auch den Beitrag von Flaig und Schleer in diesem Band.

Milieu die Unterstützung der Kinder häufig auf die Frage nach den erledigten Hausaufgaben beschränkt, werden in den Milieus der bürgerlichen Mitte sämtliche Möglichkeiten der elterlichen Hilfe von der Hausaufgabenbetreuung über gemeinsames Lernen bis hin zur Begleitung von Klassenfahrten ausgeschöpft. Im Hedonistisch-subkulturellen Milieu überlässt man die Gestaltung der Schullaufbahn weitgehend den Kindern selbst. Im gut gebildeten Intellektuell-kosmopolitischen Milieu wird besonders sensibel, aber auch selbstbewusst auf die Bildungsbenachteiligung von Migranten reagiert, und die Milieuangehörigen setzen sich engagiert gegen Diskriminierung ein.

3 Ausblick

Für die Rezeption des lebensweltorientierten Forschungsansatzes der sozialen Milieus lassen sich in der Bildungsforschung, wie wohl insgesamt in der Sozialwissenschaft, nach wie vor drei Muster identifizieren: ein Teil der Forschungsaktivitäten richtet sich bis heute unverändert an gesellschaftstheoretischen Schichtmodellen aus oder beschreitet mit aufwendigen Einzelfallanamnesen den Weg des qualitativen Paradigmas. Ein zweites Rezeptionsmuster der Scientific Community liegt in der mehr oder weniger schroffen Ablehnung des Milieuansatzes, der wegen seiner Nutzung im Bereich kommerzieller Markt- und Marketingforschung oder wegen nicht offengelegter Algorithmen (Milieudiagnose als „Black Box") suspekt erscheint – oder auch, weil der Milieudeskription der Vorwurf eines Normativitätsvakuums gemacht wird (die bunte Vielfalt der Lebensstile wird beschrieben – statt kritisiert). Eine dritte und in den letzten 20 Jahren deutlich einflussreicher gewordene Art und Weise des Umgangs mit den Möglichkeiten der Milieuforschung ist ihre konkrete und reflektierte Nutzung in der Forschungspraxis. Exemplarisch besichtigen konnte man die unterschiedlichen Haltungen z. B. in den Reaktionen auf die Studie „Soziale Milieus und Weiterbildung (vgl. Brödel, Möller und Wittpoth 2004, Faulstich 2005).

Berechtigte Desideratanzeigen gelten nach wie vor ungeklärten theoretischen Problemen im Zusammenhang mit dem Milieumodell. Z. B. richten sie sich auf die rein deskriptive Gewinnung der Milieubeschreibungen und die ungenügend erforschte Milieumobilität. Ein Manko bleiben auch die bisher fast ausschließlich auf die Bundesrepublik Deutschland bezogenen Forschungsaktivitäten im Bildungsbereich. Obgleich für eine große Zahl von Nationen von SINUS mittlerweile ausgereifte Milieumodelle erarbeitet wurden, fehlt bislang deren Anwendung auf Bildungsfragen. Insofern ist offen, ob es zu einer Entdeckung der produktiven Potentiale des Milieu- und Lebensstilansatzes etwa in anderen europäischen Ländern kommen wird – oder ob umgekehrt sich die deutsche Sozialforschung unter dem dominanten Einfluss angelsächsischer Forschungsparadigmen in Zukunft in stärkerem Maße wieder auf Schichtmodelle beschränken wird.

Dass mit dem Schichtmodell nur scheinbar härtere, belastbarere und weniger strittige Abgrenzungsmöglichkeiten zwischen den gesellschaftlichen Gruppen einhergehen, muss jedem klar sein, der sich auch nur ansatzweise mit den diesbezüglichen Diskussionen um das Flaggschiff der internationalen Bildungsforschung, die PISA-Studie, beschäftigt (vgl. Wuttke 2007). Denn alle Aussagen zur sozialen Selektivität von Bildungssystemen verschiedener Länder setzen ja voraus, dass die PISA-Erhebung valide Daten zur Zuordnung der Probanden zu den verschiedenen sozialen Schichten liefert. Dass davon indessen nicht auszugehen ist, zeigt allein schon die Tatsache, dass die deutschen PISA-Forscher mit dem internationalen PISA-Konsortium keinen Konsens darüber herstellen können, welches Verfahren die sachgerechtere Quantifizierung des Sozialindex ermöglicht: Während PISA international den „international socio-economic index of occupational status" (ISEI nach Ganzeboom 1992) verwendet, arbeiten die deutschen PISA-Berichte mit den gröberen „EPG-Klassen" (nach Erikson, Goldthorpe und Portocarero 1979). Von den üblichen Schichtindikatoren Einkommen, Bildung, Beruf greifen die PISA-Fragebögen ohnehin meist nur den Berufsstatus auf. Wer jemals versucht hat, von Schülern plausible und eindeutige Angaben zum Beruf des Vaters und der Mutter zu erhalten, weiß, dass das schwierig, ja nahezu unmöglich ist. Ein Versuch, die PISA-Schülerangaben zum Beruf der Eltern durch Befragungen der Eltern selbst zu validieren (vgl. Maaz, Kreuter und Watermann 2006), ergab dann auch eine Übereinstimmungsquote von deutlich unter 50 % – was zeigt, dass die Gegenüberstellung „harte Schichtparameter vs. weiche Milieugrenzen" kaum der Realität entspricht.

Literaturverzeichnis

Barz, H. 2000. Weiterbildung und soziale Milieus. Neuwied: Luchterhand.
Barz, H. und Liebenwein, S. 2017. Kultur und Lebensstile. In Tippelt, R. und Schmidt, B. Hrsg. *Handbuch Bildungsforschung*. Wiesbaden: Springer VS (im Druck)
Barz, H. und Tippelt, R. 2004a. Weiterbildung und soziale Milieus in Deutschland. Band 1: Praxishandbuch Milieumarketing. Bielefeld: Bertelsmann.
Barz, H. und Tippelt, R. 2004b. Weiterbildung und soziale Milieus in Deutschland. Band 2: Adressaten- und Milieuforschung zu Weiterbildungsverhalten und -interessen. Bielefeld: Bertelsmann.
Barz, H., Barth, K., Cerci-Thoms, M., Dereköy, Z., Först, M., Le, T. und Mitchik, I. 2015. Große Vielfalt, weniger Chancen. Eine Studie über die Bildungserfahrungen und Bildungsziele von Menschen mit Migrationshintergrund in Deutschland. Düsseldorf: das druckhaus.

Bourdieu, P. 1982. Die feinen Unterschiede. Kritik der gesellschaftlichen Urteilskraft. Frankfurt a. M.: Suhrkamp.

Bremer, H. 2012. Die Milieubezogenheit von Bildung. In Bauer, U., Bittlingmayer, U. H. und Scherr, A. Hrsg. *Handbuch Bildungs- und Erziehungssoziologie*. Wiesbaden: Springer VS. 829–846

Bremer, H. und Lange, A. 1997. „Inhaltlich muß was 'rüberkommen" oder „'n bißchen Bildung ist okay"? Mentalität und politische Weiterbildung am Beispiel des Bildungsurlaubs. In: Geiling, H. Hrsg. *Integration und Ausgrenzung. Hannoversche Forschungen zum gesellschaftlichen Strukturwandel*. Hannover: Offizin, 181–204.

Bremer, H. und Teiwes-Kügler, C. 2003. Die sozialen Milieus und ihre Beziehung zur Kirche. Von der ‚Milieuverengung' zu neuen Arrangements. In: Vester, M., Geiling, H. und Lange-Vester, A. Hrsg. *Soziale Milieus im gesellschaftlichen Strukturwandel*. Münster; Hamburg; London: Lit, 207–236.

Brödel, R., Möller, S. und Wittpoth, J. 2004. Das Buch in der Diskussion: Barz, Heiner und Tippelt, Rudolf Hrsg. *Weiterbildung und soziale Milieus in Deutschland. 2 Bände*. In Report 28, H. 3. S. 65–69.

Choi, F. 2012. Elterliche Erziehungsstile in sozialen Milieus. In: Bauer, U., Bittlingmayer, U. H. und Scherr, Al. Hrsg. *Handbuch Bildungs- und Erziehungssoziologie*. Wiesbaden: Springer VS. 929–946

Dangschat, J. und Blasius, J. Hrsg. 1994. Lebensstile in den Städten. Konzepte und Methoden. Opladen: Leske+Budrich.

Ditton, H. 2011. Entwicklungslinien der Bildungsforschung. In Reinders, H., Ditton, H., Gräsel, C. und Gniewosz, B. Hrsg. *Empirische Bildungsforschung. Strukturen und Methoden*. Wiesbaden: VS Verlag für Sozialwissenschaften. 29–42

Ebertz, M. N. und Hunstig, H. G. 2008. Hinaus ins Weite. Gehversuche einer milieusensiblen Kirche. Würzburg: Echter.

Ebertz, M. N. und Wunder, B. Hrsg. 2009. Milieupraxis. Vom Sehen zum Handeln in der pastoralen Arbeit. Würzburg: Echter.

Erikson, R.; Goldthorpe, G. H.; Portocarero, L. 1979. Intergenerational class mobility in three Western European societies: England, France, Sweden. In *British Journal of Sociology*, Vol. 30, No. 4, 415–441.

Faulstich, P. 2005. Rezension zu „Barz, Heiner und Tippelt, Rudolf Hrsg. Weiterbildung und soziale Milieus in Deutschland. 2 Bände. Bielefeld: wbv". In *Hessische Blätter für Volksbildung 55*. 376–379.

Friedrich-Ebert-Stiftung Hrsg. 1993. Lernen für Demokratie. Politische Weiterbildung für eine Gesellschaft im Wandel. Band I (Analysen, Aufgaben und Wege). Band II (Zielgruppenhandbuch). Band III (Empirische Untersuchungen, Materialien). Band IV (Empirische Untersuchungen, Materialien: neue Bundesländer). Bonn: Friedrich-Ebert-Stiftung.

Ganzeboom, H. B. G., De Graf, P. M., Treimann, D. J. und De Leuw, J. 1992. A Standard International Socio-Economic Index of Occupational Status. In *Social Science Research*, Vol. 21, 1–56.

Gapski, J., Köhler, T. und Lähnemann, M. 2000. Alltagsbewusstsein und Milieustruktur der westdeutschen Studierenden in den 80er und 90er Jahren. Studierende im Spiegel der Milieulandschaft Deutschlands. Hannover: HIS.

Geissler, R. 1996. Kein Abschied von Klasse und Schicht. Ideologische Gefahren der deutschen Sozialstrukturanalyse. In *Kölner Zeitschrift für Soziologie und Sozialpsychologie, 48. Jg.*, 319–338.
Hempelmann, H. 2013. Gott im Milieu: Wie Sinusstudien der Kirche helfen können, Menschen zu erreichen. Gießen: Brunnen
Hermann, D. 2004. Bilanz der empirischen Lebensstilforschung. In *Kölner Zeitschrift für Soziologie und Sozialpsychologie, H. 1*, 153–179.
Hradil, S. 1992. Alte Begriffe und neue Strukturen. Die Milieu-, Subkultur- und Lebensstilforschung der 80er Jahre. In Hradil, S. Hrsg. *Zwischen Bewußtsein und Sein. Die Vermittlung „objektiver" Lebensbedingungen und „subjektiver" Lebensweisen.* Opladen: Leske+Budrich, 15–55.
Hradil, S. 1994. Sozialisation und Reproduktion in pluralistischen Wohlfahrtsgesellschaften. In Sünker, H., Timmermann, D. und Kolbe, F.-U. Hrsg. *Bildung, Gesellschaft, soziale Ungleichheit. Internationale Beiträge zur Bildungssoziologie und Bildungstheorie.* Frankfurt a. M.: Suhrkamp, 89–119.
Hradil, S. 2008. Soziale Ungleichheit in Deutschland. Opladen: Leske+Budrich.
Lange-Vester, A. und Sander, T. 2016. Soziale Ungleichheiten, Milieus und Habitus im Hochschulstudium. Weinheim: Beltz Juventa.
Lepsius, M. R. 1973. Parteiensystem und Sozialstruktur: zum Problem der Demokratisierung der deutschen Gesellschaft. In Ritter, G. A. Hrsg. *Deutsche Parteien vor 1919.* Erstveröffentl. 1966. Köln: Kiepenheuer & Witsch, 56–80.
Liebenwein, S. 2008. Erziehung und Soziale Milieus. Elterliche Erziehungsstile in milieuspezifischer Differenzierung. Wiesbaden: VS Verlag.
Lüders, M. 1997. Von Klassen und Schichten zu Lebensstilen und Milieus. Zur Bedeutung der neueren Ungleichheitsforschung für die Bildungssoziologie. In *Zeitschrift für Pädagogik, 43. Jg.*, 301–320.
Maaz, K., Kreuter, F. und Watermann, R. 2006. Schüler als Informanten? Die Qualität von Schülerangaben zum sozialen Hintergrund. In Baumert, J., Stanat, P. und Watermann, R. Hrsg. 2006. Herkunftsbedingte Disparitäten im Bildungswesen. Vertiefende Analysen im Rahmen von PISA 2000. Wiesbaden: VS Verlag für Sozialwissenschaften, 31–59.
Mediagruppe München 1999. @facts – Online-Nutzung in den Sinus-Milieus. (Marketing & Research Newsletter vom 6. Dezember).
Merkle, T. und Wippermann, C. 2008. Eltern unter Druck. Selbstverständnisse, Befindlichkeiten und Bedürfnisse von Eltern in verschiedenen Lebenswelten. Hrsg. von Henry-Huthmacher, C. und Borchard, M.. Stuttgart: Lucius.
Müller, H.-P. 1992. Sozialstruktur und Lebensstile. Der neuere theoretische Diskurs über soziale Ungleichheit. Frankfurt a. M.: Suhrkamp.
Otte, G. 2005. Hat die Lebensstilforschung eine Zukunft? Eine Auseinandersetzung mit aktuellen Bilanzierungsversuchen. In *Kölner Zeitschrift für Soziologie und Sozialpsychologie, H. 1*, 1–31.
Schmidt, U. Hrsg. 2006. Übergänge im Bildungssystem. Motivation – Entscheidung – Zufriedenheit. Wiesbaden: VS Verlag.
Schulze, G. 1992. Die Erlebnisgesellschaft. Kultursoziologie der Gegenwart. Frankfurt a. M.: Campus.

SINUS-Institut 2005a. Erziehungsziele und -stile von Müttern mit kleinen Kindern. Pilotprojekt in den Sinus-Milieus Postmaterielle, Moderne Performer, Experimentalisten, Hedonisten. Heidelberg: SINUS-Institut.

SINUS-Institut 2005b. Wie erreichen wir die Eltern? Lebenswelten und Erziehungsstile von Konsum-Materialisten und Hedonisten. Heidelberg: SINUS-Institut.

Stratenschulte, E. D. 1996. Status, Schicht, Milieu. Soziale Ungleichheit in Deutschland. Thema im Unterricht. Lehrerheft 8. Bonn: Bundeszentrale für Politische Bildung.

Stratenschulte, E. D. und Moschin, G. 1996. Status, Schicht, Milieu. Soziale Ungleichheit in Deutschland. Thema im Unterricht. Arbeitsheft 8. Bonn: Bundeszentrale für Politische Bildung.

Strzelewicz, W., Raapke, H.-D. und Schulenberg, W. 1966. Bildung und gesellschaftliches Bewußtsein. Eine mehrstufige soziologische Untersuchung in Westdeutschland. Stuttgart: Enke.

Tippelt, R., Reich, J., v. Hippel, A., Barz, H. und Baum, D. 2008. Weiterbildung und Soziale Milieus in Deutschland. Band 3: Milieumarketing implementieren. Bielefeld: Bertelsmann.

Ueltzhöffer, J. 2000. Lebenswelt und bürgerschaftliches Engagement. Soziale Milieus in der Bürgergesellschaft. Ein Bericht des Sozialwissenschaftlichen Instituts für Gegenwartsfragen (SIGMA). Stuttgart: Sozialministerium Baden-Württemberg.

Veblen, T. 1899/1981. Theorie der feinen Leute. Eine ökonomische Untersuchung der Institutionen. München: dtv.

Vester, M., Oertzen, P., v. Geiling, H., Hermann, T. und Müller, D. 2001. Soziale Milieus im gesellschaftlichen Strukturwandel. Zwischen Integration und Ausgrenzung. Frankfurt a. M.: Suhrkamp.

Vögele, W., Bremer, H. und Vester, M. 2002. Soziale Milieus und Kirche. Würzburg: Ergon.

Wippermann, C. und de Magalhaes, I. 2006. Religiöse und kirchliche Orientierungen in den Sinus-Milieus® 2005. Eine qualitative Studie des Instituts SINUS Sociovision zur Unterstützung der publizistischen und pastoralen Arbeit der Katholischen Kirche in Deutschland. München/Heidelberg: MDG/SINUS.

Wiswede, G. 1991. Soziologie. Ein Lehrbuch für den wirtschafts- und sozialwissenschaftlichen Bereich. Landsberg/Lech: Verlag moderne industrie.

Wuttke, J. 2007. Die Insignifikanz signifikanter Unterschiede: der Genauigkeitsanspruch von PISA ist illusorisch. In Jahnke, Thomas und Meyerhöfer, Wolfram: PISA & Co: Kritik eines Programms. Hildesheim: Franzbecker.

Keywords

Soziokulturelle Differenzierung, Bildungsforschung, Weiterbildung, Erziehungsstile, Schulwahlmotive, milieuspezifische Bildungseinstellungen, Migranten-Milieus, milieuspezifische Weiterbildungsinteressen, Erlebnisgesellschaft, Schichtmodell, Sinus-Milieus

Die Sinus-Milieus® im Nachwuchs- und Personalmarketing

Von Peter Martin Thomas

Zusammenfassung

Dieser Beitrag befasst sich mit den Anwendungsmöglichkeiten der Sinus-Milieus im Nachwuchs- und Personalmarketing. Als Ausgangspunkt werden die veränderte Lage am Ausbildungs- und Arbeitsmarkt sowie die aktuellen Erwartungen junger Menschen an den Beruf und die Unternehmen skizziert. Hieraus werden neue Anforderungen an das Nachwuchs- und Personalmarketing abgeleitet, insbesondere im Hinblick auf die Zielgruppen-Orientierung der Marketingaktivitäten. Es wird erläutert, wie Unternehmen ihre Zielgruppen auf der Basis der Sinus-Milieus präziser definieren können. Am Beispiel der Konzepte des Personalmarketings als Präferenzmanagement und des lebensphasenorientierten Personalmanagements wird gezeigt, dass vorhandene Modelle des Personalmarketings und der Personalentwicklung durch die Sinus-Zielgruppenmodelle sinnvoll ergänzt und erweitert werden können. Abschließend wird ausgeführt, warum Nachwuchs- und Personalmarketing auch im Zeitalter der Digitalisierung weiter auf persönliche Begegnung und damit auf real existierende Zielgruppen setzen muss.

---

1 Veränderungen am Ausbildungs- und Arbeitsmarkt

Der Arbeitsmarkt hat sich in vielen Branchen, Berufsfeldern und Regionen innerhalb weniger Jahre stark verändert. Es sind nicht mehr nur die zahlreichen Arbeitssuchenden, die sich um wenige Ausbildungs- und Arbeitsplätze bewerben. Es sind gerade auch die Arbeitgeber, die auf vielfältige Weise versuchen, geeignete Auszubildende, engagierte Nachwuchs- und qualifizierte Führungskräfte zu gewinnen. Während in der Vergangenheit im Nachwuchs- und Personalmarketing oftmals eine einfache Stellenanzeige in einer überregionalen Zeitung oder einem Onlineportal ausreichend war, um aus vielen Bewerberinnen und Bewerbern auswählen zu können, müssen die Unternehmen heute oft auf sämtliche Möglichkeiten des Marketings zurückgreifen, um geeignete Bewerbungen zu bekommen. Wesentliche Ursachen sind

- der demographische Wandel,
- die steigende Anzahl höherer schulischer Bildungsabschlüsse,
- die damit einhergehende höhere Quote der Studienanfänger,
- gestiegene Anforderungen an viele Berufsbilder sowie
- die Zunahme der Vielfalt von Lebensstilen und Zukunftsvorstellungen und
- die damit verbundenen veränderten Erwartungen der zukünftigen Arbeitnehmer an den Beruf und die Unternehmen.

In der 2014 vom SINUS-Institut erstellen IHK-Jugendstudie für Baden-Württemberg „Azubis gewinnen und fördern" hat sich gezeigt, dass junge Menschen heute vor allem Spaß im Beruf suchen. Sie wollen ihre Neigungen und Fähigkeiten einbringen. Sie erwarten die Vereinbarkeit des Berufs mit der Familie und dem Privatleben. Ein hohes Einkommen steht erst an vierter Stelle der wichtigsten Kriterien für die Wahl eines Berufes, knapp vor der Selbstverwirklichung. Vom Arbeitgeber bzw. Arbeitsumfeld erwartet man ein gutes Verhältnis zwischen Vorgesetzten und Kollegen, gute Stimmung unter den Kollegen, gute Karriereaussichten und abwechslungsreiche Aufgaben. Überdurchschnittliche Bezahlung nennen nur 38 % als Auswahlkriterium (SINUS-Institut 2014). Die McDonald's-Ausbildungsstudie 2015 kommt zu ganz ähnlichen Ergebnissen. Unter den wichtigsten Kriterien landet hier zusätzlich noch ein sicherer Arbeitsplatz (McDonald's 2015).

2 Neue Anforderungen an das Nachwuchs- und Personalmarketing

Die veränderten Rahmenbedingungen stellen grundlegend neue Anforderungen an das Ausbildungs- und Personalmarketing. In der Vergangenheit benötigte das Personalmarketing keine ausgewiesene Zielgruppenkompetenz. Man konnte die formalen Voraussetzungen in einer Stellenausschreibung formulieren und dann in einem Bewerbungsverfahren die persönliche Eignung überprüfen. Heute ist jedoch die Voraussetzung einer erfolgreichen Personalgewinnung, genau zu wissen, welche Interessen, Lebensziele und Werte potenzielle Bewerberinnen und Bewerber mitbringen, in welchen Lebenswelten diese zu finden sind und über welche

Kanäle sie erreicht werden können. Ohne klar definierte Zielgruppen läuft das Personalmarketing ins Leere. Personalmarketing muss – etwas zugespitzt formuliert – erstmals tatsächlich in den Kategorien des Marketings denken und kann nicht mehr in der Art eines Monopolisten agieren, der ein rares Gut auf einem Markt mit hoher Nachfrage anbietet.

3 Sinus-Milieus® als Grundlage für Nachwuchs- und Personalmarketing

Die Sinus-Milieus und die Sinus-Lebenswelten der Jugendlichen[1] sind etablierte Gesellschafts- und Zielgruppenmodelle im Produkt- und Dienstleistungsmarketing sowie der Sozialforschung. Diese Modelle sind auf der Basis von Werten und Grundüberzeugungen definiert. Sie differenzieren deshalb auch Lebensstile und Zukunftsvorstellungen und geben darüber hinaus Auskunft über soziale Lage, Bildungsniveau und berufliche Vorstellungen. So kann mit diesen Modellen beschrieben werden, welche Menschen für welche Unternehmen für welche Berufe in welchen Regionen ansprechbar sind, und wie das Personalmarketing optimal auf diese Zielgruppen ausgerichtet werden kann.

Je schwieriger es wird, die wenigen geeigneten Bewerberinnen und Bewerber am Markt zu finden, desto gezielter müssen sie angesprochen werden. Das Schrotflinten-Prinzip der Vergangenheit, welches sich oftmals auf gleichförmige Stellenanzeigen beschränkt hat, erzielt keine Treffer mehr. Damit das Nachwuchs- und Personalmarketing bei den richtigen Personen ankommt, sind heute ein genaues Zielfernrohr und ein klarer Fokus auf eine Zielgruppe notwendig. Dies zeigt sich am deutlichsten bei Führungskräften, die heute meist nur noch über spezialisierte Dienstleister rekrutiert werden können. Das gilt aber genauso für die – leider gar nicht mehr so breite – Masse der Auszubildenden. Denn auch sie können in der aktuellen Marktlage zwischen Arbeitgebern vergleichen, Anforderungen formulieren und gegebenenfalls kurzfristig ihre Entscheidung ändern.

Die Sinus-Milieus ersetzen dabei nicht die vorhandenen und ausgereiften Tools für Einstellungsverfahren, Persönlichkeits- oder Kompetenzprofile oder gar das persönliche Bewerbungsgespräch oder Assessment-Center. Im Gegensatz zu diesen Tools, Profilen und Verfahren, die nur einzelne Bewerberinnen und Bewerber klassifizieren, beschreiben die Milieus jedoch real existierende Lebenswelten, an denen das Nachwuchs- und Personalmarketing grundsätzlich ausgerichtet werden kann. Mit diesem Zielgruppen-Modell können die eigene Mitarbeiter-

---

1 Für die jugendlichen Lebenswelten siehe die Beiträge von Calmbach (für Deutschland) und Barth (für Österreich) in diesem Band.

schaft sowie die gewünschten zukünftigen Mitarbeiterinnen und Mitarbeiter beschrieben, ihre Erwartungen analysiert, und sie dann mit geeigneten Personalentwicklungs-, Recruiting- und Kommunikationsmaßnahmen angesprochen werden. Die Stärke dieses Ansatzes liegt damit vor allem in der Phase, in der es gilt,

- die Werte, Lebensstile und Erwartungen der eigenen Belegschaft zu analysieren,
- eine profilierte Arbeitgebermarke zu entwickeln (Employer Branding),
- das eigene Unternehmen und die eigenen Arbeitsplätze bekannt zu machen und einen erfolgreichen Recruiting-Prozess zu gestalten, so dass die geeigneten Bewerber in ausreichender Zahl zur Verfügung stehen.

Bei vielen Unternehmen klafft eine große Lücke zwischen der Arbeitgebermarke auf der einen Seite und der konkreten Ansprache von Bewerberinnen und Bewerbern auf der anderen Seite: Sie haben zwar ein erkennbares Profil und wissen, wen sie brauchen. Aber sie wissen nicht, wie sie an diese Menschen herankommen und sie gewinnen können. Die Sinus-Milieus bilden die Brücke zwischen dem Unternehmen und den einzelnen Bewerberinnen und Bewerbern.

4 Zielgruppen der Zukunft definieren

Ein guter Einstieg in die Arbeit mit den Milieus bzw. den jugendlichen Lebenswelten im Rahmen des Nachwuchs- und Personalmarketings ist die Analyse der aktuellen Mitarbeiterinnen und Mitarbeiter. Wenn sich ein Unternehmen am Arbeitsmarkt zukunftsfähig positionieren will, geht es im ersten Schritt immer um die Frage, welches Profil die aktuelle Belegschaft hat und welches Profil für die Zukunft gewünscht wird. Für diese Analyse stehen die Sinus-Geo-Milieus[2], eigene Mitarbeiterbefragungen, eine Selbsteinschätzung durch Führungskräfte sowie die Expertise des SINUS-Instituts – auf der Basis von Unternehmens-Leitbildern, Materialien zur Selbstdarstellung, Webseiten und Social Media sowie der Begehung der Unternehmensstandorte – als Möglichkeiten zur Verfügung.

In verschiedenen Beratungsprojekten – beispielsweise mit großen Trägern im Bereich des Gesundheitswesens, mit mittelständischen Maschinenbau- und Elektrounternehmen oder auch mit kleinen Einzelhandelsunternehmen – hat sich gezeigt, dass in den meisten Unternehmen die Belegschaft einen klaren Milieu-Schwerpunkt hat. Es gibt wenige Milieus bzw. Lebenswelten, die im Unterneh-

---

2 Siehe den Beitrag von Küppers in diesem Band.

men deutlich überrepräsentiert sind, sowie immer auch Milieus, die kaum oder gar nicht anzutreffen sind.

Bei der Festlegung der zukünftigen Zielgruppen wird nach Möglichkeit ein breites Spektrum von Mitarbeiterinnen und Mitarbeitern im Unternehmen beteiligt. In den meisten Fällen geht es nicht nur darum, die zu suchen und zu finden, die man schon hat, sondern strategisch zu entscheiden, wie man sich für die kommenden Jahre positionieren will: Sind es die überragend zuverlässigen, die besonders leistungsfähigen, oder die außergewöhnlich innovativen Menschen, die man in Zukunft gewinnen und binden will? Oder muss man vielleicht erkennen, dass die bisherigen Zielgruppen am Arbeitsmarkt gar nicht mehr verfügbar oder erreichbar sind, und sich deswegen auf andere – auf den ersten Blick weniger attraktive, damit aber auch weniger umworbene – Zielgruppen einlassen? Dabei kann es innerhalb eines Unternehmens zwischen verschiedenen Standorten, einzelnen Abteilungen und spezifischen Berufsbildern Unterschiede geben, so dass es oftmals nicht nur eine Zielgruppe, sondern vielleicht zwei oder drei Zielgruppen gibt. Diese gilt es dann individuell auf unterschiedlichen Kanälen anzusprechen. In der Regel werden eine strategische Kernzielgruppe und maximal zwei erweiterte Zielgruppen definiert.

Auf der Basis der Beschreibung der Kern-Zielgruppe und der erweiterten Zielgruppen können von einer entsprechend qualifizierten Marketing-Agentur die geeigneten Maßnahmen für das Nachwuchs- und Personalmarketing entwickelt werden. Dabei hat es sich bewährt, dass Unternehmensführung, Marketing-Agentur und Milieu- bzw. Lebenswelt-Spezialisten gemeinsam an einem Tisch sitzen und die Maßnahmen planen.

Vor dem Hintergrund der immer schwierigeren Rekrutierung von zuverlässigen Mitarbeitern im Logistikbereich konnte in einem Projekt bei einem großen Logistikunternehmen in Bremen gezeigt werden, dass eine gezielte Anpassung der Wort- und Bildsprache in Stellenanzeigen die Anzahl geeigneter Bewerberinnen und Bewerber signifikant ansteigen lässt. Das Unternehmen hat sich dabei mit dem Prekären und dem Hedonistischen Milieu bewusst auf Zielgruppen eingelassen, die sonst selten im Mittelpunkt von Aktivitäten des Personalmarketings stehen. Für diese Zielgruppen wurden sogar die Unternehmens-Werte in den jeweiligen aktiven Wortschatz der angezielten Milieus „übersetzt". Aus den drei Kernwerten „engagiert, gestaltend, weltoffen" wurden für das Hedonistische Milieu „aktiv, kreativ, tolerant" und für das Prekäre Milieu „stark, praktisch, ehrlich", jeweils in den Stellenanzeigen ergänzt durch eine eigene Bildsprache.

Ein gutes Beispiel, wie man die Experimentalistischen Hedonisten unter den Jugendlichen ansprechen kann, zeigt die untenstehende Anzeige der Kampagne „Das Handwerk". In der Anzeige werden sehr gut die lebensweltlichen Motive junger, scene-orientierter Menschen aufgegriffen. Eine unkonventionelle, moderne

Abb. 1 Beispiel für eine erfolgreiche Ansprache Experimentalistischer Hedonisten

Quelle: Deutscher Handwerkskammertag (DHKT) © DHKT

Sprache wie in dem Satz „Als Elektronikerin sorgt Sissy aus Berlin bei Konzerten für einen satten Sound und das richtige Licht" spricht die Zielgruppe an. Gekonnt werden ein milieutypischer Begriff und die Party-Hauptstadt Berlin in die Formulierung eingebunden. Zu den Ankerwerten der Experimentalistischen Hedonisten gehören unter anderen Unabhängigkeit, Abenteuer, Kreativität, Abwechslung, Spaß und Coolness. Diese finden sich in der Wort- und Bildsprache der Anzeige wieder.

5 Personalmarketing als Präferenzmanagement mit Sinus-Milieus®

Für die oben beschriebene Beratung auf Basis der Sinus-Milieus bildet das Modell des „Personalmarketings als Präferenzmanagement" (Beck 2012) eine wichtige Grundlage. Es unterscheidet vier Phasen des Personalmarketings:

- In der Assoziations-Phase entwickeln die noch anonymen Mitarbeiterinnen und Mitarbeiter eine Präferenz für bestimmte Berufsfelder, Branchen und Unternehmen.
- In der Orientierungsphase fällen potenzielle Mitarbeiterinnen und Mitarbeiter eine Präferenz-Entscheidung für einen Arbeitgeber.
- In der Matching-Phase findet der Recruiting-Prozess statt und fällt die Entscheidung für einen Arbeitsplatz.
- In der Bindungsphase gilt es, die aktuellen Mitarbeiterinnen und Mitarbeiter dauerhaft und immer wieder neu an das Unternehmen zu binden.

In allen Phasen ist eine Orientierung an Zielgruppen in unterschiedlicher Art und Weise notwendig und hilfreich.

In der frühen Assoziations-Phase helfen klar definierte Zielgruppen bei der Beantwortung der Frage, auf welchen Kanälen und in welcher Form die eigene Branche und das eigene Unternehmen bei den gewünschten Bewerberinnen und Bewerbern bekannt gemacht werden können. Es geht vor allem darum, Aufmerksamkeit und Interesse zu wecken.

In der Orientierungs-Phase gilt es, an die Zukunftsvorstellungen, (beruflichen) Werte und unternehmensbezogenen Erwartungen der jeweiligen Zielgruppen anzuschließen. Je nach Zielgruppe können unterschiedliche Facetten der Arbeitgebermarke in den Vordergrund gestellt und andere Marketingmittel gewählt werden.

In der Matching-Phase tritt die Milieuperspektive gegenüber anderen Tools und Verfahren des Recruiting-Prozesses etwas in den Hintergrund. Interessant bleibt sie jedoch für die Frage, wie gut Unternehmenswerte und -kultur mit den Werten und dem Lebensstil der Bewerber zusammenpassen.

In der Bindungs-Phase sind die Milieus eine wertvolle Grundlage, um die Unternehmenskultur, das Leitbild und die Arbeitgebermarke weiterzuentwickeln und damit die Basis für die Bindung der Mitarbeiter zu stärken.

6 Lebensphasenorientiertes Personalmanagement mit Sinus-Milieus®

In der Bindungs-Phase gewinnt darüber hinaus eine gelungene Kombination eines lebensphasen- und milieuorientierten Personalmanagements an Bedeutung.

Das lebensphasenorientierte Personalmanagement bezieht sich in seiner herkömmlichen Form einerseits auf die Berufsphasen vom Einstieg über die berufliche Reife, das mögliche Erreichen einer Führungsposition, einem potentiellen Auslandsaufenthalt bis zum Ausstieg aus dem Berufsleben. Andererseits orientiert es sich an den vielfältigen Lebensphasen und Lebensinhalten wie der Gründung einer Partnerschaft, der Elternschaft, der Pflege der eigenen Eltern, möglichen Krankheiten oder anderen einschneidenden Lebensereignissen, den Freundschaften und sozialen Netzwerken, den Hobbys und Reisen, dem sozialen Engagement, den notwendigen oder gewünschten Weiterbildungen und Nebentätigkeiten.

Je nach Berufsphase, Lebensphase und aktuellen Themen im Alltag haben Menschen ganz unterschiedliche Erwartungen an den Beruf und den Arbeitgeber. Eine Orientierung an Berufs- und Lebensphasen ist notwendig, um Mitarbeiterinnen und Mitarbeiter an das Unternehmen zu binden und ihre Leistungsfähigkeit zu bewahren. Mit den Sinus-Milieus bzw. den Sinus-Lebenswelten von Jugendlichen wird es möglich, die Wünsche und Erwartungen in den verschiedenen Berufs- und Lebensphasen besser vorauszusagen und einzuordnen.

In dem bereits erwähnten Projekt mit Einzelhandelsunternehmen zeigte sich beispielsweise, dass die Schicht- und Teilzeitarbeit in kleinen Einzelhandelsunternehmen nicht immer ein Nachteil sein muss, sondern im Gegenteil sehr individuelle Lösungen zulässt. Für hedonistisch Orientierte sind Schicht- und Urlaubspläne interessant, die ihnen eine Teilnahme an den gewünschten Musik- und Szene-Events ermöglicht. Dafür sind sie bereit, zu anderen Zeiten Mehrarbeit zu leisten. Für Mitarbeiterinnen und Mitarbeiter aus der jungen Mitte der Adaptiv-Pragmatischen, die am Beginn ihrer Familiengründung stehen, sind hingegen Planbarkeit, aber auch Flexibilität (beispielsweise bei Krankheit der Kinder) wichtig. Dafür können sie sich auch vorstellen, regelmäßig Spät- oder Wochenendschichten zu übernehmen.

7 Personalmarketing in der digitalen Welt

Auch im Hinblick auf Apps und andere digitale Tools für das Personalmarketing zeigt sich schließlich der Wert eines milieu- oder lebenswelt-orientierten Zielgruppenansatzes. Es ist eine Fehlannahme, dass sich alle potentiellen Bewerberinnen und Bewerber mit der gleichen Selbstverständlichkeit und der gleichen Sicherheit im Internet bewegen. Dies gilt sogar für die jüngeren Zielgruppen, die für das Nachwuchsmarketing von besonderer Bedeutung sind. Abgesehen davon, dass sie je nach Lebenswelt sehr unterschiedliche Inhalte und Anbieter im Internet bevorzugen, spielt sich für die meisten jungen Menschen die berufliche Orientierung überwiegend offline ab.

Eine Fokussierung auf Milieus und Lebenswelten ermöglicht es, geeignete Berührungspunkte mit der gewünschten Zielgruppe im realen Leben zu beschreiben – das können Personalmessen wie Schulen oder auch ein Stadtteilfest sein. Diese Möglichkeiten zur Begegnung mit den potenziellen Bewerberinnen und Bewerbern können auf den passenden Kanälen im Printbereich, im Hörfunk und Fernsehen, im Internet und den sozialen Medien bekanntgemacht und begleitet werden.

In keinem anderen Bereich des Marketings steht der einzelne Mensch mit seinen Hoffnungen, Ängsten und Zukunftsträumen so sehr im Mittelpunkt wie im Nachwuchs- und Personalmarketing. Unabdingbares Ziel ist es, den persönlichen Kontakt zwischen dem Anbieter eines Arbeitsplatzes und den potentiellen Mitarbeitern herzustellen. Dies legt nahe, dass Aktivitäten im Internet – anders als beispielsweise beim Produkt-Marketing – zwar wichtige Bausteine der Personalgewinnung sein können, letztendlich aber immer dazu motivieren sollen, sich auf den Weg zu machen, um das Unternehmen und seine Menschen vor Ort kennen zu lernen. Denn erst dann kann von beiden Seiten entschieden werden, ob man in Zukunft beruflich zusammenarbeiten will. Damit diese Entscheidung mit hoher Wahrscheinlichkeit positiv ausfällt, ist eine gezielte Ansprache der richtigen Zielgruppen mit den erwünschten (beruflichen) Werten und Zukunftsvorstellungen hilfreich. Und hier können die Sinus-Milieus einen entscheidenden Beitrag leisten.

Literatur

Beck, C. und S. F. Dietl. Hrsg. 2014. *Ausbildungsmarketing 2.0. Die Fachkräfte von morgen ansprechen, gewinnen und binden.* Köln: Wolters Kluwer.

Beck, Christoph. Hrsg. 2012. *Personalmarketing 2.0. Vom Employer Branding zum Recruiting.* 2. Aufl. Köln: Wolters Kluwer.

Calmbach, M., P. M. Thomas, I. Borchard und B. B. Flaig. 2012. *Wie ticken Jugendliche? 2012: Lebenswelten von Jugendlichen im Alter von 14 bis 17 Jahren in Deutschland.* Düsseldorf: Verlag Haus Altenberg.

Calmbach, M., S. Borgstedt, I. Borchard, P. M. Thomas und B. B. Flaig. 2016. *Wie ticken Jugendliche 2016? Lebenswelten von Jugendlichen im Alter von 14 bis 17 Jahren in Deutschland.* Wiesbaden: Springer.

McDonald's Deutschland. Hrsg. 2015. *McDonald's Ausbildungsstudie 2015. Entschlossen Unentschlossen. Azubis im Land der (zu vielen) Möglichkeiten. Eine Repräsentativbefragung junger Menschen im Alter von 15 bis unter 25 Jahren.* http://www.ifd-allensbach.de/fileadmin/IfD/sonstige_pdfs/McDonald_s_Ausbildungsstudie_2015.pdf. Zugegriffen: 15. 06. 2017.

SINUS-Institut. 2014. *IHK-Jugendstudie, Erhebung der Industrie- und Handelskammern in Baden-Württemberg, Befragung durch das SINUS-Institut von rund 1 000 Jugendlichen zwischen 14 und 24 Jahren.* http://www.bw.ihk.de/veroeffentlichungen/publikationen/publikationen-container/Gruenden-1-1. Zugegriffen: 15. 06. 2017.

SINUS-Institut. 2017. Erfolgreich mit den Sinus-Milieus®. http://www.sinus-institut.de/fileadmin/user_data/sinus-institut/Bilder/downloadcenter/Sinus-Milieus_und_microm_Geo_Milieus.pdf. Zugegriffen: 15. 06. 2017.

SINUS-Institut. 2017. *Informationen zu den Sinus-Milieus® 2017.* http://www.sinus-institut.de/fileadmin/user_data/sinus-institut/Dokumente/downloadcenter/Sinus_Milieus/2017-01-01_Informationen_zu_den_Sinus-Milieus.pdf. Zugegriffen: 15. 06. 2017.

Keywords

Arbeitgebermarke, Ausbildung, Employer Branding, Lebensphasen, lebensphasenorientiertes Personalmanagement, Lebenswelten, Nachwuchskräfte, Nachwuchsmarketing, Personalmarketing, Präferenzmanagement, Recruiting, Zielgruppenorientierung, Jugend-Lebenswelten, Sinus-Milieus

Die Sinus-Milieus® in der Mediaplanung

Von Florian Mahrl und Martin Mayr

Zusammenfassung

Dieses Kapitel soll zunächst – fokussiert auf den DACH-Raum – einen Überblick darüber geben, in welchen Markt- Media-Studien und Tools die Sinus-Milieus inkludiert sind und daher als Zähl- und Planungsvariable eingesetzt werden können. In einem zweiten Teil wird anhand einer Case-Study demonstriert, dass durch die Verwendung der Sinus-Milieus ein definiertes Mediabudget deutlich effizienter im Sinne einer höheren „Trefferquote" bzw. einer höheren Anzahl von GRPs eingesetzt werden kann. Abgerundet wird dieser Beitrag mit Überlegungen zum Einsatz des Milieuansatzes in der strategischen und operativen Mediaplanung.

1 Einleitung

Die Sinus-Milieus sind in der Praxis in vielen Teilbereichen des Marketingprozesses einsetzbar. Mit Hilfe der Sinus-Milieus werden Zielgruppen identifiziert und auf Basis des speziellen Wissens um deren Lebenswelten geeignete (Produkt)angebote und Kommunikationsstrategien entwickelt. Besonderer Wert wird hierbei auf das milieuspezifisch optimierte Design (die Kreation) von Werbemitteln gelegt. Damit ist es aber noch nicht getan! Das ideale Werbemittel muss auch noch über eine geeignete Mediastrategie an die richtigen Personen, sprich an die definierten Zielmilieus ausgespielt werden. Welche Möglichkeiten gibt es also, um die Sinus-Milieus in der Mediaplanung zu berücksichtigen?

Dies soll im Folgenden für die klassischen „above-the-line" Medien dargestellt werden. Hinsichtlich des Einsatzes der Milieus in der Onlinewerbung oder der Planung und Steuerung von Direct Mailings sei auf die Beiträge von Hecht und Hribernik sowie von Küppers in diesem Band verwiesen.

2 Sinus-Milieus® in Markt-Media-Studien

2.1 Deutschland

2.1.1 Best for Planning (b4p)[1]

Die Best for Planning (b4p) ist eine seit 2013 durchgeführte Markt-Media-Studie, die von der GIK, der Gesellschaft für integrierte Kommunikationsforschung initiiert und herausgegeben wird. Die GIK wurde von vier Verlagshäusern (Axel Springer, Bauer Media Group, Gruner + Jahr sowie Hubert Burda Media) ins Leben gerufen[2] mit dem Ziel, durch die Zusammenfassung der damaligen Markt-Media-Studien „Typologie der Wünsche" (TdW) und „VerbraucherAnalyse"(VA) alle werberelevanten Märkte abzudecken und mit der Produkt- und Marken-Datenbank eine große Anzahl an Zielgruppen für die Mediaplanung in den Sektoren Konsum-, Besitzgüter und Dienstleistungen abzubilden. In der b4p 2016/17 werden 30 000 Interviews mit über 500 Fragen geführt und 2 400 Marken aus mehr als 120 Marktbereichen beobachtet.

Sowohl in den Vorgängerstudien wie auch in der b4p selbst war bzw. ist der Sinus-Milieuindikator (also die Itembatterie, die zur Milieuverortung der Befragten eingesetzt wird) Teil des Fragebogens. Daher können für jede Marke die strategisch relevanten Zielmilieus und deren Medienverhalten exakt analysiert werden.

2.1.2 Verbrauchs- und Medienanalyse (VuMA)[3]

Die Verbrauchs- und Medienanalyse (VuMA) definiert sich als Touchpoint-Studie, die die tägliche Nutzung verschiedenster Medien im elektronischen, digitalen und Printbereich misst und eine breite Palette an Konsumenteninformationen er-

---

1   http://www.horizont.net/medien/nachrichten/Mega-Studie-Verlagsriesen-starten-Best-for-Planning--116930; abgerufen am 26.3.2017.
2   Inzwischen ist auch die Funke Mediengruppe beteiligt.
3   http://www.vuma.de/fileadmin/user_upload/PDF/berichtsbaende/VuMA_2017_Berichtsband.pdf; abgerufen am 26.3.2017.

hebt. Sie wird jährlich im Auftrag von ARD-Werbung SALES & SERVICES, RMS Radio Marketing Service und ZDF Werbefernsehen mit über 20 000 persönlichen Interviews durchgeführt.

Wie bei der b4p ist auch bei der VuMA der Sinus-Milieuindikator Teil des Fragebogens, so dass alle in der Studie enthaltenen Variablen auch nach den Sinus-Milieus analysiert werden können.

2.1.3 Arbeitsgemeinschaft Fernsehforschung (AGF)[4]

Der Einsatz der Sinus-Milieus in der TV Mediaplanung ist über das Angebot der AGF Videoforschung möglich, die 2017 aus der AGF hervorgegangen ist. Die kontinuierliche Fernsehzuschauerforschung wurde im Jahr 1963 gestartet und seitdem ständig weiterentwickelt. Die Zahl der beobachteten Haushalte hat sich von anfangs 623 auf derzeit 5000 erhöht. Die kleinste messbare Zeiteinheit war zunächst eine Minute, jetzt sind Beobachtungen im Sekundenintervall möglich.

Seit Anfang des Jahres 2000 werden die zur Milieuzuordnung benötigten Informationen bei allen Teilnehmern des Panels erhoben. Somit ist es möglich, die Sinus-Milieus auch als Zielvariable bei der Ausarbeitung von TV Mediaplänen einzusetzen und so möglichst genau die unternehmensrelevanten Lebenswelten zu erreichen.

2.2 Österreich

2.2.1 Teletest[5]

In Österreich ist der Teletest die empirische Grundlage der Mediaplanung im TV Bereich. Die Studie wird vom Verein „Arbeitsgemeinschaft TELETEST" (AGTT) konzipiert und beauftragt; diesem gehören neben dem ORF auch Vertreter und Vermarkter zahlreicher privater TV Sender an. Im Teletest-Panel werden seit Mitte 2016 rund 1 650 österreichische Haushalte und über 3 500 Einzelpersonen im Alter ab 12 Jahren beobachtet.

Seit 2002 bietet dieses Zuschauer-Messsystem auch die Sinus-Milieus als eine weitere Variable zur Zielgruppenbestimmung und damit zur Mediaplanung an[6].

---

4 https://www.agf.de/; abgerufen am 26. 3. 2017.
5 http://www.agtt.at/show_content.php?hid=2; abgerufen am 2. 4. 2017.
6 http://der.orf.at/medienforschung/fernsehen/sinusmilieus/index.html; abgerufen am 2. 4. 2017.

2.2.2 Mediennutzung im Printbereich

Im Zuge der Neumodellierung 2011 und der Aktualisierung 2015 der Sinus Milieus wurden jeweils über 2 000 Personen in Österreich detailliert zu ihrer Mediennutzung befragt. So gibt es umfangreiche und aufschlussreiche Informationen zur Nutzung von Radio, TV, Outdoor, Print und Online, welche im Basishandbuch zu den Sinus-Milieus enthalten sind.

Darüber hinaus wurden detaillierte Informationen zu einer Vielzahl von Printtiteln und Onlineseiten in Kombination mit der Frage nach der Nutzungsfrequenz erhoben, welche direkte Erkenntnisse für die Mediaplanung und Optimierung bieten. Dazu wurden die Daten auch in das Zähl- und Planungstool Zervice eingespielt. Ergänzend liefert die Studie wertvolle Einblicke in die Smartphone- und App-Nutzung sowie die Multiscreen-Nutzung. Abgerufen werden können die meisten dieser milieuspezifischen Informationen über die GroupM, die als Kooperationspartner von INTEGRAL bei der Entwicklung der Sinus-Milieus in Österreich exklusiv darüber verfügt.

2.2.3 Österreichische Verbraucher Analyse (ÖVA)[7]

Die vom Linzer IMAS Institut jährlich durchgeführte Österreichische Verbraucher Analyse (ÖVA) erhebt seit 1974 umfassende Informationen zum allgemeinen Konsumverhalten, wie beispielsweise die Nutzung verschiedenster Produktkategorien oder die Bekanntheit und Verwendung von über 1 000 Marken. Seit dem Jahr 2000 werden jährlich ca. 8 000 Personen, repräsentativ für die ÖsterreicherInnen ab 14 Jahren, befragt.

Seit 2012 werden in einer Kooperation zwischen IMAS, GroupM und INTEGRAL auch die Milieuindikatorfragen in den Fragebogen inkludiert, so dass eine Verortung von Markenverwendern in den Sinus-Milieus möglich ist.

Diese markenbezogenen Informationen werden von INTEGRAL und IMAS gemeinsam angeboten und stehen der GroupM und ihren Agenturen (MEC, Mediacom, Mindshare & Maxus) als einziger Mediaagentur zur Verfügung. Zusätzlich erhebt die GroupM exklusiv detaillierte Mediennutzungsdaten (etwa von Webseiten oder Printtiteln) in der ÖVA. Damit haben Werbungtreibende die Möglichkeit, Marken und Mediennutzung in einer Single-Source Studie nach den Sinus-Milieus zu analysieren. Diese detaillierten Daten bieten eine wertvolle Ergänzung und Optimierungsmöglichkeit für die Medienplanung.

---

7 http://www.imas.at/index.php/de/produkte/markenanalyse-positionierungsforschung/oeva; abgerufen am 2. 4. 2017.

2.3 Schweiz

In der Schweiz werden Fernsehnutzungsdaten im TV Panel von Mediapulse erhoben[8]. Wie in Deutschland und Österreich werden die Panelteilnehmer auch in der Schweiz in den Sinus-Milieus verortet. Das Panel umfasst 1870 Haushalte, deren TV Nutzung täglich erfasst und ausgewertet wird. Zusätzlich werden die Sinus-Milieus im Lauf des Jahres 2017 auch noch in das Schweizer Radiopanel integriert.

3 Effizienz des Einsatzes der Sinus-Milieus®

Wie in den ersten Abschnitten dieses Kapitels gezeigt, bieten sich vor allem in den DACH Ländern vielfältige Möglichkeiten, die Sinus-Milieus als Planungs- bzw. Zählvariable zur Gestaltung und Optimierung von Mediaplänen einzusetzen. Die Frage, die in der Vergangenheit des Öfteren unter Anwendern des Sinus-Milieumodells gestellt wurde, ist: Können Effekte eines Einsatzes der Milieus in der strategischen und operativen Medienarbeit nachgewiesen und zumindest exemplarisch über Fallbeispiele belegt werden? INTEGRAL hat im Jahr 2015 gemeinsam mit der GroupM einen solchen Case durchgeführt. Die Erkenntnisse daraus werden in den folgenden Abschnitten vorgestellt.

3.1 Hintergrund und Testdesign

Die Fallstudie hatte zwei grundlegende Zielsetzungen:

- Zum einen, den Nachweis zu erbringen, dass für ein Produktangebot mit Hilfe der Sinus-Milieus eine wesentlich trennschärfere Zielgruppendefinition erstellt werden kann als durch eine rein demographische Bestimmung.
- Zum anderen zu zeigen, dass durch den Einsatz der Sinus-Milieus in der Mediaplanung die Effizienz des Budgeteinsatzes durch Verringerung des Streuverlusts und Erhöhung der erzielten GRPs deutlich gesteigert werden kann.

Als Testangebot wurde das „Smart Banking" der Bank Austria herangezogen. Diese Bank bietet Kunden die Möglichkeit einer Beratung über einen Online-Kanal an, vorwiegend über einen Chat mit dem Kundenbetreuer.

---

8 http://www.mediapulse.ch/de/tv/forschungsmethode/das-panel.html; abgerufen am 7. 4. 2017.

In einem ersten Schritt wurde zunächst eine „herkömmliche" Zielgruppe über demographische Merkmale definiert. Diese wurde als „Männer im Alter zwischen 14 und 49 Jahren mit gehobener Bildung" festgelegt. Dieses Segment hat sich in mehreren früheren Untersuchungen (beispielsweise dem AIM – Austrian Internet Monitor von INTEGRAL) als sinnvolle potenzielle Zielgruppe für Angebote im innovativ-digitalen Bereich erwiesen.

In einer empirischen Erhebung wurden in einem zweiten Schritt die Sinus-Milieus mit der höchsten Affinität zum Angebot gesucht. Dafür wurden von INTEGRAL in einer Onlinebefragung 1000 Personen repräsentativ für die Österreichische Bevölkerung zwischen 18 und 65 Jahren befragt. Nach Vorgabe der Werbemittel der Kampagne (siehe Beispiel auf Seite 187) wurde das Kaufinteresse erhoben. Das Ausmaß der Kaufbereitschaft wurde schließlich sowohl über die demographischen Merkmale als auch über die Sinus-Milieus analysiert und verglichen.

3.2 Trennschärfe

Die Ergebnisse (siehe Abbildung 1) zeigen klar, dass die Sinus-Milieus hinsichtlich der Kaufbereitschaft deutlich besser trennen als demographische Merkmale: Über die demographischen Kriterien betrachtet schwankt die Kaufintention zwischen 23 % und 36 % (bei einem Gesamtwert von 29 %). Die Ergebnisse in den einzelnen Sinus-Milieus hingegen bewegen sich zwischen 13 % und 75 %.

Dieser Effekt bestätigt sich auch dann, wenn man demographische Merkmale im Sinne der eingangs beschriebenen Zielgruppendefinition kombiniert. Auch im Segment der „jungen Männer mit Abitur (Matura)" liegt die Kaufbereitschaft nur geringfügig über dem Durchschnitt (33 %). Kombiniert man die beiden Milieus mit der höchsten Kaufintention (Performer und Digitale Individualisten) in eine einzige „Milieuzielgruppe", so findet sich in diesem Segment immer noch eine Kaufbereitschaft, die mit 51 % um das 1,75-fache über dem Schnitt liegt (siehe Abbildung 2)

Diese Daten belegen eindrucksvoll, dass in vielen Fällen eine Zielgruppendefinition über Lebenswelten eine deutlich bessere Trennung von potenziellen Käufern/Nutzern und Nichtkäufern/Nichtnutzern ermöglicht. Gelingt es also, diesen Aspekt auch in der Mediaplanung zu berücksichtigen und gezielt Werbemittel an die Zielmilieus auszuspielen bzw. ihnen zu präsentieren, steigt die Wahrscheinlichkeit, dass man kaufinteressierte Personen besser und auch öfter mit dem Werbemittel in Kontakt bringen kann, als dies bei einem rein Demographie-basierten Mediaplan der Fall wäre.

Die Sinus-Milieus® in der Mediaplanung   187

Abb. 1 Kaufbereitschaft nach Sinus-Milieus® bzw. soziodemographisch bestimmten Gruppen

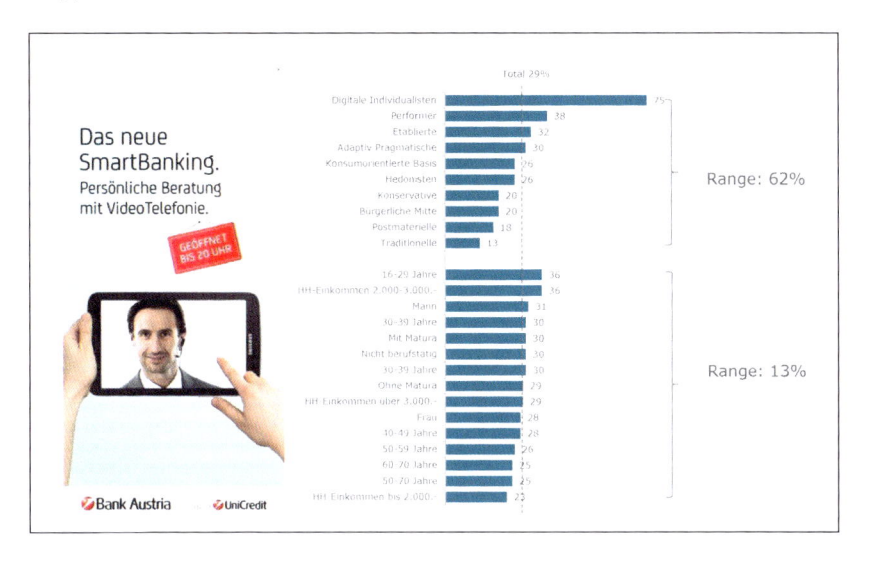

Abb. 2 Kaufbereitschaft nach Sinus-Milieus® (einfach und kombiniert) und nach soziodemographisch bestimmten Gruppen

© INTEGRAL & GroupM (beide Abbildungen)

Um das nachzuweisen, wurden im zweiten Teil der Fallstudie durch die GroupM die Medienaffinitäten zwischen der demographischen und der milieubasierten Zielgruppe berechnet und verglichen.

3.3 Effizienzsteigerung/Optimierung in der Mediaplanung durch den Einsatz der Sinus-Milieus®

Trennen die Sinus-Milieus die Nutzung von Medien besser als herkömmliche Kriterien wie Alter und Geschlecht? Sicher ist einmal: sie trennen anders. Einstellungen, Werte und Verhaltensweisen ersetzen die herkömmlichen soziodemographischen Bruchlinien wie Alter und Geschlecht – und bieten damit manchmal natürlichere Segmentationsmöglichkeiten.

Wie bereits im Fallbeispiel aus Abschnitt 3.2 dargestellt, trennen die Sinus-Milieus in einigen Fällen Markennutzung und Kaufbereitschaft besser als auf Soziodemographie basierende Zielgruppen. Diese Erkenntnis kann auch auf die Nutzung von Medien übertragen werden.

Doch warum ist das überhaupt wichtig? Werbeblöcke, Seitenpreise sowie TV- und Radiospots werden üblicherweise nach einer Standardzielgruppe bepreist (oft ist das die klassische „12–49 Jahre" Segmentierung). Das heißt, es gibt einen Fixpreis für die Schaltung eines Inserats mit einer bestimmten Größe in einem Medium – z. B. einer Tageszeitung oder auf einer Website. Je stärker nun die Zielgruppe einer Marke oder eines Produkts über ein bestimmtes Medium erreicht wird, desto besser ist das Preis-/Leistungsverhältnis pro erreichtem Potenzialkunden. Als Kennzahl für die Erreichbarkeit einer Zielgruppe über ein Medium wird in der Mediaplanung die „Affinität" verwendet. Sie drückt das Verhältnis zwischen dem Auftreten eines Merkmals in der Zielgruppe im Vergleich zum Auftreten des gleichen Merkmals in der Grundgesamtheit aus. Der Affinitätsindex von 100 ist die Basis; das bedeutet, die Affinität in der Zielgruppe ist gleich stark ausgeprägt wie in der Gesamtbevölkerung; ein Index von 200 bedeutet dann doppelt so stark ausgeprägt.

Ein Beispiel: erreicht man mit einem Medium 40 % in der Grundgesamtheit, bei Männern aber 80 %, so beträgt der Affinitätsindex bei Männern für dieses Medium 80 %/40 % * 100, also 200.

Für die Medienauswahl gilt nun: je höher die Affinität, desto höher ist der Anteil an relevanten Nutzern. Je höher der Anteil der relevanten Nutzer, desto höher ist in der Regel auch die Effizienz!

Können für die Sinus-Milieus bei einzelnen Medien Affinitäten nachgewiesen werden, die höher sind als solche, die man in demographisch definierten Zielgruppen findet? Dazu in Abbildung 3 ein paar Zahlen.

Die Sinus-Milieus® in der Mediaplanung

Abb. 3 Medienaffinitäten nach Sinus-Milieus® und soziodemographisch bestimmten Gruppen

	Geo	Schöner Wohnen	Servus in Stadt und Land	Sportwoche	NEWS	news.at	Österreich	oe24.at	Kurier	kurier.at	wetter.at	Der Standard (Print)	Der Standard (Online)	willhaben.at
Geschlecht														
Männlich	104	77	86	179	115	115	96	125	112	135	103	116	127	114
+ 14 Jahre - 19 Jahre	107	11	40	256	120	74	112	134	82	155	86	84	79	119
+ 20 Jahre - 29 Jahre	114	34	86	159	172	113	68	146	67	65	92	121	94	158
+ 30 Jahre - 39 Jahre	54	113	54	177	151	157	87	150	129	211	136	134	203	148
+ 40 Jahre - 49 Jahre	111	89	112	237	126	155	107	147	144	131	131	84	134	146
+ 50 Jahre - 59 Jahre	108	97	76	195	111	122	100	93	112	196	107	123	169	88
+ 60 Jahre - 95 Jahre	119	86	109	97	37	61	107	87	117	87	63	140	84	39
Weiblich	97	122	113	25	85	85	103	76	89	67	97	85	74	87
+ 14 Jahre - 19 Jahre	56	26	41	-	108	64	116	215	80	-	101	64	95	77
+ 20 Jahre - 29 Jahre	95	74	145	48	108	170	101	119	70	113	139	92	98	137
+ 30 Jahre - 39 Jahre	129	193	111	54	129	121	115	49	111	104	116	119	91	122
+ 40 Jahre - 49 Jahre	108	153	130	19	142	112	120	94	83	106	136	84	127	120
+ 50 Jahre - 59 Jahre	112	125	109	31	40	54	99	76	91	83	97	93	68	83
+ 60 Jahre - 95 Jahre	72	108	105	-	25	19	85	21	90	-	34	60	11	19
Milieu														
Sinus A12 - KON Konservative	223	105	134	23	42	51	54	43	115	51	76	123	35	16
Sinus A23 - TRA Traditionelle	46	79	99	36	-	-	97	6	94	9	22	48	8	14
Sinus B1 - ETA Etablierte	189	234	201	80	120	179	121	97	160	168	165	125	168	111
Sinus C12 - PER Performer	170	71	106	284	269	181	120	119	132	211	179	169	284	176
Sinus B12 - PMA Postmaterielle	149	188	191	182	154	171	91	212	126	350	127	172	249	125
Sinus C2 - DIG Digitale Individualisten	65	40	36	113	288	217	102	276	103	109	134	131	137	174
Sinus B2 - BUM Bürgerliche Mitte	74	136	84	69	41	43	86	36	106	19	76	80	26	80
Sinus BC2 - PRA Adaptiv-Pragmatische	54	72	97	105	82	109	133	150	64	100	155	48	87	165
Sinus B3 - KBA Konsumorientierte Basis	73	35	43	60	10	23	97	5	71	-	30	72	19	46
Sinus C23 - HED Hedonisten	58	46	39	73	82	94	85	111	55	62	67	97	63	100
Maximale Affinität nach Alter Geschlecht	129	145	145	256	172	170	120	215	144	211	139	140	203	158
Maximale Affinität nach Milieu	223	234	201	284	288	217	133	276	160	350	179	172	284	176
Zugewinn durch Milieu	173%	121%	139%	111%	167%	128%	111%	128%	111%	166%	129%	123%	140%	111%
Quelle: INTEGRAL+Groupm, Aktualisierungsstudie 2015														

© INTEGRAL & GroupM

Am Beispiel der Tageszeitung „Der Standard" lässt sich zeigen, dass die Affinität in den demographischen Zielgruppen maximal einen Wert von 140 erreicht, in den Sinus-Milieus allerdings einen von 172. D. h. es gibt Sinus-Milieus (in diesem Fall das Milieu der Postmateriellen), deren Affinität zu „Der Standard" höher ist als die aller in den Vergleich aufgenommenen demographischen Zielgruppen. Noch eindrucksvoller ist die Überlegenheit in der Trennschärfe durch die Sinus-Milieus, wenn man die Affinitäten der Online-Ausgabe des gleichen Mediums analysiert: So kann man über die nach Alter und Geschlecht definierten Zielgruppen maximal einen Affinitätsindex von 203 erreichen (Männer zwischen 30 und 39 Jahre); zieht man aber die Sinus-Milieus als Segmentationskriterium heran, steigt der maximale Affinitätswert auf 249 bei den Postmateriellen und 284 bei den Performern.

Das Nutzungsprofil dieser Seiten bzw. Titel lässt sich also durch die Sinus-Milieus in vielen Fällen wesentlich besser beschreiben als durch die Kombination von Alter und Geschlecht (über welche immer noch die Mehrzahl der heutigen Zielgruppendefinitionen gebildet wird). Man muss allerdings ergänzen, dass das nicht bei jedem Medium so sein *muss:* je größer die Reichweite eines Mediums, desto breiter sind die Nutzer natürlich auch über mehrere oder alle Sinus-Milieus gestreut.

Die gleiche Analyse für den Vergleich von Medienaffinitäten zwischen der hypothetischen Zielgruppe aus der Case Study im Abschnitt 3.2 (junge Männer mit höherer Bildung) und den Sinus-Milieus zeigt einen vergleichbaren Trend (siehe Abbildung 4).

Abb. 4 Medienaffinitäten nach Sinus-Milieus® und einer soziodemographisch bestimmten Vergleichsgruppe

	Geo	Schöner Wohnen	Servus in Stadt und Land	Sportwoche	NEWS	news.at	Österreich	oe24.at	Kurier	kurier.at	wetter.at	Der Standard (Print)	Der Standard (Online)	willhaben.at
Milieu														
Sinus A12 - KON Konservative	223	105	134	23	42	51	54	43	115	51	76	123	35	16
Sinus A23 - TRA Traditionelle	46	79	99	36	-	-	97	6	94	9	22	48	8	14
Sinus B1 - ETA Etablierte	189	234	201	80	120	179	121	97	160	168	165	125	168	111
Sinus C12 - PER Performer	170	71	106	284	269	181	120	119	132	211	179	169	284	176
Sinus B12 - PMA Postmaterielle	149	188	191	182	154	171	91	212	126	350	127	172	249	125
Sinus C2 - DIG Digitale Individualisten	65	40	36	113	288	217	102	276	103	109	134	131	137	174
Sinus B2 - BUM Bürgerliche Mitte	74	136	84	69	41	43	86	36	106	19	76	80	26	80
Sinus BC2 - PRA Adaptiv-Pragmatische	54	72	97	105	82	109	133	150	64	100	155	48	87	165
Sinus B3 - KBA Konsumorientierte Basis	73	35	43	60	10	23	97	5	-	30	72	19	46	
Sinus C23 - HED Hedonisten	58	46	39	73	82	94	85	111	55	62	67	97	63	100
Beispielzielgruppe														
M 20-49 höhere Bildung	121	90	138	214	125	140	85	181	175	199	116	202	303	125
Max Affinität nach Milieu	223	234	201	284	288	217	133	276	160	350	179	172	284	176
Zugewinn durch Milieu	184%	260%	146%	133%	230%	155%	156%	152%	91%	176%	154%	85%	94%	141%
Quelle: INTEGRAL+Groupm, Aktualisierungsstudie 2015														

© INTEGRAL & GroupM

Für einige Medien ist auch im direkten Vergleich zwischen den Milieus und einer klassischen Zielgruppe eine zum Teil deutlich höhere Affinität in den Milieus festzustellen.

Diese Erkenntnisse lassen sich nun direkt auf die Entwicklung eines effizienten Mediaplans anwenden: Sobald man weiß, welche Milieus eine höhere Affinität für die eigene Marke oder die eigene Produktidee haben (siehe Abschnitt 3.2), können Medien auswählt werden, zu denen die gewählten Zielmilieus eine überdurchschnittliche Affinität haben. Im Beispiel der Case Study könnte man noch die Seite oe24.at mit in den Mediaplan aufnehmen, um speziell die Digitalen Individualisten noch besser zu erreichen.

Durch diese Vorgangsweise können mit gleichen Mediaspendings mitunter mehr Zielpersonen oder diese öfter erreicht werden. Mediaplanerisch ausgedrückt: Damit sind mehr GRPs für das gleiche Budget möglich.

Je mehr Auswahlmöglichkeiten zur Verfügung stehen, desto höher ist auch der potentielle Optimierungsgewinn. In der Tabelle wurde immer die Nutzung ganzer Webseiten und Printtitel verglichen. Im Radio- oder TV-Bereich gibt es aber wesentlich feinere Belegungs- und Planungseinheiten. So stehen im Fernsehbereich über 100 000 Blöcke pro Jahr zur Verfügung, aus denen für eine große Kampagne mehr als 1 000 ausgewählt werden. Hier ergibt sich eine nahezu unendliche Anzahl von Möglichkeiten, und natürlich finden sich hier auch oftmals Blöcke, die eine noch höhere Affinität haben als in unserem Beispiel angeführt.

Die Sinus-Milieus bilden nun andere und – bei passenden Medien – bessere „Bruchlinien" der Mediennutzung und ermöglichen so in vielen Fällen eine Effizienzsteigerung in der Medienauswahl. Hier ist anzumerken, dass damit nicht die Sichtbarkeit der Werbung für Personen, die nicht im gewählten Sinus-Milieu sind, beeinträchtigt wird. Wir optimieren die Kernzielgruppe hinsichtlich des Mitteleinsatzes. Zu sehen bekommen die Werbung dann aber alle Leser, Zuseher, Hörer. Nur bei digitalen Medien können über Targeting manche Nutzergruppen auch weitgehend ausgeschlossen werden.

4 Fazit aus Sicht des Mediaforschers

Die Sinus-Milieus sind für die GroupM (und ihre Agenturen MEC, Mediacom, Maxus & Mindshare) ein weiteres wichtiges Tool im Planungsarsenal. Für die passenden Produkte bzw. Dienstleistungen eingesetzt, ergibt sich ein Paradigmenwechsel, der quer zum bisher üblichen soziodemografischen Blickwinkel einige Stärken aufweist:

▶ Zielgruppen (etwa nach Markenverwendung) können in diesem Bedeutungsraum stimmiger definiert werden.
▶ Auch der Anteil der Kaufbereiten kann so optimiert werden.
▶ Die Medienauswahl (sowohl auf Gattungs- als auch auf Titelebene) kann ggf. dazu passend mit höherer Deckung als mit rein soziodemographischen Kriterien erfolgen.

Zusammengefasst lässt sich damit – immer natürlich ein passendes, nach den Sinus-Milieus differenzierendes Produkt vorausgesetzt – die Zielgruppenansprache schärfen und eine effiziente Auslieferung der Kampagnen realisieren.

Keywords

Sinus-Milieus, AGTT Teletest, best4planning, VuMA, ÖVA, Mediaplanung nach Milieus, Affinitäten, GroupM, Mediennutzung der Milieus, Mediapulse Fernsehpanel, AGF Fernsehpanel

Google Knows it Better?

Ein Plädoyer für integrierte und wider ausschließlich verhaltensorientierte Ansätze zur strategischen Kundensegmentierung

Von Sven Reinecke und Christoph Wortmann

Zusammenfassung

Der vorliegende Beitrag hat sich zum Ziel gesetzt, den aktuellen Hype um „Big Data" und verhaltensbezogene Daten kritisch zu hinterfragen – insbesondere hinsichtlich der Eignung für langfristige Markt- und Kundensegmentierungen. Dabei soll keinesfalls die Bedeutung dieser neuen Datenquellen geringgeschätzt werden; auch sind Verhaltensdaten für so manche kurzfristige, handlungsorientierte Kundensegmentierung durchaus wertvoll. Für eine langfristige, strategische Segmentierung reichen sie jedoch nicht aus. Dazu ist eine mehrdimensionale, integrierte Kundensegmentierung von Vorteil, die neben Eigenschaften und Verhalten auch Einstellungen und Lebenswelten der Kunden berücksichtigt. Um die hinter dem Kundenverhalten liegenden Motive und Ursachen zu berücksichtigen, liefern die Sinus-Milieus eine wertvolle Basis.

„In God we trust. All others must bring data."
W. Edwards Deming

1 Big Data im Marketing

Das Datenwachstum ist rasant. Bis 2020 wird sich das weltweite Datenvolumen auf schwer vorstellbare 40 Zettabyte erhöhen (Statista 2017). Getrieben ist diese Entwicklung u. a. durch die Ausbreitung des Internets, den Einsatz mobiler Endgeräte sowie die „Sensorisierung" im produzierenden Gewerbe (Dorschel 2015). Bei den anfallenden Daten handelt es sich dabei überwiegend um Verhaltensdaten – u. a. generiert aus der Nutzung von Internetseiten, dem Ausfüllen von Online-Bestellformularen und Geo-Targeting (Kopp 2014). Diese Datenfülle eröffnet neue Möglichkeiten für die Analyse des Konsumentenverhaltens: Eine Customer Journey muss nicht mehr künstlich in einer Befragungssituation nachgebaut werden, da sie nun real und sogar in Echtzeit beobachtbar ist. Dies bietet zahlreiche Möglichkeiten für ein zielgruppenspezifisches und zeitgerechtes Marketing.

Daher ist es nicht verwunderlich, dass im Zusammenhang mit Big Data eine regelrechte Goldgräberstimmung einsetzt – das Wertschöpfungspotenzial scheint grenzenlos. Allein im Einzelhandelsbereich könne – so die Prognose eines namhaften Beratungshauses – die Gewinnmarge durch den Einsatz von Big Data-Analytics um bis zu 60 % gesteigert werden (Manyika et al. 2011). Diese Erwartungshaltung überträgt sich auch auf das Verhalten der Manager. Eine aktuelle Studie unter Marketingführungskräften zeigt, dass bereits 35 % aller Entscheidungen mit Hilfe von Marketing-Analytics-Tools gefällt werden (The CMO Survey 2016). Aktuelle Forschung weist zudem auf eine Ambivalenz im Stellenwert von „Big Data" einerseits und klassischer Marktforschung andererseits hin. Top-Entscheider in Marketing und Verkauf schreiben verhaltensbezogenen Daten („Big Data") eine deutlich höhere Glaubwürdigkeit zu als der klassischen, tendenziell befragungsorientierten Marktforschung und verlassen sich in der Konsequenz mehr auf eben diese Datenquellen (Wortmann et al. 2016). Die Kritik an der klassischen, häufig auf standardisierten Befragungen basierenden Datenerhebung hat zwei Ursachen:

1) Häufig sind Kunden nicht willens oder in der Lage, ihr Verhalten zu interpretieren und geben dann sozial erwünschte Antworten, die nicht der Wirklichkeit entsprechen. Das Phänomen der sozialen Erwünschtheit „beschreibt die Tendenz (…) dem zu entsprechen, was der Interviewer oder andere beteiligte Personen vermeintlich von einem erwarten" (Bogner und Landrock 2015). Darüber hinaus besteht zwischen Kundeneinstellung und -absichten einerseits und dem tatsächlichen Kundenverhalten andererseits häufig ein großer Unterschied. Aus Managementsicht hat daher echtes Verhalten eine viel höhere Glaubwürdigkeit als bekundetes Verhalten.

2) Die wahrgenommene methodische Qualität von Befragungen ist stark gesunken, weil Befragungen im Internet scheinbar „günstig" bzw. „billig" sind. Die Vielzahl an Online-Befragungen führt ferner dazu, dass die Responsequoten stark fallen („Überbefragung").

Können verhaltensorientierte Daten und Big Data heute als „heiliger Gral" in Marketing und Konsumentenforschung angesehen werden? Wird die Datenflut die Welt des Marketings nicht nur transformieren, sondern tatsächlich die Spielregeln radikal ändern? Ohne die Bedeutung und das Potenzial der neuen Datenquellen herunterzuspielen, soll im Folgenden kritisch auf eine ausschließlich verhaltensorientierte Erfassung des Konsumenten eingegangen werden.

2 Kritische Thesen zur einseitig verhaltensorientierten Segmentierung

2.1 These 1: Segmentierung ist zielbezogen – somit gibt es unterschiedliche adäquate Ansätze und Methoden.

Kundensegmentierung ist eine Form der Modellierung. Ein Modell ist immer eine vereinfachte Darstellung der Realität, die die für die jeweilige Diskussion besonders relevanten Aspekte hervorhebt. Somit geht es bei einem Modell für anwendungsorientierte Wissenschaften in der Regel weniger darum, ob es richtig oder falsch ist, sondern vielmehr darum, ob es geeignet oder ungeeignet ist.

Für eine Segmentierung von Märkten und Kunden gibt es unterschiedliche Gründe und Anwendungssituationen, beispielsweise:

- Neuproduktentwicklung: Gibt es attraktive Kundengruppen, deren kaufentscheidende Bedürfnisse mit dem bisherigen Leistungsangebot nicht befriedigt werden?
- Marketingkommunikation: Wie lassen sich Kunden hinsichtlich ihrer Medienpräferenzen und ihres Medienkonsums differenziert bearbeiten?
- Buying Center[1]: Welche unterschiedlichen Rollen von Kunden sind im Business-to-Business-Geschäft vertreten und bei Marketingmaßnahmen zu berücksichtigen – und welches sind die relevanten Bedürfnisse?
- Online-Segmentierung: Welche Typen von Online-Kunden lassen sich unterscheiden?

Je nach Segmentierungsziel ist es sinnvoll, auf unterschiedliche Segmentierungskriterien zurückzugreifen (Meffert et al. 2015; vergleiche auch den Beitrag von Borgstedt und Stockmann in diesem Band): Denkbar sind u. a. sozio-demografische Kriterien (z. B. Alter, Geschlecht, Einkommen, soziale Schicht), psychographische Merkmale (z. B. Lifestyle, Persönlichkeitsmerkmale, Innovationseinstellungen, aber auch produktbezogene Präferenzen, Einstellungen und Motive), Kundenbedürfnisse (z. B. Bequemlichkeit, Entlastung, Günstigkeit), oder kaufverhaltensbezogene Kriterien (z. B. Erst- oder Wiederkauf, Markenloyalität, Medien-

---

1 Unter einem Buying Center wird die Gesamtheit aller beim nachfragenden Unternehmen am Beschaffungsprozess involvierten Personen verstanden (Backhaus und Voeth 2011).

nutzung, Onlineverhalten). Welche Kriterien im Einzelfall tatsächlich zum Einsatz kommen, das hängt unter anderem ab von …

- der Verfügbarkeit der Kundendaten zu angemessenen Kosten in angemessener Zeit und in angemessener Qualität;
- der Trennschärfe der Kriterienausprägungen zwischen den Segmenten und der Homogenität innerhalb der Segmente;
- der Frage, ob die Kundensegmente lediglich beschrieben werden sollen – oder aber ob ihr Verhalten erklärt werden soll;
- der Anzahl der angestrebten Kundensegmente.

Doch wie beurteilt man Kundengruppen, die sich aufgrund einer Segmentierungsstudie ergeben? Freter 2008 und Kotler/Keller 2015 haben diesbezüglich u. a. folgende Anforderungen definiert, die bei der Beurteilung helfen: Erreichbarkeit, Ergiebigkeit und Messbarkeit.

1) **Erreichbarkeit:** Unternehmen müssen die entstehenden Kundensegmente auch mit ihren entsprechenden Kommunikations- und Distributionskanälen erreichen können.
2) **Ergiebigkeit:** Die Kundengruppen müssen wirtschaftlich tragfähig sein, damit die Profitabilität von Marketingmaßnahmen gewährleistet ist.
3) **Messbarkeit:** Die zur Segmentierung eingesetzten Variablen müssen letztlich erfassbar und somit messbar sein.

Je nach Segmentierungsziel sind andere Kriterien und Verfahren der Kundensegmentierung sinnvoll. Verhaltensorientierte Internetdaten (z. B. welchen Browser benutzt der User? Wie ist sein Click-Verhalten?) können für das Online-Marketing äußerst wertvoll sein, weil diese Daten schnell und kostengünstig verfügbar sowie häufig hinreichend differenziert sind, beispielsweise für die Frage, welche weiteren Online-Angebote einem Webseiten-Nutzer gezeigt werden sollten. Der Vorteil der verhaltensorientierten Segmentierung ist der Situationsbezug und somit die Relevanz für das konkrete Kaufverhalten. Für eine integrierte Marketingkommunikation über den gesamten Kaufprozess reicht diese Form der Segmentierung aber häufig nicht aus, weil die Datenverfügbarkeit begrenzt ist oder sich die Datenquellen (z. B. Kundenbestelldaten und Social Media-Nutzung) nicht immer kombinieren lassen.

2.2 These 2: Verhaltensbezogene Daten sind nicht per se „überlegen". Sie ermöglichen die Beobachtung des Kundenverhaltens – nicht mehr und nicht weniger!

Grundsätzlich ist das Wertschöpfungspotenzial von Big Data und insbesondere verhaltensbezogenen Daten sehr groß (Wedel und Kannan 2016). Beispielsweise konnten McAfee und Brynjolfsson 2012 zeigen, dass datengetriebene Unternehmen (hierbei ging es bewusst nicht um Einstellungsvariablen) im Schnitt 5 % produktiver und 6 % profitabler sind als nicht-datengetriebene Organisationen. Und auch in der Wissenschaft gibt es eindrucksvolle Beispiele: So belegen Trusov et al. 2016 anschaulich, dass das Surfverhalten im Internet (basierend auf Cookies) eine spezifischere Zielgruppenansprache ermöglicht. Die Bedeutung von Verhaltensdaten ist somit unbestritten.

Zu einer ausgewogenen Diskussion gehört aber auch die Berücksichtigung von Grenzen und Schwächen. Ein anschauliches Beispiel hierfür bietet „Google Flu Trends": Hierbei wurde suggeriert, dass man die Ausbrüche der saisonalen Grippe alleine aufgrund der Häufigkeit, mit der Nutzer Wörter wie „Grippe", „Husten" und „Influenza" in Google Search eintippen, vorhersagen könne. Nach anfänglichen großen Erfolgen scheiterte man kurze Zeit später. In den Jahren 2011/2012 und 2012/2013 wurde das Ausmaß der Ausbrüche um mehr als 50 % überschätzt (Weber 2014; Müller-Jung 2014).

Warum hielt der Prognoseerfolg nicht an? Die Antwort ist relativ einfach: Der entfachte Medienhype um „Google Flu Trends" hatte dazu geführt, dass auch Personen, welche nicht von Grippesymptomen betroffen waren, nach den entsprechenden Begriffen suchten. Die dahinterliegenden Algorithmen konnten diesen Effekt jedoch nicht herausrechnen, so dass es zu einer deutlichen Überschätzung der Grippewellenausdehnungen kam. Die Daten beruhten zwar auf Kundenverhalten (Eingabe von Suchanfragen), doch stellte sich der vermutete Ursache-Wirkungszusammenhang (Feststellen von Grippesymptomen – Google Suche) als Scheinkorrelation heraus.

Eine weitere Schwachstelle verhaltensgetriebener Datenanalytik offenbart sich bei der Analyse von Kundenkommentaren und -rezensionen in Sozialen Medien und Onlineforen (beispielsweise Facebook, Instagramm, TripAdvisor, Holiday-Check, Amazon). Trotz der vielen durchaus hilfreichen Bewertungen scheitern viele Text Mining-Analysetools (noch) an der korrekten Interpretation von Ironie und Humor (Lemke und Wiedemann 2016). Ein Kommentar (= Nutzerverhalten) kann somit nur im Gesamtzusammenhang korrekt interpretiert werden. Ein und dieselbe Aussage kann unterschiedliche Intentionen haben, die sich nicht allein aus dem Verhalten erschließen. Ein Albert Einstein zugeschriebenes Zitat bringt dies treffend auf den Punkt: „Es gibt keine Daten ohne eine Theorie."

Dennoch: Diese Unzulänglichkeiten sollten nicht dazu führen, dass man sophistizierte Modelle und Algorithmen grundsätzlich ablehnt, wie dies beispielsweise die Mathematikerin Cathy O'Neil 2016 in ihrem Buch „Weapons of Math Destruction" fordert. Für die Wirtschafts- und Sozialwissenschaften lässt sich jedoch Folgendes feststellen: Mit Hilfe der Analyse des Surf-, Such- und Klickverhaltens von Kunden im Internet wird das „digitale Verhalten" lediglich beobachtet. Die dahinterliegenden Gründe und Wechselbeziehungen einer entsprechenden Handlung lassen sich damit aber nicht herausfinden. Diese Nachteile von Beobachtungstechniken sind in der empirischen Sozialforschung ausführlich beschrieben (Diekmann 1995; Kuss et al. 2014). Eine konsequente Übertragung dieser Herausforderung in die digitale Welt findet man aber bislang selten.

Schlägt man nun die Brücke zu Markt- und Kundensegmentierungen, wird die Eindimensionalität von Verhaltensdaten schnell sichtbar. Durch die Fokussierung auf das Nutzungs- und Bestellverhalten im Internet werden wichtige Aspekte einer erfolgreichen Markt- und Kundensegmentierung vernachlässigt, wie beispielsweise psychologische (z. B. Einstellungen) und soziologische Kriterien (z. B. Kultur und Schicht). Verhaltensdaten fallen eher unter die Kriterien des *beobachtbaren Konsumentenverhaltens* (Freter 2008). Sie zeichnen sich durch eine gute Mess- und Operationalisierbarkeit aus (z. B. mittels Clickstream- und Protokolldaten im Internet). Auch sind sie durchaus wirtschaftlich messbar, weil reale Kaufhandlungen beobachtet werden und sowohl Datenerhebung als auch -analyse weitgehend automatisierbar sind. Allerdings werden spezifische Bestimmungsgründe für handlungsauslösende Aktionen nicht erklärt. Zudem werden allenfalls unscharfe Anhaltspunkte geliefert, wie Konsumenten erreicht werden können und wie die Marketinginstrumente segmentspezifisch auszurichten sind (Medelnik 2012). Die Trennschärfe ist gering, auch wenn die Segmentierungsgeschwindigkeit durchaus hoch ist. So wäre es kaum zielführend, sehr heterogene Altersgruppen nur aufgrund ihres Clickverhaltens identisch zu bearbeiten (über Social Media Kanäle), weil sich die jeweiligen Bedürfnisse, Einstellungen, Absichten und Lebenswelten unter Umständen fundamental unterscheiden können. Bereits seit längerem ist bekannt, dass eine ausschließlich auf dem Online-Kaufverhalten basierende Segmentierung dazu führt, dass Kunden eines Unternehmens aus sehr unterschiedlichen Alterskategorien (z. B. „Top Ager" und „Millenials") denselben Segmenten zugeordnet werden (Bensberg 2002). Ein solches Vorgehen berücksichtigt weder die Bedürfnisstrukturen noch die Einstellungen noch die Lebenswelten der Kunden. Eine Segmentierung, die eine Kundenansprache im Sinne eines idealtypischen One-to-One-Marketings ermöglicht, erfordert daher die Integration weiterer Variablen, also nicht nur des Kundenverhaltens.

2.3 These 3: Validität und Reliabilität verhaltensbezogener Internetdaten sind begrenzt.

Wird das Onlineverhalten als Grundlage der Kundensegmentierung verwendet, so muss man sich bewusst sein, dass sowohl die Validität als auch die Reliabilität der Datengrundlage begrenzt sind. Exemplarisch sei dies an folgenden Situationen aufgezeigt:

- Cookies werden gelöscht, womit sich das individuelle Surfverhalten nicht mehr zurückverfolgen lässt;
- Benutzer filtern ihre Daten bewusst (und entscheiden beispielsweise, wann sie ins System oder bei Google eingeloggt sind – und wann nicht);
- Personen benutzen unterschiedliche Domains (z. B. zu Hause und im Büro) oder unterschiedliche Geräte („Devices") und können somit nicht als eine Person identifiziert werden;
- mehrere Personen nutzen denselben Account (z. B. dieselbe Apple ID oder dasselbe Kundenkonto bei Amazon) – und werden somit irrtümlicherweise als derselbe Nutzer identifiziert;
- ein Kundenverhalten wird online ausgelöst (beispielsweise über eine Werbe-E-Mail), aber offline abgeschlossen (z. B. Kauf im Geschäft) – oder umgekehrt;
- der Zeitraum zwischen Marketingmaßnahme (Werbebanner) und Kundenverhalten (Kauf) wird nicht gemessen, sondern die Zurechnung („Attribution") erfolgt willkürlich.

Ein weiterer gravierender Nachteil verhaltensbasierter Daten im Internet besteht aus Marketingsicht darin, dass die meisten Daten nicht frei verfügbar sind, sondern insbesondere bei zwei „Gatekeeper"-Unternehmen anfallen (Google und Facebook). Dies schränkt sowohl die Effizienz (Nutzen-Kosten-Verhältnis) als auch die Effektivität (z. B. Datenzugang) dieser Segmentierung ein.

2.4 These 4: Die intensive Verwendung verhaltensbasierter Kundendaten führt zu Kundenreaktanz.

So manche Marketing-Führungskräfte versprechen sich von der Verwendung verhaltensorientierter Daten die Möglichkeit, das „Gießkannen-Prinzip" zu überwinden, hin zum hoch-personalisierten „One-to-One Marketing": E-Mail-Newsletter werden immer personalisierter und die „Recommender Systems" im eCommerce haben ihre Kinderkrankheiten überwunden. Dennoch lohnt sich ein kritischer Blick auf diese Form der Personalisierung, denn es besteht die Gefahr, dass eine hochindividualisierte Kundenansprache auch Reaktanzen erzeugen kann. Gerade wenn der Endverbraucher das Gefühl hat, dass Unternehmen mit den persönlichen und (teilweise) auch sensiblen Daten nicht verantwortungsbewusst umgehen, kann es zu Bumerang-Effekten kommen. Beispielsweise kann sich auf Kundenseite ein Gefühl des „Überwachtwerdens" ergeben – ein Zustand, der unter allen Umständen vermieden werden sollte, da dies letztlich die Abwanderungsquote determiniert (Tucker 2014). Darüber hinaus sind sich viele Konsumenten überhaupt nicht bewusst, wie Unternehmen an ihre Daten gelangen können. In diesem Zusammenhang ist vollkommene Transparenz entscheidend, um Reaktanz und Abwanderungstendenzen zu vermeiden. Die Firma Uber bietet hierzu ein gutes Anschauungsbeispiel: Der Fahrdienstleistungsvermittler hat sehr intensiv am Thema Datenschutz gearbeitet. Das Unternehmen hat veranlasst, dass Drittpersonen zum Abrufen von Kundendaten Berechtigungen oder gerichtliche Anordnungen vorweisen müssen. Zusätzlich bietet Uber seinen Kunden einen Transparenzbericht und verspricht ihnen, wenn möglich mitzuteilen, falls Gesetzeshüter das Bereitstellen ihrer persönlichen Daten angefordert haben. Nach der in der Vergangenheit oftmals öffentlich bekundeten Sorge des Datenmissbrauchs hat Uber den Wunsch seiner Kunden nach Datenschutz und Transparenz erkannt und umgesetzt (Meola 2016).

2.5 These 5: Eine strategische, integrierte Markt- & Kundensegmentierung erfordert eine Verbindung zahlreicher Kunden- und Verhaltensdaten, Lebensstil- und Einstellungsvariablen aus unterschiedlichen Quellen.

Big Data und verhaltenswissenschaftliche Datenanalyse eignen sich besonders zur Identifizierung von Regelmäßigkeiten und bestimmten Strukturen (Buhl et al. 2013). Das „Warum?" einer Handlung kann damit aber nicht erklärt werden. Hier bieten sich insbesondere die qualitative Marktforschung (Tiefeninterviews, Expertengespräche, Fokusgruppen), standardisierte Befragungen sowie die Milieuforschung an.

Nicht erst seit der „Theory of Planned Behavior" von Icek Ajzen 1991 ist bekannt, dass Einstellungen und Normen wichtige Determinanten für das menschliche Verhalten sind. Für eine strategische Markt- und Kundensegmentierung sind daher in der Regel soziologische und psychographische Kriterien zu berücksichtigen, weil andernfalls das Ziel eines differenzierten Marketings kaum zu erreichen ist.

Zur Verdeutlichung der Argumentation sei auf klassische Werbewirkungsmodelle verwiesen. Während die klassische Stimulus-Response (S-R) Theorie einer Black-Box-Betrachtung gleicht, geht das Stimulus-Organism-Response-Modell (S-O-R-Modell) einen Schritt weiter und integriert nicht nur beobachtbare Variablen (wie beispielsweise Verhaltensdaten), sondern auch entsprechende intervenierende Größen, beispielsweise Einstellungen (Foscht und Swoboda 2011). Häufig sind es insbesondere diese intervenierenden und nicht beobachtbaren Variablen, die das konkrete Konsumentenverhalten erklären. Die Analyse von Einstellungen und Werten ist hier unerlässlich. Bezieht man nun die Milieuforschung, beispielsweise den Ansatz der Sinus-Milieus ein, so ergibt sich noch eine weitere Ebene (vgl. Abbildung 1). Die sozio-kulturellen Lebenswelten, die ebenfalls nicht direkt beobachtbar sind, beeinflussen psychologische Prozesse der (potenziellen) Kunden und prägen somit direkt deren Einstellungen. Nehmen wir beispielsweise die Milieu-Zielgruppe der Performer: Das hier jeweils vorherrschende Umfeld (ähnliche soziale Kontakte, ähnliches räumliches Umfeld usw.) steht in einer direkten Wechselbeziehung zur Entwicklung von Fähigkeiten, Werten und Einstellungen, wie z. B. Multioptionalität, Leistungsorientierung, hohe IT- und Multimediakompetenz, global-ökonomisches Denken.

Abb. 1 Darstellung des S-O-R-Modells, erweitert um die Perspektive der Lebenswelten

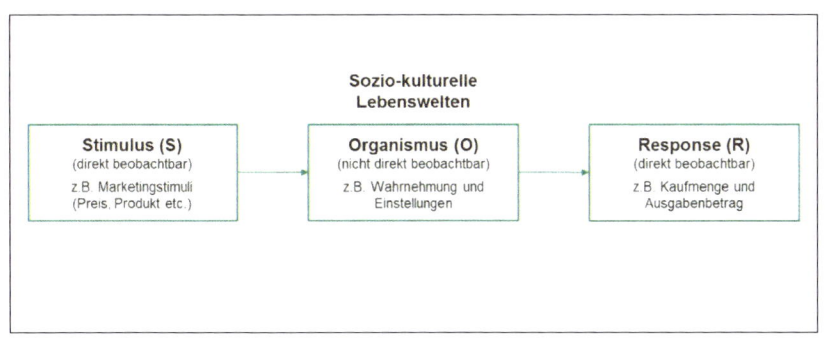

© Sven Reinecke & Christoph Wortmann

Möchte man nun die Gründe für einen Kauf dieser Performer-Zielgruppe genauer evaluieren, reicht eine reine Beobachtung bspw. des Kaufverhaltens im Internet nicht aus. Für eine wirksame Kundensegmentierung ist es erforderlich, unterschiedliche Datenquellen miteinander zu kombinieren. An Datenquellen mangelt es im Big Data-Zeitalter zwar nicht, dennoch offenbaren sich in der Praxis häufig Herausforderungen bei der Integration sogenannter „Datensilos". Verschiedene wissenschaftliche Studien konnten bereits das Wertschöpfungspotenzial einer Datenintegration zeigen. Mit Hilfe eines Praxisbeispiels aus der Finanzwirtschaft belegt Liehr 2001, dass die Verknüpfung interner Kundendaten (CRM) und externer Marktforschungsdaten zu besseren Analysemodellen hinsichtlich der Priorisierung von Kunden führt, so dass ihre unternehmensseitige Betreuung besser und effizienter ausgestaltet werden kann. Dies dient langfristig dem Ziel einer Steigerung des „Share of Wallet". Weitere praktische Anwendungsbeispiele liefern van Hattum und Hoijtink 2008 und 2009 sowie McDonnell Feit et al. 2013: So kann die Zusammenführung von einstellungs- und verhaltensorientierten Daten der Mediennutzung zu besseren unternehmensweiten Entscheidungen in der Mediaplanung führen, weil etwaige Kannibalisierungstendenzen zwischen den unterschiedlichen Medienplattformen vermieden werden können.

Geht man noch einen Schritt weiter und integriert Lebensstil- bzw. Milieudaten, welche beispielsweise vom SINUS-Institut erhoben und geliefert werden, ergeben sich noch spezifischere Möglichkeiten der Kundensegmentierung und schließlich der Kundeninteraktion. Generelle Wertvorstellungen und Informationen bezüglich der individuellen sozialen Lage werden selten von unternehmensinternen Marktforschungsstudien abgedeckt. Zudem werden die entsprechenden SINUS-Milieustudien regelmäßig angepasst und aktualisiert, so dass auch auf externe Einflüsse reagiert werden kann (Helmke et al. 2016).

Abbildung 2 versucht, die notwendigen Schritte einer erfolgreichen Datenintegration konzeptionell zusammenzufassen. Dabei lassen sich die relevanten Datenquellen grob in drei Cluster einteilen: Daten aus dem Geschäftsbetrieb (z. B. Kontakt- und Transaktionsdaten), Daten aus dem Unternehmen/Markt (z. B. CRM-Daten, Marktforschungsdaten) und sonstige Datenquellen (z. B. Sensordaten und Social-Media-Daten). Es wird deutlich, dass Unternehmen häufig mit sehr heterogenen Datentypen arbeiten müssen – und zwar sowohl mit Verhaltens- als auch Einstellungsdaten (ausführlich Wimmer und Göb 2006 zu Fusionsvorgang, Algorithmen und Heuristiken).

Eine solche Datenintegration ermöglicht ein weitgehendes „360-Grad Bild des Kunden" (Tomczak und Cristofolini 2002, S. 74). Dieses ist Voraussetzung für eine langfristig erfolgreiche Kunden- und Marktsegmentierung. Zusammengefasst bedeutet das: Eine Integration von Kunden-, Verhaltens- und Lebensstildaten ist eine wertvolle Basis für Marketingplanung und Kundenbearbeitung. Dies soll anhand eines Beispiels im nächsten Abschnitt gezeigt werden.

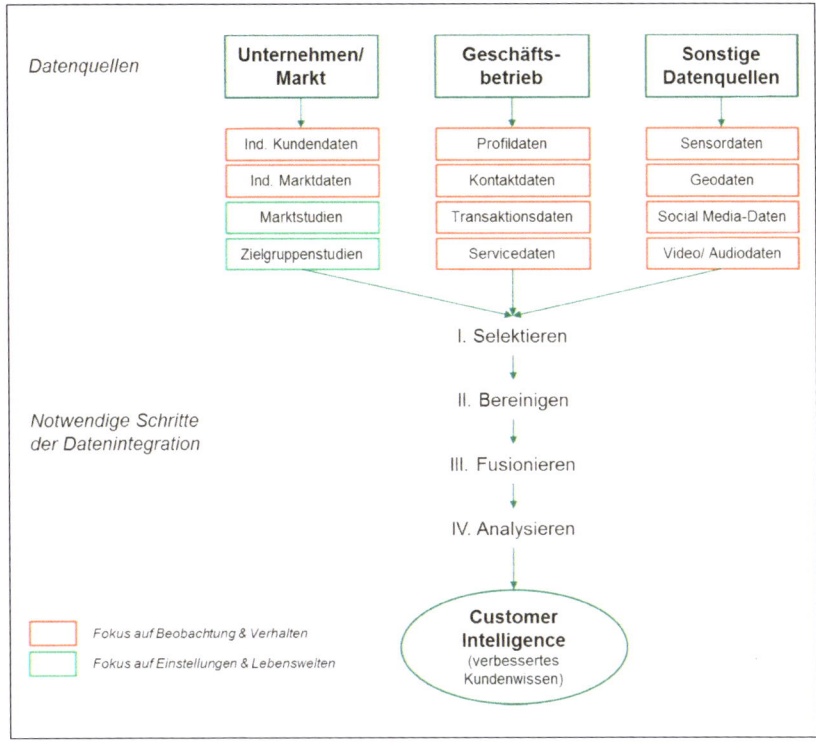

Abb. 2 Schritte der Datenintegration zur Erlangung eines tieferen Kundenwissens

```
Datenquellen          Unternehmen/        Geschäfts-          Sonstige
                      Markt               betrieb             Datenquellen

                      Ind. Kundendaten    Profildaten         Sensordaten
                      Ind. Marktdaten     Kontaktdaten        Geodaten
                      Marktstudien        Transaktionsdaten   Social Media-Daten
                      Zielgruppenstudien  Servicedaten        Video/ Audiodaten

                                    I. Selektieren

Notwendige Schritte                 II. Bereinigen
der Datenintegration
                                    III. Fusionieren

                                    IV. Analysieren

                                    Customer
  □ Fokus auf Beobachtung & Verhalten      Intelligence
  □ Fokus auf Einstellungen & Lebenswelten (verbessertes
                                           Kundenwissen)
```

© Sven Reinecke & Christoph Wortmann, in Anlehnung an Wimmer und Göb 2006 (Abkürzung ind. = individuell)

3 Integrierte Kundensegmentierung mit Hilfe von Sinus-Milieus®

Der Nutzen eines integrativen Ansatzes zur optimalen Kundenansprache (vgl. These 5) konnte bereits durch Praxisbeispiele belegt werden. In diesem Zusammenhang können beispielsweise die DIVSI Internet Milieus genannt werden – hierbei ging es darum, die Gesamtstruktur der digitalen Gesellschaft in Deutschland abzubilden. Dazu hat man sich eines breiten Instrumentariums bedient: Einstellungsvariablen (Motivationen), Lebensweltvariablen (Sinus-Milieus) und berichtetes Nutzungsverhalten im Internet wurden kombiniert, um eine multiperspektivische Sicht auf die digitale Grundhaltung in Deutschland zu ermöglichen (siehe den Beitrag von Borgstedt und Stockmann in diesem Band). Sicherlich muss man relativierend anmerken, dass hier lediglich das berichtete Nutzungsverhalten und nicht das tatsächliche Nutzungsverhalten (über Beobachtung, Tracking etc.) integriert wurde, aber dennoch zeigt der oben genannte Ansatz das inhärente Wertschöpfungspotenzial. Möchten Unternehmen dieses Schema übernehmen, müssen zwingend noch die eigenen Kundendaten mitintegriert werden – ansonsten segmentiert man an der Realität vorbei.

Einen Schritt weiter geht die Angebotsstrukturierung und Kommunikationsplanung von tirol.at, denn in diesem Zusammenhang werden tatsächlich live erhobene Verhaltensdaten (u. a. Tracking des Surfverhaltens auf der Homepage tirol.at) mit Einstellungen via Sinus-Milieus kombiniert. Mithilfe der Lebensweltdaten wird der Mensch hinter dem User identifiziert, und reale Lebenswelten können dem entsprechenden Surfverhalten zugeordnet werden. Dies ergibt die Möglichkeit einer zielgenauen User-Ansprache zur Optimierung wichtiger Kennzahlen. (Vergleiche auch den Beitrag von Hecht und Hribernik in diesem Band.) Abbildung 3 fasst dieses Modell schematisch zusammen.

Abb. 3 Schematische Darstellung des Kollaborationsmodells zur optimalen Zielgruppenadressierung bei tirol.at

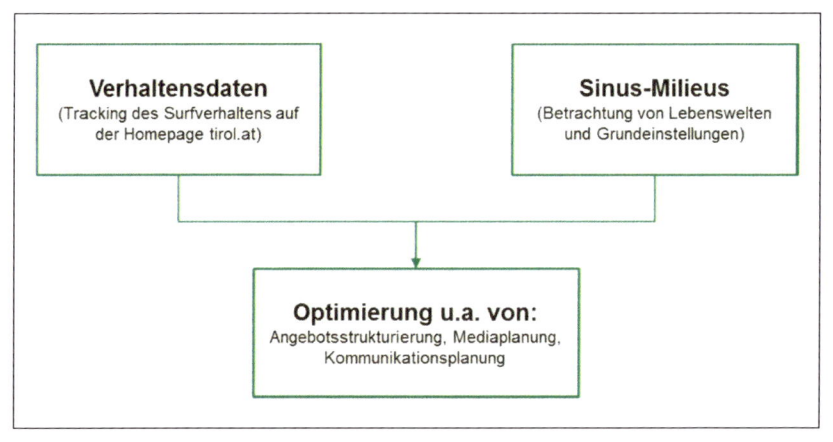

© tirol.at

4 Fazit: Implikationen für die optimale Nutzung von Verhaltens-, Einstellungs- und Milieudaten

Der vorliegende Beitrag hat versucht, die derzeit stark dominierende Ausrichtung auf Verhaltensdaten in der empirischen Sozialforschung am Beispiel von Markt- und Kundensegmentierungen kritisch zu hinterfragen. Wichtig ist dabei zu betonen, dass die Bedeutung eben dieser Daten keinesfalls negiert werden sollte. Im Gegenteil: Durch den zu erwartenden weiteren technischen Fortschritt in den nächsten Jahren werden Verhaltensdaten noch genauere Beobachtungsvorgänge auf den Kunden ermöglichen und somit weiter an Bedeutung gewinnen. Daraus folgt in der Konsequenz jedoch nicht, dass die „ungeliebte traditionelle Marktforschung" abgeschafft und teure Studien über die Einstellungen und Lebenswelten von Kunden vermieden werden sollten, denn gerade diese Datentypen sind von hoher Relevanz für eine erfolgreiche Kundensegmentierung. So können Verhaltensdaten das „Warum?" von gefundenen Zusammenhängen (z. B. das Kaufverhalten im Internet) nicht erklären, was zu einer ungeeigneten Kundenansprache führen kann. Im Beitrag wird ein konkretes Lösungsszenario hinsichtlich einer effizienten und effektiven Kundensegmentierung aufgezeigt: die Datenintegration. Nur eine konsequente Integration möglichst vieler relevanter Datenquellen erlaubt es, den Kunden und sein Verhalten in seinem sozialen Umfeld zu verstehen und mit Marketingmaßnahmen zu bearbeiten.

Google allein weiß somit nicht automatisch alles besser: In Anlehnung an den bekannten Slogan des SINUS-Instituts kann formuliert werden: „Nur wer versteht, was die Kunden bewegt und wie sie sich bewegen, kann sie auch bewegen."

Literaturverzeichnis

Adsquare. 2017. Microm And adsquare In Strategic Partnership To Enable Sinus-Milieus® Use For Mobile Marketing. http://www.adsquare.com/microm-and-ad square-in-strategic-partnership-to-enable-sinus-milieus-use-for-mobile-mar keting/; Zugegriffen: 30. März 2017.
Ajzen, I. 1991. The theory of planned behavior. *Organizational Behavior and Human Decision Processes* 50: 179–211.
Backhaus, K. und M. Voeth. 2011. Industriegütermarketing. München: Vahlen.
Bensberg, F. 2002. CRM und Data Mining. In *Customer Relationship Management im Handel – Strategien, Konzepte, Erfahrungen*. Hrsg. D. Ahlert, J. Becker, R. Knackstedt und M. Wunderlich, 201–226. Berlin: Springer.
Bogner, K. und U. Landrock. 2015. Antworttendenzen in standardisierten Umfragen. Mannheim, GESIS – Leibniz Institut für Sozialwissenschaften (SDM Survey Guidelines).

Buhl, H. U., Röglinger, M., Moser, F. und J. Heidemann. 2013. Big Data. Ein (ir-)relevanter Modebegriff für Wissenschaft und Praxis? *Wirtschaftsinformatik* 55: 63–68.
Diekmann, A. 1995. Empirische Sozialforschung. Grundlagen – Methoden – Anwendungen. Hamburg: Rowohlt.
Dorschel, Joachim, Hrsg. 2015. Praxishandbuch Big Data. Wirtschaft – Recht – Technik. Wiesbaden: Springer Gabler.
Glöckner, A., Balderjahn, I. und Peyer, M. 2010. Die LOHAS im Kontext der Sinus-Milieus. *Marketing Review St. Gallen* 27: 36–41.
Foscht, Thomas, und B. Swoboda. 2011. Käuferverhalten. Grundlagen – Perspektiven – Anwendungen. Wiesbaden: Gabler.
Freter, Hermann. 2008. Markt- und Kundensegmentierung: kundenorientierte Markterfassung und -bearbeitung. Stuttgart: Kohlhammer.
Helmke, S., Scherberich, J. U. und Uebel, M. 2016. LOHAS-Marketing. Strategie – Instrumente – Praxisbeispiele. Wiesbaden: Springer.
Kopp, Gisela. 2014. Behavioral Targeting: Identifizierung verhaltensorientierter Zielgruppen im Rahmen der Online-Werbung. Hamburg: disserta Verlag.
Kotler, P. und K. L. Keller. 2015. Marketing-Management. Global Edition. Upper Saddle River (NJ): Prentice-Hall.
Kuss, A., Wildner, R. und Kreis, H. 2014: Marktforschung: Grundlagen der Datenerhebung und Datenanalyse, 5. Auflage. Wiesbaden: Gabler.
Lemke, M. und G. Wiedemann, Hrsg. 2016. Text Mining in den Sozialwissenschaften. Grundlagen und Anwendungen zwischen qualitativer und quantitativer Diskursanalyse. Wiesbaden: Springer.
Liehr, T. 2001. „Data Matching" bei Finanzdienstleistungen: Steigerung des Share of Wallet bei Top-Kunden. In *Handbuch Data Mining im Marketing. Knowledge Discovery in Marketing Databases*, Hrsg. H. Hippner, U. Küsters, M. Meyer und K. Wilde, 725–740. Braunschweig: Vieweg.
Manyika, J., Chui, M., Brown, B., Bughin, J., Dobbs, R., und C. Roxburgh. 2011. Big data: The next frontier for innovation, competition, and productivity. McKinsey Global Institute. http://www.mckinsey.com/insights/business_technology/big_data_the_next_frontier_for_innovation; Zugegriffen: 20. März 2017.
McAfee, A. und E. Brynjolfsson. 2012. Big Data: The Management Revolution. *Harvard Business Review* 90: 3–9.
McDonnell Feit, E., Wang, P., Bradlow, E. T. und Fader, P. S. 2013. Fusing Aggregate and Disaggregate Data with an Application to Multiplatform Media Consumption. *Journal of Marketing Research* 50: 348–364.
Medelnik, N. G. 2012. Wert- und bedürfnisorientierte Segmentierung von Konsumgütermärkten. Wiesbaden: Gabler.
Meffert, H., Burmann, C., und M. Kirchgeorg. 2015. Marketing – Grundlagen marktorientierter Unternehmensführung Konzepte – Instrumente – Praxisbeispiele. Wiesbaden: Gabler.
Meola, A. 2016. Two surprising companies lead the pack in user data privacy and transparency. http://www.businessinsider.com/uber-leads-in-user-privacy-and-data-transparency-2016-5; Zugegriffen: 05. Mai 2017.

Müller-Jung, J. 2014. Schmutzige Daten. http://www.faz.net/aktuell/wissen/medizinernaehrung/grippe-prognosen-mit-google-schmutzige-daten-12851452.html; Zugegriffen: 30. März 2017.
O'Neil, C. 2016. Weapons of Math Destruction: How Big Data Increases Inequality and Threatens Democracy. New York: Crown.
Statista. 2017. Prognose zum Volumen der jährlich generierten digitalen Datenmenge weltweit in den Jahren 2005 bis 2020 (in Exabyte). https://de.statista.com/statistik/daten/studie/267974/umfrage/prognose-zum-weltweit-generierten-datenvolumen/; Zugegriffen: 27. März 2017.
The CMO Survey. 2016. CMO Survey Report: Highlights and Insights. https://cmosurvey.org/wp-content/uploads/sites/11/2016/02/The_CMO_Survey-Highlights_and_Insights-Feb-2016.pdf; Zugegriffen: 1. April 2017.
Tomczak, T. und M. Cristofolini. 2002. Customer Intelligence – oder: Wie lerne ich meine Kunden besser kennen? *persönlich – Die Zeitschrift für Marketing und Unternehmensführung* 11: 74–75.
Trusov, M., Ma, L. und Z. Jamal. 2016. Crumbs of the Cookie: User Profiling in Customer-Base Analysis and Behavioral Targeting. *Marketing Science* 35: 405–426.
Tucker, C. 2014. Social Networks, Personalized Advertising and Privacy Controls. *Journal of Marketing Research* October 2014: 546–562.
van Hattum, P. und H. Hoijtink. 2008. The proof of the pudding is in the eating. Data fusion: An application in marketing. *Journal of Database Marketing & Customer Strategy Management* 15: 267–284.
van Hattum, P. und H. Hoijtink. 2009. Improving your sales with data fusion. *Journal of Database Marketing & Customer Strategy Management* 16: 7–14.
Weber, C. 2014. Google versagt bei Grippe-Vorhersagen. http://www.sueddeutsche.de/wissen/big-data-google-versagt-bei-grippe-vorhersagen-1.1912226; Zugegriffen: 28. März 2017.
Wedel, M. und P. K. Kannan. 2016. Marketing Analytics for Data-Rich Environments. *Journal of Marketing* 80: 97–121.
Wimmer, F. und J. Göb. 2006. Customer Intelligence: Marktforschung und Kundenanalyse als Informationsgrundlage im CRM. In *Grundlagen des CRM. Konzepte und Gestaltung*, Hrsg. H. Hippner und K. D. Wilde, 399–418. Wiesbaden: Gabler.
Wortmann, C., Fischer, P. M und S. Reinecke. 2016. Too much of a good thing? How Big Data changes managerial decision making in marketing. *EMAC 2016 Proceedings*. Oslo: European Marketing Academy.

Keywords

Big Data, Verhaltens- und Einstellungsdaten, Datenintegration, Kundensegmentierung, Sinus-Milieus, Big-Data-Analytics

Sinus-Milieus®, Kirchenmarketing und Pastoral

Von Michael N. Ebertz

Zusammenfassung

Die christlichen Kirchen erreichen immer weniger Menschen. Die zahlreichen SINUS-Forschungsprojekte im Auftrag der Kirchen zeigen für den deutschsprachigen Raum konfessionsübergreifend, welche Milieus die Kirchen noch ansprechen, welche nicht und für welche nur ganz bestimmte kirchliche Angebote attraktiv sind. Mit der Frage nach der religiösen Selektivität unterschiedlicher Schichten und Milieus schließt die SINUS-Milieuforschung an ein klassisches Thema der Religionssoziologie seit Max Weber an. Der vorliegende Beitrag skizziert die Kirchlichkeits- und Religiositätsprofile der einzelnen Sinus-Milieus. Dieses Milieuwissen könnte bei konsequenter Nutzung die schrumpfenden Kirchen aus ihrer fortwährenden Milieuverengung herausführen und für Strategien des Kirchenwachstums hilfreich sein.

Obwohl sich die Kirchen – anders als viele Wirtschaftsorganisationen – grundsätzlich ‚an alle' richten, erreichen sie schon seit Jahren viele Menschen nicht mehr, sieht man von der verbandlichen Caritas und Diakonie ab, die als Akteure des staatlich kontrollierten Wohlfahrtssektors der Befriedigung anderer Bedürfnisse dienen als die Angebote geistlicher Kommunikation der Kirchen, und die bis heute auf Expansionskurs sind. Das Personal des spezifisch religiösen Betriebssystems der Kirchen ist – mangels Nachwuchses – dabei zu überaltern und mit seinen religiösen Angeboten ebenso wie die sonntägliche Gottesdienstbesucherschaft für die jüngeren Generationen unter den Kirchenmitgliedern kaum mehr resonanzfähig. Hierzu trägt auch die Tatsache bei, dass die Familien, mit denen die Kirchen – über die Säuglingstaufe – gewissermaßen eine symbiotische Beziehung eingingen, die religiös-kirchliche Disponierung ihres Nachwuchses nicht mehr leisten. Diese familialen Sozialisations- oder Tradierungsabbrüche machen sich spätestens seit den 1980er und 1990er Jahren bemerkbar, die auch durch ansteigende und schließlich hochschnellende Kirchenaustrittszahlen charakterisiert sind.

Das kirchliche Betriebssystem reagiert schon seit Jahrzehnten auf solche und andere Erfahrungen des Disengagements ihrer Mitglieder mit der Durchführung bzw. Beauftragung demoskopischer Erhebungen, um die Kirchenbindungen ebenso wie neue Anschlusschancen zu erkunden. Seitens der evangelischen Landeskirchen in der EKD sind dies regelmäßig durchgeführte Kirchenmitgliedschaftsstudien (die fünfte erschien 2014), seitens der katholischen Kirche liegen diverse Ergebnisse von in unregelmäßigen Abständen durchgeführten Befragungen insbesondere des Instituts für Demoskopie Allensbach vor.

1   Kirchen und Sinus-Milieus® in Deutschland

Viele Erhebungen der letzten Jahrzehnte kamen über die herkömmlichen Differenzierungen der Befragten und ihrer Einstellungen nach soziodemografischen Merkmalen nicht hinaus. Erst spät nahmen die Verantwortlichen in den Kirchen den Ansatz der Milieu-Forschung des SINUS-Instituts wahr, der die Wichtigkeit betont, Zielgruppen über die herkömmlichen soziodemografischen Merkmale hinaus präziser zu modellieren. Seit der Jahrtausendwende geht dieser Ansatz – zunächst für die katholische Kirche in Deutschland (vgl. Wippermann und Magalhaes 2004; SINUS und MDG 2012) und einige Akteure in ihrem Organisationsgeflecht (vgl. BDKJ und MISEREOR 2008; Braune-Krickau 2008; SINUS 2011b; SINUS 2013; Calmbach et al. 2012; Calmbach et al. 2016), dann für einige Evangelische Landeskirchen in Deutschland (vgl. SINUS 2013; Kopp et al. 2013) und für die reformierte Kirche in Zürich (vgl. SINUS 2011; Diethelm et al. 2012) – in mehreren empirischen Studien den „religiösen und kirchlichen Orientierungen in den Sinus-Milieus" nach. 2010 haben die Allensbacher und das SINUS-Institut im Auftrag der katholischen Medien-Dienstleistung GmbH kooperiert (vgl. MDG 2010).

Im Ergebnis der SINUS-Studien wurden nicht nur konfessionsspezifische Milieuverengungen der Kirchengemeinden deutlich. Es kam auch heraus, dass Religiosität bzw. Spiritualität in unterschiedlichen Formen heute wie selbstverständlich außerhalb der Kirchen gesucht wird, und zwar in milieuspezifischen Mustern. Daran zeigt sich, dass die SINUS-Milieustudien einerseits als Wahrnehmungs- und Marketing-Instrumente brauchbar sind. Sie verweisen andererseits aber auch auf „subterranean theologies", wie David Martin (1967) sie nennt, die es aus religionssoziologischer Erkenntnisperspektive verdienen, freigelegt zu werden.

Solche untergründigen Theologien haben einen bemerkenswerten Grad an Stabilität unterhalb der Ebene der Schriftkultur und stellen tradierte Denk- und Praxismuster im Hinblick auf übernatürliche Dinge dar. Untergründig sind sie in mehrfacher Hinsicht. Sie liegen zumeist unter dem diskursiven ‚Niveau' von öffentlich artikulierten religiösen Ideen, wie man sie in Katechismen und frommen Büchern liest oder in Predigten hört. Sie stellen häufig auch ein Gegengewicht zur offiziellen Religion der Kirchen dar, und sie sind auch „direkter mit der unmittelbaren Erfahrung der gewöhnlichen Leute verbunden als die offiziellen theologischen Formulierungen, die von denjenigen gelehrt und verteidigt werden, die als Theologen an die Universitäten und Kirchen berufen und dort bezahlt werden" (Towler 1986, S. 134). Der Ausdruck ‚subterranean theologies' lenke, so schreibt der britische Religionssoziologe Robert Towler (1986, S. 134) weiter, „die Aufmerksamkeit auf die Tatsache, dass Theologien auch abseits von denjenigen existieren, die herkömmlicherweise den Namen ‚Theologie' tragen. Und wenn wir dasselbe Wort verwenden, geben wir diesen Glaubensvorstellungen die Stellung zurück, derer man sie beraubt hat", indem sie etwa als Aberglauben stigmatisiert, marginalisiert oder schlicht und einfach ignoriert werden (vgl. Ebertz und Schultheis 1986).

Mit dem Hinweis darauf, dass religiöse Vorstellungswelten im sozial geschichteten Erfahrungsraum verankert sind (so schon Max Weber 2005, S. 47 ff), wird indirekt auch der Blick darauf gelenkt, dass unterschiedliche Statusgruppen unterschiedliche religiöse Neigungen und Selektivitäten – Bourdieu (1976) hätte von ‚Habitus' gesprochen – haben und jeweils eigensinnige Akzente setzen, je nachdem, was ihnen ‚nutzt und frommt'. Die SINUS-Milieuforschung zielt eigentlich auf Habitus-Forschung und kann bestätigen, dass Religiosität unterschiedlich gefiltert und generiert wird. Die unterschiedlichen Erfahrungsbereiche sind milieuspezifisch unterschiedliche. Solche Einsichten vermögen, die versteinerten Sozial- und Denk-Verhältnisse in den institutionalisierten Religionen wenn nicht zum Tanzen, dann jedenfalls in Bewegung zu bringen. Aus der Perspektive der SINUS-Milieuforschung entsteht zunächst skizzenhaft das nachstehende Gesamtbild (vgl. auch SINUS 2011a und Hempelmann 2013).

1.1 Die religiöse Landkarte der Sinus-Milieus®

Überdurchschnittlich hohes ‚religiöses Interesse' zeigen – und dies gilt für beide Konfessionskirchen im deutschsprachigen Raum – die Milieus der Traditionellen und der Konservativ-Etablierten, durchschnittlich ist dieses bei der Bürgerlichen Mitte und den Sozialökologischen. Die drei erstgenannten Milieus weisen sich auch durch vergleichsweise hohe Engagementwerte in ihrer Religionsgemeinschaft aus. Im Blick auf die anderen Milieus zeigt sich: Das religiöse Interesse ist bei den Expeditiven und den Adaptiv-Pragmatischen am geringsten ausgeprägt. Letztere Milieus sind, was ihre konfessionskirchliche Zugehörigkeit betrifft, eher unter den evangelischen als unter den katholischen Kirchenmitgliedern zu finden. Zwei andere Milieus weisen einen überdurchschnittlich schwachen religiösen Organisationsgrad auf: Mehr als die Hälfte der Hedonisten und Prekären sind konfessionslos bzw. – wie man in Ostdeutschland lieber sagt – konfessionsfrei. Den engsten Grad der Verbundenheit mit der organisierten Religion („Ich bin gläubiges Mitglied meiner Kirche/Religionsgemeinschaft, fühle mich mit ihr eng verbunden") lassen überdurchschnittlich (wieder) die Traditionellen, die Konservativ-Etablierten und die Bürgerliche Mitte erkennen. Diese drei Milieus sind auch unter den kritisch Verbundenen („Ich fühle mich der Kirche/Religionsgemeinschaft verbunden, auch wenn ich ihr in vielen Dingen kritisch gegenüberstehe") überdurchschnittlich vertreten, leicht überdurchschnittlich gilt dies auch für die Performer und die Liberal-Intellektuellen. Beide Zugehörigkeitsgrade (‚eng verbunden', ‚kritisch verbunden') werden nur unterdurchschnittlich in den Milieus der Adaptiv-Pragmatischen, der Expeditiven, der Prekären und der Hedonisten erreicht. Die drei letztgenannten Milieus bekunden auch mehrheitlich, dass ihnen ‚der Glaube nichts sage' und sie ‚keine Religion brauchen'. Zusammen mit den Adaptiv-Pragmatischen sind sie am wenigsten in den Religionsgemeinschaften engagiert, z. B. durch Teilnahme an Gottesdiensten bzw. an Gruppen und Kreisen (vgl. die milieuspezifischen Einstellungen zu Glaube und Religion in Abb. 1).

Trotz der Distanz der Kirchen zur Mehrheit der Milieus bzw. dieser zu jenen zeigen sich auch Anschlussmöglichkeiten für die Kirchen, mit ihnen in Beziehung zu treten (vgl. Ebertz und Hunstig 2008; Ebertz und Wunder 2009). Dafür müssten sie freilich ihre Umsetzungsblockaden aufgeben (vgl. Ebertz 2012) und resonanzfähig für die milieuspezifischen Muster der Religiosität sein, die im Folgenden holzschnittartig typisiert werden.

Sinus-Milieus®, Kirchenmarketing und Pastoral

Abb. 1 Glaube und Religion im Milieu-Panorama

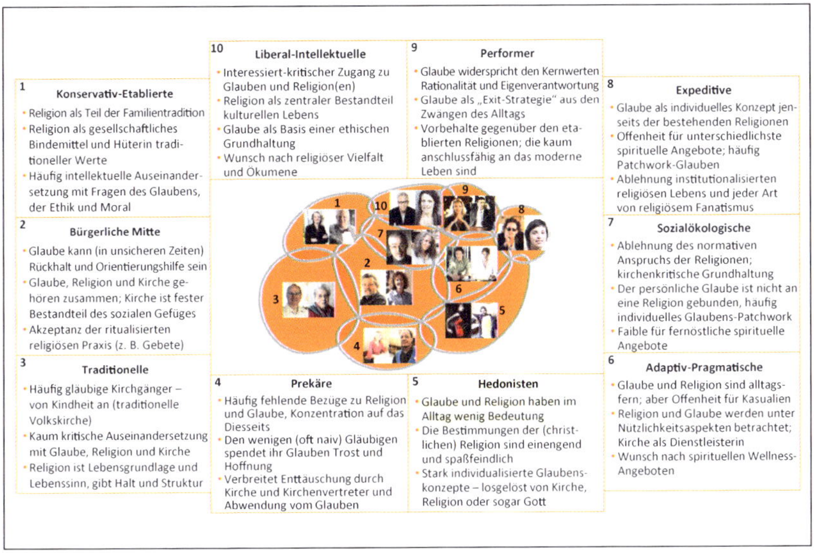

1 **Konservativ-Etablierte**
- Religion als Teil der Familientradition
- Religion als gesellschaftliches Bindemittel und Hüterin traditioneller Werte
- Häufig intellektuelle Auseinandersetzung mit Fragen des Glaubens, der Ethik und Moral

10 **Liberal-Intellektuelle**
- Interessiert-kritischer Zugang zu Glauben und Religion(en)
- Religion als zentraler Bestandteil kulturellen Lebens
- Glaube als Basis einer ethischen Grundhaltung
- Wunsch nach religiöser Vielfalt und Ökumene

9 **Performer**
- Glaube widerspricht den Kernwerten Rationalität und Eigenverantwortung
- Glaube als „Exit-Strategie" aus den Zwängen des Alltags
- Vorbehalte gegenüber den etablierten Religionen; die kaum anschlussfähig an das moderne Leben sind

8 **Expeditive**
- Glaube als individuelles Konzept jenseits der bestehenden Religionen
- Offenheit für unterschiedlichste spirituelle Angebote; häufig Patchwork-Glauben
- Ablehnung institutionalisierten religiösen Lebens und jeder Art von religiösem Fanatismus

2 **Bürgerliche Mitte**
- Glaube kann (in unsicheren Zeiten) Rückhalt und Orientierungshilfe sein
- Glaube, Religion und Kirche gehören zusammen; Kirche ist fester Bestandteil des sozialen Gefüges
- Akzeptanz der ritualisierten religiösen Praxis (z. B. Gebete)

7 **Sozialökologische**
- Ablehnung des normativen Anspruchs der Religionen; kirchenkritische Grundhaltung
- Der persönliche Glaube ist nicht an eine Religion gebunden, häufig individuelles Glaubens-Patchwork
- Faible für fernöstliche spirituelle Angebote

3 **Traditionelle**
- Häufig gläubige Kirchgänger – von Kindheit an (traditionelle Volkskirche)
- Kaum kritische Auseinandersetzung mit Glaube, Religion und Kirche
- Religion ist Lebensgrundlage und Lebenssinn, gibt Halt und Struktur

4 **Prekäre**
- Häufig fehlende Bezüge zu Religion und Glaube, Konzentration auf das Diesseits
- Den wenigen (oft naiv) Gläubigen spendet ihr Glauben Trost und Hoffnung
- Verbreitet Enttäuschung durch Kirche und Kirchenvertreter und Abwendung vom Glauben

5 **Hedonisten**
- Glaube und Religion haben im Alltag wenig Bedeutung
- Die Bestimmungen der (christlichen) Religion sind einengend und spaßfeindlich
- Stark individualisierte Glaubenskonzepte – losgelöst von Kirche, Religion oder sogar Gott

6 **Adaptiv-Pragmatische**
- Glaube und Religion sind alltagsfern; aber Offenheit für Kasualien
- Religion und Glaube werden unter Nutzlichkeitsaspekten betrachtet; Kirche als Dienstleisterin
- Wunsch nach spirituellen Wellness-Angeboten

© SINUS & MDG

1.2 Milieuspezifische Muster der Religiosität

Expeditives Milieu

Für die Expeditiven sind die Kirchen nur eine spirituelle Option neben vielen anderen. Religion kann man aus der Sicht dieses relativ jungen Milieus gerade nicht definieren, dogmatisieren und institutionalisieren, sondern nur selbst – als Geheimnis – explorieren. Dann wird sie hierzulande in der Regel auch schon nicht mehr ‚Religion' genannt, sondern ‚Spiritualität'. ‚Religion' in ihrer traditionellen organisiert-vergemeinschafteten Form wird deshalb abgelehnt.

Ist das Milieu der Sozialökologischen noch an der christlichen Option für die Armen interessiert, so kommen den Expeditiven die Kirchen allenfalls als Option für exotische Grenzerfahrungen in den Blick, sofern man dort – etwa im musikalischen Spektrum zwischen Gregorianik und afrikanischem Trommeln, auch im architektonischen Panorama zwischen Romanik, Gotik und Barock – etwas Neues über sich und die Welt sinnlich zu entdecken glaubt. In den kontrastarmen und konventionellen, hegemonial von traditionellen Milieus kontrollierten Kirchengemeinden wird dies nicht vermutet, dort wird der Verlust an individueller Entfaltung und Kreativität, an Leichtigkeit und Spontaneität unterstellt. Das lokalistische kirchliche Betriebssystem, das in fußläufiger Entfernung von der Wohnung religiöse Bedürfnisse zu befriedigen versucht, aber damit nur die traditionellen Milieus erreicht, hat für die Expeditiven, die stets ‚auf Achse' sind, nicht die Anmutung spielerischer Improvisation und stilistischen Experimentierens, von Religion als Suchbewegung.

Jesus als charismatischer Wanderprophet und Grenzgänger hätte für die Mitglieder dieses Milieus auf ihren hochgradig autonomen Erlebnis-, Erkenntnis-, Erleuchtungs- und Sinnschöpfungserfahrungsreisen vielleicht Faszination, aber nicht in der lokalen ‚Spießerkirche'. In der Formelhaftigkeit kirchlicher Rede ist er gezähmt und in den restriktiven Normen der Kirche um seine Attraktivität gebracht worden. Expeditive wären interessiert an einer Aufwertung solcher Bestände der eigenen – christlichen – Überlieferung, die innerchristlich einer damnatio memoriae überlassen und insofern marginalisiert und überlagert wurden. So verabscheut das Milieu, das – so die SINUS-Forscher – in seiner „Kreationslogik" „das Originäre freilegen oder Neues entwickeln" will, das süßliche Jesus-Bild der familialistischen Bürgerlichen Mitte und schätzt den „Jesus in schlechter Gesellschaft" (Adolf Holl). Und tatsächlich haben ja Religionswissenschaftler wie Hubert Cancik (2005, S. 47) hervorgehoben, dass schon in frühen Phasen der „Romanisierung des antiken Christentums" das Christusbild überlagert wurde und darin „kaum noch als der jüdische Prophet und Reformer aus Galiläa zu erkennen" ist. Die Expeditiven erkennen sich mit ihrer Milieutheologie allenfalls in einem solchen Jesus wieder, der „als besitzlos umherziehender Wanderprediger außerhalb jeder Dorfgemeinschaft" steht, „Vater und Mutter verlassen" hat und sich auch in anderen Verhaltensweisen „zu grundlegenden Idealen und Werten der jüdischen Gesellschaft bzw. Kommunen in Galiläa quer" stellt, wie etwa Martin Ebner (2004; vgl. Ebertz 1987) zeigt.

Hedonistisches Milieu

Die Hedonisten bilden zusammen mit den Prekären diejenigen Unterschicht-Milieus, denen die Kirche – trotz ihrer Option für die Schwachen – wohl am fernsten steht. Ähnlich jung und nonkonformistisch wie die Expeditiven, sind die Hedonisten allerdings weniger gebildet und weniger selbstaktiv in der Lebenssinnschöpfung. Man praktiziert eine gewisse Sinnstiftung ohne Sinnsystem in den körperbetonten Erlebnisangeboten der Freizeit- und Sportindustrie, wähnt die Kirchen dementsprechend auch als lustfeindliche Orte des bürgerlichen Establishments, als moralisierende Gegner der eigenen genussorientierten Lebensführung, die man sich ohnehin kaum leisten kann. Kirche erscheint dann als Spielverderberin, zumal von ihr – etwa in den Gottesdiensten – nichts Neues zu erwarten sei und es ihr an praktischer Tauglichkeit für das Alltagsleben ebenso mangele wie an magischen Angeboten für das Exorzieren des Schicksals.

Denn magiegläubig ist dieser Milieu-Stamm und durchaus auch praktisch interessiert an Esoterik, Okkultismus und Spiritismus. Über körperbetonte Gospel-Pop-Gottesdienst-Events (ohne ‚langweilige' Predigt) wäre dieses Milieu für die Kirchen ebenso ansprechbar wie über einen Pfarrer, der sich zum Foppen und Anfassen eignet, thematisch übrigens über seinen ausgeprägten Schutzengelglauben. Dass es ‚etwas Höheres' gibt, ist für dieses Milieu selbstverständlich, auch wenn man nicht mehr unbedingt an einen Gott glaubt, wie ihn die Kirchen lehren.

Prekäres Milieu
Die Prekären ticken ähnlich wie die Hedonisten, der Anteil an jungen Menschen ist bei ihnen allerdings geringer. Ihnen wird das Leben zur Überlebensfrage, und der Traum vom besonderen Leben bleibt ein Traum. Die Prekären wissen, wo sie auf der gesellschaftlichen Stufenleiter rangieren und haben ein entsprechendes ‚Underdogbewusstsein'; aber man zeigt das – sein Arsenal von Statussymbolen –, ‚was man hat', durchaus demonstrativ. Neben dem ‚demonstrativen Konsum' sucht dieses Milieu Unterhaltung und verachtet intellektuelle Differenzierungen von Theologinnen und Theologen etwa als Besserwisserei und vornehmes Getue. Gesucht wird stattdessen Kraft zum Durchhalten und Überleben, hier und jetzt, d. h. ohne Langfristperspektive, die man sich nicht leisten kann.

Kirche kann dabei allenfalls diakonische Helferin, sozial-karitativer Rettungsanker sein, aber ansonsten fühlt man sich von ihr – von ihrem ‚geschwollenen Transzendenzgerede' und der Communio der Kirchengemeinden – im Stich gelassen, ja geradezu sozial exkludiert. Was man neben der sozialen Zugehörigkeit zur Kirche vor Ort auch vermisst, sind religiöse Faustregeln für das Alltagsleben, religiöse Tricks und zupackende Hilfe für das tagtägliche Überleben. Von der Sozialpastoral der ‚postmateriell' tickenden Geistlichen alten Schlags spüren die meisten Prekären nicht viel. Mit seiner Nähe zu magischen Vorstellungen und Praktiken (Horoskop, Glücksbringer, Maskottchen) und seinem ausgeprägten Engel- und Schutzengelglauben (vgl. Ebertz 2008) erweist sich aber auch dieses Milieu nicht als rein diesseitsorientiert und transzendenzverschlossen.

Kleiner Exkurs über den Engelglauben der Prekären und Hedonisten
Die Prekären vertreten eine ‚Engel-Theologie', der das Naserümpfen der Liberal-Intellektuellen (s. unten) genauso gilt wie dasjenige der Repräsentanten der offiziellen Religion, obwohl zum Beispiel der ehemals kircheneigene Weltbildverlag und andere fromme Verlage genau dieses – offensichtlich in der Masse öko-

nomisch profitable – Milieu der Prekären nicht zuletzt mit einer Flut von Engel-Angeboten bedienten. Neben „Geschenkbüchlein" („Ein Engel beschütze dich") waren darunter „Engel aus Ton" mit persönlichem Schutzbrief („Ein Schutzengel zur rechten Zeit schützt vor Unannehmlichkeit!"), „Engel-Handyanhänger" („Der kleine Kerl ist ein niedliches Schutzsymbol …"), „Autofahrerschutzengel" („Er wird mit den Klebepads auf seinen Sohlen einfach aufs Armaturenbrett geklebt"), ein dreiteiliges Schutzengelset (mit „Schutzengel-Zertifikat"), ein Engeltrio („Wer kann diesen Engeln widerstehen? Dem verträumten Leander, dem schlauen Gabriel und dem vorwitzigen Elias"), ein „8er-Set" aus „Engelsflügeln" („… fluffige Flügelpaare aus echten weißen Federn … Einfach umwerfend …"). Freilich sind Engel nicht nur in diesem Milieu zu Hause (vgl. Ebertz und Faber 2008), aber bei den Prekären sind sie es doch in einer sehr handfesten Weise. Engel dürfen im Milieu der Prekären bei bestimmten festreligiösen Anlässen (wie Weihnachten) ebenso wenig fehlen wie in ungewissen, ‚schicksalhaften' Momenten des Lebens. Zudem gehören Engel in diesem Milieu gewissermaßen zur Grundausrüstung von religiösen ‚Instrumentarien' zum Umgang mit solchen Lebensereignis-Bewältigungspraktiken, die häufig von intellektueller und kirchenoffizieller Seite als ‚magisch' oder ‚heidnisch' stigmatisiert werden. Zur religiösen Grundausrüstung dieses Milieus, das gern – wenn es überhaupt etwas liest – zur Bild-Zeitung greift, auch zu Auto-Bild, das TV-Sendungen wie ‚Hausmeister Krause', ‚Big Brother' oder ‚Hinter Gittern – Der Frauenknast' bevorzugt, gehört auch ein ganzes Spektrum parawissenschaftlicher Elemente etwa der Astrologie, der Parapsychologie, des Ufo-Glaubens, traditioneller ‚magischer' Praktiken der Heilkunst oder des Pendelns sowie außerchristlicher Fragmente aus Hinduismus, Buddhismus, Zen oder Voudou und eben auch der Schutzengelglaube. Obwohl man selbst keinen Zugang zum religiösen Bildungswissen hat, weil Religion und Kirche etwas sind, was sich nur andere – ‚die da oben' – leisten können, nur etwas für Leute sind, die Zeit (und Geld) dazu haben, von denen – von der Gesellschaft, der Kirche oder einem persönlichen Gott – man sich auch in existenziellen Krisen verlassen fühlt, hat man durchaus eine ‚Transzendenzantenne'.

Eine interessante Frage ist, weshalb diese gewissermaßen nur bis zum ‚himmlischen Hofstaat' bzw. – folgt man Dionysios Areopagita – nur zur untersten Ebene der Hierarchie der Engel reicht, die an der Spitze Cheruben und Seraphen weiß. Meine These, die als Antwort empirisch zu prüfen wäre, lautet, dass in diesem Milieu – ähnlich wie im Milieu der Hedonisten – negative Vatererfahrungen verbreitet, wenn nicht vorherrschend sind, die insofern auch als Plausibilitätsstrukturen des ‚christlichen Vatergottes' ausfallen, zumal dieser in den letzten Jahrzehnten – auch innerkirchlich – auf das Bild des ‚liebenden Gottes' reduziert wurde, kupiert um das Gottesattribut der Gerechtigkeit (vgl. Ebertz 2004).

Zwar kann vor dem Gottesbild „die Frage nach der Richtigkeit der Darstellung überhaupt nicht gestellt werden. Wir kennen das Vorbild – die Gestalt Gottes – nicht" und „können daher das Abbild mit dem Vorbild nicht vergleichen", wie Moshe Barasch (1998, 18) treffend schreibt. Doch prüfen die Leute vergleichend das aus ihrer (sozialen) Erfahrungswelt geschöpfte Bild, ihr Erfahrungsbild, mit der (offiziell religiösen) Ikonographie auf ihre Konsonanz oder Dissonanz hin. So findet in den Milieus der Prekären und Hedonisten nicht das Bild des schützenden ‚Vater unsers' Resonanz, sondern, dieses substituierend, das Bild des schützenden Engels, zumal dieses weder einen Vergleich zwischen Abbild und Vorbild noch zwischen Abbild und Erfahrungsbild zulässt. Das Bild der Engel ist gewissermaßen erfahrungsresistent und insofern spezifischen Gottesbildern – wie dem göttlichen Vaterbild – ‚überlegen'. So haben die Engel nicht von ungefähr in diesem Milieu gewissermaßen den unplausiblen Vater-Gott beerbt, die übermenschlichen Geschöpfe den Schöpfer. Mit dem Gott-Vater-Glauben bricht für dieses Milieu nicht die gesamte religiöse symbolische Sinnwelt zusammen. Dieser „heilige Baldachin" (Peter L. Berger) wird vielmehr noch von den Schutzengeln gestützt, geschützt und repräsentiert – als übermenschliche Welt ohne (personalen) Gott in einer christentümlichen Tradition ohne Christus (vgl. Ebertz 2007).

Sozialökologisches Milieu

Die Sozialökologischen lehnen den Massengeschmack, wie ihn Hedonisten und Prekäre zeigen, als mittelmäßigen Konsumismus ab, obwohl sie selbst einen bescheidenen Komfort pflegen, den sie als Ausdruck des moralisch guten Lebens definieren. Als ‚Nach-68er'-Milieu mit relativ hoher Bildung in der oberen/mittleren Mittelschicht ist man eher nonkonformistisch eingestellt, kapitalismus-, gesellschafts-, globalisierungs- und medienkritisch mit hohen Sympathien für alternative Lebensformen mit feministisch-ökologisch-gesellschaftspolitischem Verantwortungsbewusstsein. So ist das Milieu der Sozialökologischen auch besonders engagiert in Egalitätsfragen, in Kultur- und Umweltinitiativen, Selbsthilfegruppen und Bürgerinitiativen und hat auch zum Leitbild die Kirche als Projekt, als soziale Bewegung.

Dementsprechend massiv fällt in diesem Milieu die Kritik einer hierarchischen Kirche aus, die sich den demokratischen Partizipationsgedanken ebenso verschließt wie einem aufgeklärten Umgang mit den biblischen Texten und der eigenen Tradition. Die Kirchengemeinde vor Ort würde man am liebsten auf ‚sozialpastoralen' Kurs bringen und als basisgemeindliches Bildungs- und Kommunikationsforum umgestalten, wo Mystik und Politik sich kreativ vereinen, der herrschaftsfreie Diskurs ebenso zur Entfaltung gelangt wie die ökumenische Geschwisterlichkeit, wo die Option für die Armen am Ort ebenso gelebt wird wie das Eine-Welt-Engagement für die Globalisierungsopfer. Die Sozialökologischen prallen aber häufig an der kleinbürgerlichen Milieugrenze der meisten Kirchengemeinden ebenso ab wie am liturgischen Perfektionismus der Konservativ-Etablierten. Aber man freut sich, in den Kirchen – am ehesten noch in der evangelischen Kirche – einen moralischen Bündnispartner im Einsatz für eine ‚gute Gesellschaft' und eine ökologische Nische zu finden.

Milieu der Performer
Das Milieu der Performer hat eine ähnlich hohe Position im sozialen Raum, ist allerdings in seiner sozialen Zusammensetzung wesentlich jünger, fortschrittsgläubiger, karriere- und erfolgsorientierter, globalisierungs- und technologiefreudiger, egologischer und egotaktischer. Das Ich – nicht das gesellschaftspolitische Gemeinschaftsprojekt – ist deshalb auch der zentrale Bezugspunkt, dem die Religion flexibel zu nutzen hat. Die eigene Psyche, die eigene Größe sollen durch sie stimuliert und angestoßen werden. Kirchliche Traditionalismen, Konventionalitäten, Formalitäten und Verbindlichkeiten stören dabei ebenso wie die kirchlichen Demutsrituale (Kniebeuge, Verneigung) und Lustfeindlichkeit. Massenpassivität in den Gottesdiensten und technologisches Hinterwäldlertum in den sonstigen kirchlichen Veranstaltungen verhindern die Passung mit diesem Milieu der jüngeren Leistungselite, die sich auch als technologische Avantgarde begreift und die Extreme und Grenzerfahrungen sucht (etwa in Extremsportarten und Fernreisen).

Deshalb wird das Verhältnis dieses Milieus zur Kirche als asynchron erlebt – Kirche ist nicht da, wo man selbst ist. An kirchlichen Events nimmt man vielleicht teil, auch an zeitgenössischen christlichen Kunstausstellungen und Literaturlesungen, aber nicht an den kirchlichen Dauervergemeinschaftungen unter dogmatischen Vorzeichen, die mit den ästhetischen und thematischen Insignien anderer Milieus gefärbt sind, die gern „Ein Schiff, das sich Gemeinde nennt" und andere Lieder für das Wir-Gefühl singen – überhaupt kollektiv singen. Kirche wird allenfalls als punktuelle, situative und virtuelle Dienstleisterin und Weisheitsquelle in Anspruch genommen. Offen ist man für asiatische Religionen und dementsprechend – ohne Anspruch auf ‚Theologik' – synkretismusfreudig. Ansprechbar sind die religiösen mehrsprachigen Performer wohl am besten über die mystischen Traditionen des Christentums, sofern sie die traditionelle Heilsökonomie durch Wellnessökonomie überwinden.

Adaptiv-pragmatisches Milieu

Die Adaptiv-Pragmatischen sind – ähnlich wie die Bürgerliche Mitte – ein familienorientiertes Milieu, allerdings nicht nur erheblich jünger, sondern ausgestattet mit einem ausgeprägten Lebenspragmatismus. Sie sind erfolgsorientiert und kompromissbereit, hedonistisch und konventionell, flexibel und sicherheitsorientiert. Mit diesem Habitus sind sie nur dann an Religion interessiert, wenn sie deren Lebensrelevanz erleben können und sie sich als menschenfreundlich zeigt, in personeller Präsenz, in einfacher Sprache, anlassbezogen, aber ohne organisationelle Zumutungen. Glaubenssätze und Dogmen werden nicht einfach hingenommen, sondern bekommen erst dann Deutungsrelevanz, wenn sie eine Verortung im Leben der Milieuangehörigen erfahren.

Nicht die theologische Rationalität, sondern die persönliche Stimmigkeit ist maßgebend für die religiöse Orientierung dieses Milieus, wenn man sich denn überhaupt auf religiöse Themen einlässt. Denn persönlicher Glaube wirkt sich nicht ständig im Lebensalltag aus, ist aber hilfreich als Hintergrund und Anker. Man glaubt an eine höhere Macht über oder hinter dem alltäglichen Leben und greift auf sie in außeralltäglichen Situationen von Gefährdungen, Schicksalsschlägen und Verlusterfahrungen zurück. Die Kirchen werden mit dem eigenen Glauben kaum in Zusammenhang gebracht, religiöse Institutionen haben keinerlei thematische Höchstrelevanz. Aversionen zeigt dieses Milieu insbesondere gegenüber einer religiösen Institution, wenn sie sich im Herrschaftsmodus präsentiert, ihre Glaubensregeln nicht nachvollziehbar erscheinen und als anachronistisch erlebt wird. Diese Haltung ändert sich, wenn das kirchliche Personal als empathisch und hilfreich erfahren wird.

Liberal-intellektuelles Milieu

Das Milieu der Liberal-Intellektuellen repräsentiert die aufgeklärte Bildungselite mit vielfältigen intellektuellen Interessen, liberaler Grundhaltung und postmateriellen Wurzeln sowie einem ausgeprägten Wunsch nach selbstbestimmtem Leben. Angesichts der Komplexität der Welt, die es differenziert zu erfassen gilt, kann es sich nicht mit einfachen Antworten zufrieden geben, auch nicht in religiöser Hinsicht. Wissenschaft und Rationalität erhalten dementsprechend eine hohe Relevanz, ihre Begrenztheit wird aber ebenso erlebt und disponiert für kosmologische und sonstige metaphysische Spekulationen, jedenfalls zur Öffnung für letzte Fragen.

Gegenüber den Kirchen herrscht gleichwohl eine distanzierte Haltung vor, da sie dem Reflexionsbedarf dieses Milieus und seinen Erwartungen an eine entsprechende Diskurskompetenz ebenso wenig genügen wie seinen Werten der Toleranz, Flexibilität und Liberalität. Andererseits werden die Kirchen positiv gesehen hinsichtlich ihrer gesellschaftlichen und auch gesellschaftspolitischen Funktion in der Wohlfahrtsproduktion des Sozialstaats. Es ist, so die Perspektive der Liberal-Intellektuellen, gut, dass es die Kirchen gibt und dass sie im Ernstfall, nicht zuletzt für die anderen Milieus, da sind.

Der Habitus des Milieus der Liberal-Intellektuellen, wie er sich in den neueren Forschungen des SINUS-Instituts herauskristallisiert hat, erinnert stark an die religionssoziologische Beschreibung der „aufklärerisch-religiösen Schichten", wie sie Max Weber (2005, S. 80 f) in Westeuropa „schon seit dem 17. Jahrhundert" mit ihrem Interesse an der „Erhaltung der bestehenden Religion als Domestikationsmittel" mit leicht ironischer Färbung rekonstruiert hat: „Das Bedürfnis des literarischen, akademisch-vornehmen oder auch Kaffeehausintellektualismus aber, in dem Inventar seiner Sensationsquellen und Diskussionsobjekte die ‚religiösen' Gefühle nicht zu vermissen, das Bedürfnis von Schriftstellern, Bücher über diese interessanten Problematiken zu schreiben, und das noch weit wirksamere von findigen Verlegern, solche Bücher zu verkaufen, vermögen zwar den Schein eines weit verbreiteten ‚religiösen Interesses' vorzutäuschen, ändern aber nichts daran, dass aus derartigen Bedürfnissen von Intellektuellen und ihrem Geplauder noch niemals […] Religion entstanden ist und dass die Mode diesen Gegenstand der Konversation und Publizistik, den sie aufgebracht hat, auch wieder beseitigen wird".

2 Konsequenzen?

2.1 Milieuspezifische Theologien

Sowohl die Expeditiven als auch die Prekären fechten mit ihren Milieutheologien die familialistischen Gottesbilder an, wie sie die Kirchen bis heute pflegen. Folgt man der Zürcher SINUS-Milieu-Studie (vgl. Diethelm et al. 2012, Bd.1, S. 23 ff), dann finden traditionelle Milieus (Konservativ-Etablierte, Traditionelle) ihre Vorstellungen vor allem in solchen Beschreibungen wieder, die Gott als kraftspendend und Schutz gewährend umschreiben und vorzugsweise biblische Metaphern aufgreifen (Quelle mit frischem Wasser, Burg). Eine zweite Beschreibungswelt, die in anderen Milieusegmenten eher zurückgewiesen wird, bezieht sich auf den Schöpfungsgedanken: Gott als wohlwollende und gleichwohl mächtige Autorität (Vater; lässt alles entstehen). Widerspruch regt sich bei Beschreibungen, die Dunkelheit oder Bedrohung thematisieren (dunkle Macht, Weltenrichter, König, der noch seine Macht erweisen wird) sowie bei „esoterischen" Assoziationen (Mutter Erde, Universum, feinstoffliche Energie, große Tiefe und Weite). Personen im bürgerlichen Mainstream (Bürgerliche Mitte) fühlen sich von alltagsnahen Beschreibungen besonders angezogen (wie ein Freund, hört einem zu, ist immer da, begleitend, beständig, verlässlich). Dunkles und Bedrohliches lehnen sie ab, ähnlich wie Menschen aus dem traditionellen Segment. Darüber hinaus wehren sie sich gegen Beschreibungen, die einen allzu großen Geltungs- und Führungsanspruch ausdrücken (König, Richter, Hirte). Man führt dazu aus, dass die Menschen selbst für Gerechtigkeit sorgen müssten und „nicht die Verantwortung auf Gott abschieben" dürften. Personen aus dem postmodernen Segment (z. B. Expeditive, Performer, Hedonisten) lehnen personale Vorstellungen von Gott eher ab: „fast schon ein bisschen banal" (Vater, Freund, Hirte). Sie versenken sich lieber in schöne Bilder, in Traumwelten, die man nicht komplett rational durchdringen muss (Licht in der Nacht, Feuer, Flamme, Traum in den Herzen der Menschen). Einzig in diesen Lebenswelten hat auch das Dunkle seinen Platz: Es gehört zur Lebens- und Weltsicht dieser Milieus, dass man mitunter allein gelassen und auf sich zurückgeworfen ist, dass man mit dem modernen Prinzip, sein Leben selbst gestalten zu können/müssen, an Grenzen stößt.

Die kommunikativ auseinanderstrebenden, unterschiedliche Bilder der Transzendenz akzentuierenden und unterschiedlichen Formen unterschwelliger Theologien folgenden sozialen Milieus können offensichtlich keinem gemeinsamen Drehbuch mehr unterworfen werden. Damit sind alle diejenigen herausgefordert, die Menschen religiös vergemeinschaften wollen. Aus Gründen unterschiedlicher Milieuzugehörigkeit wächst das Risiko einer gebrochenen, jedenfalls wechselseitig nicht zufrieden stellenden Kommunikation: dass man sich inhaltlich nichts zu sagen hat, was allen Seiten wichtig und hilfreich ist, dass die Art und Weise des Mitteilens auf Ablehnung stößt und dass dem Verstehen Grenzen gesetzt sind. Für die Kirche dürfte es sich also lohnen, ihre kommunikative Praxis (Information, Mitteilung, Verstehen) unter Milieugesichtspunkten zu reflektieren und differenziert weg von milieuverengten Vergemeinschaftungserfahrungen in Richtung Dienstleistung zu verlagern. Die SINUS-Milieustudien fordern die Kirchen jedenfalls heraus, ihre Dienstleistungsstrukturen auszubauen und zu diversifizieren (vgl. die milieuspezifischen Erwartungen an Kirche in Abb. 2).

Abb. 2 Milieuspezifische Erwartungen an die (katholische) Kirche

	10 Liberal-Intellektuelle	9 Performer	
1 **Konservativ-Etablierte** • Kein Zweifel am Fortbestand der katholischen Kirche • In Deutschland Bedeutungsverlust, in außereuropäischen Ländern Bedeutungszuwachs erwartet • Modernisierung erscheint unerlässlich	• Grundbedürfnis nach spiritueller Orientierung bedienen • Balance zwischen Öffnung und Kultivierung „uralter Riten" • Schulterschluss mit anderen christlichen Konfessionen überlebenswichtig	• „Fluctuat nec mergitur"; Unbeweglichkeit ist auch eine Stärke • Widerspruch zwischen Modernisierung und Wahrung der eigenen Identität aushalten • Klarheit und Beständigkeit	8 **Expeditive** • Gut für andere, man selbst braucht die Kirche nicht • Mehr auf Jugendliche eingehen • Toleranz gegenüber unterschiedlichen Lebensformen und Religionen
2 **Bürgerliche Mitte** • Gemeindeleitungsaufgaben auch an Laien übertragen • Modernisierung, Öffnung, mehr Menschlichkeit, mehr Lebendigkeit • Ansprechendere Gottesdienste • Nachwuchsprobleme bei Ehrenamtlichen			7 **Sozialökologische** • Deutliches Eintreten für Menschen in sozialen Notlagen • Weniger Prachtentfaltung • Geschlechtergerechtigkeit • Demokratisierung, Zivilcourage
3 **Traditionelle** • Kirche wird schrumpfen und an Bedeutung verlieren • In großen Seelsorgeinheiten kein persönlicher Bezug mehr gegeben • Resignation, wenig Hoffnung	4 **Prekäre** • Düstere Zukunft erwartet • Einstellung zu Sexualität müsste sich ändern • Verlust der Vorbildfunktion durch Missbrauchsfälle • Rückbesinnung auf christliche Grundwerte (Nächstenliebe) nötig	5 **Hedonisten** • Bedeutungsverlust durch mangelnde Präsenz • Lockerung von unzeitgemäßen Vorschriften nötig • Dennoch sich selbst treu bleiben • Wachsendes Betätigungsfeld in der Dritten Welt	6 **Adaptiv-Pragmatische** • Biblische Aussagen mehr in Alltagskontexte einbinden • Mehr Lebensnähe durch modernes Marketing • Verjüngung des Leitungspersonals

© SINUS & MDG

2.2 Milieusensible Pastoral

Was der – nun schon über 80-jährige – Erziehungswissenschaftler und Sozialpädagoge Wolfgang Müller für die Pädagogik als Konsequenz aus der SINUS-Milieuforschung formulierte, könnte auch für eine konsequent zu entwickelnde milieusensible ‚Pastoral' gelten: „Zunächst sollten wir die Botschaft ernst nehmen (und zu einem handlungsleitenden Prinzip machen), dass nicht nur unsere ‚Botschaften' von Bedeutung sind und unsere Personen, die diese Botschaften transportieren, sondern auch eine möglichst ‚zielgruppenspezifische' Beachtung der Personen, mit denen wir es direkt oder indirekt als Lehrende und Lernende zu tun haben (denn auch wir als Lehrende sind Lernende gleichzeitig und gleichermaßen)." (Müller 2009).

Auf dem Hintergrund eines dreigliedrigen Kommunikationsbegriffs (Information = „Botschaft", Verstehen = „Beachtung der Personen"; Mitteilung = Personen, die diese Botschaften transportieren) schreibt Wolfgang Müller weiter: „Die Kunst, die heute von uns verlangt wird (und die zu meistern wir erst neuerdings und noch viel zu wenig vorbereitet werden), heißt mit einem englischen

Wort: Diversity Management: schöpferischer Umgang mit Vielgestaltigkeit" – die auf den ersten Blick vielleicht eher lähmen als ermutigen mag. Für diesen schöpferischen Umgang mit der Milieuvielfalt braucht es aber in der pastoralen Praxis ebenso wie in der Pädagogik neben den Personen, die die Botschaft transportieren, auch der Mitteilung „mit unterschiedlichen Medien: mit Wörtern, mit Geschichten, mit Bildern und mit dem Vor-Machen durch Vor-Leben". Bieten z. B. die biblischen Texte für die unterschiedlichen Milieus nicht unterschiedliche Einstiegshilfen in die Kommunikation der christlichen Botschaft? So gibt es – um nur ein Beispiel zu nennen – auch unzählige bildliche Darstellungen des Gleichnisses vom ‚Verlorenen Sohn' oder vom ‚Barmherzigen Vater', die sich ergoogeln lassen (s. http://images.google.de/imghp?hl=de&tab=wi) und unterschiedliche ästhetische Milieu-Anschlüsse ermöglichen. Die Milieustudie aus der Schweiz hat dies an diesem biblischen Gleichnis und seinen milieuspezifischen Rezeptionen anschaulich gezeigt (vgl. Diethelm et al. 2012, Bd.1, S. 25 f).

Die meisten Bistümer und Landeskirchen in Deutschland verfügen zwar dank der SINUS-Forschung über das strategie- und marketingrelevante Milieu-Wissen, zudem auch noch über georeferenzielle Milieu-Daten des microm-Instituts, aber das kirchliche Betriebssystem hat noch keinen internen Konsens gefunden, die Chancen, die in einer adressatendifferenzierten ‚milieuorientierten Pastoral' liegen, für ein Kirchenwachstum zu nutzen. Ist das kirchliche Betriebssystem in Deutschland, aber auch in der Schweiz und in Österreich marketing-, gar marktresistent? Was unterscheidet es möglicherweise von marktförmig agierenden Profit- und Non-Profit-Unternehmen?

Literatur

Barasch, Moshe. 1998. Das Gottesbild. Studien zur Darstellung des Unsichtbaren. München: Fink.
BDKJ und MISEREOR (Hg.). 2008. Wie ticken Jugendliche? Sinus-Milieustudie U27. Düsseldorf: Verlag Haus Altenberg.
Bourdieu, Pierre. 1976: Entwurf einer Theorie der Praxis auf der ethnologischen Grundlage der kabylischen Gesellschaft. Frankfurt am Main: Suhrkamp.
Braune-Krickau, Tobias. 2008. Wie ticken Jugendliche? Newsletter Initiative für wertorientierte Jugendforschung Nr. 2, 1–16.
Calmbach, Marc, P. M. Thomas, I. Borchard, B. B. Flaig. 2012. Wie ticken Jugendliche? Lebenswelten von Jugendlichen im Alter von 14 bis 17 Jahren in Deutschland. Düsseldorf: Verlag Haus Altenberg.
Calmbach, Marc, S. Borgstedt, I. Borchard, P. M. Thomas, B. B. Flaig. 2016. Wie ticken Jugendliche? Lebenswelten von Jugendlichen im Alter von 14 bis 17 Jahren in Deutschland. Wiesbaden: Springer.

Cancik, Hubert. 2005. Die Romanisierung des antiken Christentums. Zur Entstehung des römischen Katholizismus. In *Katholizismus in Geschichte und Gegenwart*, Hrsg. Richard Faber, 35–50. Würzburg: Königshausen und Neumann.
Diethelm, Roland, M. Krieg, T. Schlag. Hrsg. 2012. Lebenswelten. Modelle kirchlicher Zukunft. Sinusstudie. Zürich: NZZ.
Ebertz, Michael N. 1987. Das Charisma des Gekreuzigten. Zur Soziologie der Jesusbewegung (= *Wissenschaftliche Untersuchungen zum Neuen Testament*, 45). Tübingen: Mohr-Siebeck.
Ebertz, Michael N. 2004. Die Zivilisierung Gottes. Der Wandel von Jenseitsvorstellungen in Theologie und Verkündigung. Ostfildern: Schwabenverlag.
Ebertz, Michael N. 2007. Ein Christentum ohne Christus? Was Umfragen über das Gottesbild der Deutschen offenbaren. In *Gott ist anders. Du sollst dir kein Bildnis machen*. Publik-Forum EXTRA 1, 12–14.
Ebertz, Michael N.. 2008. Übermenschliche Wesen – ohne Gott. Engel und soziale Milieus. In *Engel unter uns. Soziologische und theologische Miniaturen*, Hrsg. M. N. Ebertz, R. Faber. Würzburg: Königshausen und Neumann, 151–157.
Ebertz, Michael N. 2009. Biblische Anschlüsse. In *Milieupraxis. Vom Sehen zum Handeln in der pastoralen Arbeit*, Hrsg. M. N. Ebertz, B. Wunder. Würzburg, 96–104
Ebertz, Michael N. 2012. Umsetzungsblockaden. In *Milieusensible Kirche. Dokumentation des Fachgesprächs am 18./19. 06. 2012 in Hannover,* Hrsg. EKD-Zentrum für Mission in der Region, 7–10. Dortmund.
Ebertz, Michael N.,und F. Schultheis. 1986. Einleitung: Populare Religiosität. In *Volksfrömmigkeit in Europa. Beiträge zur Soziologie popularer Religiosität aus 14 Ländern*, Hrsg. Michael N. Ebertz und Franz Schultheis, 11–52. München: Kaiser.
Ebertz, Michael N. und H. G. Hunstig. 2008. Hinaus ins Weite. Gehversuche einer milieusensiblen Kirche. Würzburg: Echter.
Ebertz, Michael N. und B. Wunder (Hrsg.). 2009. Milieupraxis. Vom Sehen zum Handeln in der pastoralen Arbeit. Würzburg: Echter.
Ebertz, Michael N. und R. Faber (Hrsg.). 2008. Engel unter uns. Soziologische und theologische Miniaturen. Würzburg: Königshausen und Neumann.
Ebner, Martin. 2004. Jesus von Nazareth in seiner Zeit. Sozialgeschichtliche Zugänge. Stuttgart: Katholisches Bibelwerk.
Hempelmann, Heinzpeter. 2013. Gott im Milieu. Gießen: Brunnen Verlag
MDG. 2010. MDG-Trendmonitor „Religiöse Kommunikation 2010". 2 Bde. München.
Kopp, Hansjörg, S. Hügin, S. Kaupp, I. Borchard, M. Calmbach. 2013. Brücken und Barrieren. Jugendliche auf dem Weg in die evangelische Jugendarbeit. Eine Sinus-Studie im Auftrag der evangelischen Landeskirchen Baden und Württemberg. Neukirchen.
Martin, David. 1967. A Sociology of English Religion. London: Routledge.
Müller, Wolfgang C.. 2009. Zielgruppenorientierung. Genau hinschauen, mit wem man spricht. *Unsere Jugend* 61: 146–149.
SINUS-Institut. 2011. Lebensweltliche, religiöse und kirchliche Orientierungen im Kanton Zürich. Eine Sinus-Studie im Auftrag der evangelisch-reformierten Landeskirche des Kantons Zürich. Heidelberg/Zürich.

SINUS-Institut. 2011a. Einstellungen zu Religion und Kirche 2011. Befunde einer Repräsentativerhebung des SINUS-Instituts. Unveröffentlichter Foliensatz. Heidelberg.

SINUS-Institut. 2011b. Milieudifferenzierte Pastoral und Bildungsangebote in der Militärseelsorge. Explorationen und schriftliche Befragung bei Zeitsoldatinnen und Zeitsoldaten der Deutschen Bundeswehr. Heidelberg.

SINUS-Institut. 2013a. Evangelisch in Baden und Württemberg. Abschlussbericht im Auftrag der Evangelischen Landeskirche in Württemberg und der Evangelischen Landeskirche in Baden. Heidelberg.

SINUS-Institut. 2013b. Die Infomaterialien der keb Bamberg e. V. im Spiegel der Sinus-Milieus. Zielgruppen in der Erwachsenenbildung. Heidelberg.

SINUS-Institut und MDG. 2013. MDG-Milieuhandbuch 2013. Religiöse und kirchliche Orientierungen in den Sinus-Milieus. Heidelberg/München.

Towler, Robert. 1986. Konventionale und alltägliche Religion in Großbritannien. In *Volksfrömmigkeit in Europa. Beiträge zur Soziologie populärer Religiosität aus 14 Ländern*, Hrsg. Michael N. Ebertz und Franz Schultheis, 134–140. München: Kaiser.

Weber, Max. 2005. Wirtschaft und Gesellschaft. Religiöse Gemeinschaften. Studienausgabe der Max Weber-Gesamtausgabe Band I/22-2. Tübingen: Mohr-Siebeck.

Wippermann, Carsten, und I. de Magalhaes. 2005. Zielgruppen-Handbuch. Religiöse und kirchliche Orientierungen in den Sinus-Milieus 2005. Forschungsergebnisse von SINUS Sociovision für die Publizistische Kommission der Deutschen Bischofskonferenz und die Koordinierungskommission Medien im Auftrag der Medien-Dienstleistung GmbH. München/Heidelberg.

Keywords

Pastoral, Milieusensible Pastoral, Kirchen, Kirchenwachstum, Religiosität, Religionssoziologie, Kirchensoziologie, Pastoralsoziologie, Milieuverengung, Habitus, Kirchenmarketing, Sinus-Milieus

Autorinnen und Autoren

Matthias Arnold wurde 1976 in Aschaffenburg geboren und ging zum Studium der Soziologie, Volkswirtschaftslehre und Philosophie nach Aachen und Freiburg. 2007 beendete er sein Studium mit einer Magisterarbeit über den Einfluss der Globalisierung in der Weinkultur. Vor seinem Engagement bei SINUS absolvierte Matthias Arnold eine Ausbildung zum Chemielaborant, war im Produktmarketing für ein führendes Unternehmen in der Messgeräteindustrie und als Reiseleiter in Südostasien tätig. Seit 2008 arbeitet Matthias Arnold für das SINUS-Institut, seit 2017 als Associate Director Research and Consulting, und betreut schwerpunktmäßig die Weiterentwicklung der internationalen Milieuforschung. Forschungsarbeiten für Luxusgüter, Hotel und Tourismus sowie im Bereich Finanzen und Bankdienstleistungen führten ihn unter anderem in die USA, nach Mexico, Japan sowie wiederholt nach Südostasien.

SINUS Markt- und Sozialforschung GmbH
Adenauerplatz 1, D – 69115 Heidelberg
matthias.arnold@sinus-institut.de

Dr. Bertram Barth studierte Psychologie und Völkerkunde in Wien und promovierte zum Thema Einfluss des Fernsehens auf die Wahrnehmung der Alltagswirklichkeit. Seit 1985 ist er als Markt- und Sozialforscher tätig, zunächst mit Schwerpunkt im arabischen Raum und in Osteuropa. 1992 kam er zu INTEGRAL, wo er seit 1996 Geschäftsführer ist. Seine Arbeitsschwerpunkte sind Lebensstile und Wertesozialisation, Marktsegmentation und Marktprognosen, klassische Massenkommunikation und neue Kommunikationstechnologien. 2009 wurde die enge Kooperation zwischen INTEGRAL und SINUS begründet, wodurch Bertram Barth wieder stärker auf die Lebensweltforschung fokussierte und z. B. intensiv an den Milieu-Updates in Deutschland und Österreich beteiligt war. Seit 2010 ist er – gemeinsam mit Manfred Tautscher – Geschäftsführender Gesellschafter von INTEGRAL – SINUS (der Muttergesellschaft von INTEGRAL und SINUS).

INTEGRAL Markt- und Meinungsforschungsges.m.b.H
Mohsgasse 1, A – 1030 Wien
bertram.barth@integral.co.at

Prof. Dr. phil. Heiner Barz studierte in Berlin und Heidelberg Politikwissenschaft, Soziologie und Erziehungswissenschaften. Nach einer Tätigkeit als Hochschulassistent bei Prof. Rudolf Tippelt an der Universität Freiburg i. Br. (1992–1999), Habilitation und Stationen auf Vertretungsprofessuren an den Universitäten Frankfurt a. M. und München (LMU) wurde er 2002 als ordentlicher Professor an die Heinrich-Heine-Universität Düsseldorf (HHU) berufen. Dort leitet er die Abteilung für Bildungsforschung und Bildungsmanagement im Sozialwissenschaftlichen Institut. Im Fokus von Forschung und Lehre stehen insbesondere Themen, die sich auf Innovationsfelder (Bildungsreform, kulturelle Bildung, eLearning) beziehen oder an Schnittstellen zur Soziologie (Migrationssoziologie, Bildungssoziologie, Jugendsoziologie), zur Wirtschaftswissenschaft (Bildungsfinanzierung, Bildungsmarketing, Bildungscontrolling) und zur Philosophie (Wertewandel, postmoderne Religion) angesiedelt sind. Eine Kooperation mit SINUS entwickelte sich über größere Drittmittelprojekte, die das Milieumodell für Bildungsfragen aufgriffen. Seit 2011 ist Heiner Barz Mitglied des wissenschaftlichen Beirats von SINUS.

Abteilung für Bildungsforschung und Bildungsmanagement
Heinrich-Heine-Universität Düsseldorf, D – 40204 Düsseldorf
barz@phil.hhu.de

Autorinnen und Autoren

Dr. Silke Borgstedt studierte Musikwissenschaft, Psychologie und Erziehungswissenschaften an der Carl-von-Ossietzky-Universität Oldenburg und an der Technischen Universität Berlin. 2007 promovierte sie an der Humboldt-Universität zu Berlin mit einem Stipendium der Studienstiftung des Deutschen Volkes. Gegenstand ihrer musiksoziologischen Dissertation waren Ursachen und Wirkungsfaktoren von Prominenz anhand empirischer Image-Analysen. Silke Borgstedt war von 2005 bis 2009 zunächst als Research Manager in der internationalen Konsumforschung tätig, bevor sie anschließend zum SINUS-Institut wechselte. Von 2010 bis 2016 leitete sie gemeinsam mit Dr. Marc Calmbach die Sozialforschungsabteilung. Seit 2017 ist sie Director Research & Consulting. Sie verantwortet bei SINUS empirische Studien im Auftrag von Unternehmen und öffentlichen Institutionen und berät insbesondere zu den Themen Zukunft, Zielgruppen, digitale Gesellschaft, Migration sowie Alltagsästhetik und Konsum.

SINUS Markt- und Sozialforschung GmbH
Heimstraße 18, D – 10965 Berlin
silke.borgstedt@sinus-institut.de

Dr. Marc Calmbach studierte Medienwirtschaft in Stuttgart und promovierte mit einem Stipendium des Landesgraduiertenkollegs Baden-Württemberg an der Musiksoziologischen Forschungsstelle der PH Ludwigsburg. 2008 fand er den Weg zum SINUS-Institut, wo er 2010 bis 2016 die Abteilung Sozialforschung leitete, gemeinsam mit Dr. Silke Borgstedt. Seit 2017 ist er Director Research & Consulting. Seine Arbeitsschwerpunkte sind Jugend- und Milieuforschung. Marc Calmbach hat zahlreiche Fachbücher und -artikel veröffentlicht und war von 2010 bis 2012 im Beirat für Jungenpolitik des Bundesministeriums für Familie, Senioren, Frauen und Jugend.

SINUS Markt- und Sozialforschung GmbH
Heimstraße 18, D – 10965 Berlin
marc.calmbach@sinus-institut.de

Prof. Dr. Jens S. Dangschat studierte Soziologie an der Universität Hamburg mit dem Schwerpunkt Stadt- und Regionalsoziologie. Nach einigen Forschungsprojekten an der Universität Hamburg und der Technischen Universität Hamburg-Harburg sowie einer sechsjährigen Assistenzzeit wurde er erst Vertretungsprofessor, dann Professor für Allgemeine Soziologie und Stadt- und Regionalsoziologie sowie Leiter der Forschungsstelle Vergleichende Stadtforschung an der Universität Hamburg. Im Jahr 1998 wechselte er als Professor für Siedlungssoziologie und Demografie an die Technische Universität Wien, wo er im Jahr 2016 emeritiert wurde. Seine Forschungsschwerpunkte beziehen sich auf gesellschaftliche Phänomene mit einem Raumbezug: Segregation & Gentrification, Migration & Integration, soziale Ungleichheit, Mobilität. Im Zuge der Mobilitätsforschung hat er empirisch mit dem Milieuansatz von SINUS gearbeitet. Seit 2011 ist Jens Dangschat Mitglied des wissenschaftlichen Beirats von SINUS.

Fachbereich Soziologie, TU Wien
Karlsplatz 13/E280/6, 1040 Wien
jens.dangschat@tuwien.ac.at

Prof. Dr. rer. soc. habil, Dr. theol. Michael N. Ebertz lehrt Soziologie und Sozialpolitik an der Katholischen Hochschule Freiburg. Er hat an der Universität Frankfurt a. M., der Philosophisch-Theologischen Hochschule St. Georgen in Frankfurt a. M. und an der Universität Konstanz studiert bzw. gelehrt und geforscht, zunehmend mit einem Schwerpunkt in der Religionssoziologie. Michael N. Ebertz war lange Zeit Sprecher der Sektion Religionssoziologie in der Deutschen Gesellschaft für Soziologie und hatte zahlreiche Gastprofessuren inne, zuletzt als Fellow am Sonderforschungsbereich „Helden – Heroisierungen – Heroismen" der Universität Freiburg. Von theologischer Seite interessiert ihn besonders der Wandel von charismatischen Beziehungen, von Herrschafts- und Jenseitsvorstellungen sowie die Verknüpfung der Entwicklung der Kirche mit den Erkenntnissen der Sinus-Milieuforschung. Er ist Autor zahlreicher Arbeiten zur historischen Entstehung, Entwicklung und Transformation des Christentums in den Sozialformen von Kirche, von Orden und von verbandlicher Caritas und ist in der Fortbildung kirchlichen Personals sowie in der Beratung kirchlicher Organisationen tätig. Seit 2011 ist Michael Ebertz Mitglied des wissenschaftlichen Beirats von SINUS.

Katholische Hochschule Freiburg
Catholic University of Applied Sciences
Karlstraße 63, D – 79104 Freiburg
michael.ebertz@kh-freiburg.de

Berthold Bodo Flaig begann nach dem Studium der Psychologie und Philosophie an der Universität Heidelberg im Jahr 1976 als Studienleiter bei der „Angewandten Sozialpsychologie", dem Vorläufer des SINUS-Instituts, und ist seit 1991 bis heute Geschäftsführer von SINUS. Von Beginn an hatte er wesentlichen Anteil an der Entwicklung des Ende der 1970er Jahre gestarteten Lebensweltforschungsprogramms, aus dem die Sinus-Milieus hervorgegangen sind. Deren Popularisierung und Weiterentwicklung zu einem strategischen Tool, das sowohl in Wirtschaft und Wissenschaft als auch in der Politik, bei Verbänden und Non-Profit-Organisationen anerkannt ist und erfolgreich eingesetzt wird, ist zum großen Teil sein Verdienst. Seine Spezialgebiete sind die Analyse von Marken und korrespondierenden Zielgruppen-Lebenswelten sowie die Erforschung des soziokulturellen Wandels (Werte, Lebensstile, Alltagsästhetik). In den vielen Jahren seiner Tätigkeit bei SINUS hat er das Institut zum Spezialisten für milieusensible, zukunftsorientierte Forschung und Beratung entwickelt.

SINUS Markt- und Sozialforschung GmbH
Adenauerplatz 1, D – 69115 Heidelberg
bodo.flaig@sinus-institut.de

Jan Hecht studierte Markt- und Kommunikationsforschung an der Pforzheimer Hochschule für Gestaltung, Technik, Wirtschaft und Recht. Für seine Diplomarbeit erhielt er 2007 den Forschungspreis von ISM GLOBAL DYNAMICS für eine herausragende empirische und forschungsorientierte Abschlussarbeit. Seit 2006 arbeitet Jan Hecht für SINUS, zunächst als freier Mitarbeiter. Mittlerweile ist er Associate Director Research & Consulting. Seine Arbeitsschwerpunkte liegen in der Marketingforschung, mit Fokus auf Medien und Digitalisierung. Zudem kümmert er sich federführend um die Weiterentwicklung der Digitalen Sinus-Milieus® sowie um innovative Online-Lösungen von SINUS.

SINUS Markt- und Sozialforschung GmbH
Adenauerplatz 1, D – 69115 Heidelberg
jan.hecht@sinus-institut.de

Nico Hribernik studierte Internationale Betriebswirtschaft an der Wirtschaftsuniversität Wien sowie der Yonsei University in Seoul, Korea. 2008 schloss er sein Studium mit einer Diplomarbeit zu Marketing- und Geschäftsmodellen in „low-income consumer markets" ab. Danach arbeitete er 5 Jahre im Brand Management bei Procter & Gamble. Hier war er für verschiedene Marken und für unterschiedliche Bereiche des Marken- und Produktmanagements zuständig. So verantwortete er für Pampers die Marketingplanung und das Tagesgeschäft in UK und Skandinavien. Weiters entwickelte er international ausgezeichnete Kampagnen und Neu-Produkt Lancierungen für Lacoste Parfums. Schließlich verantwortete er das Tagesgeschäft und Marketing für Pringles in Nord-Europa als Business Leader. Anschließend verließ Nico Hribernik P&G und verlegte seinen Lebensmittelpunkt nach Südostasien, wo er mit lokalen Partnern konsumentenzentrierte Start-up-Produkte und -Marken entwickelt. Seit 2013 ist Nico Hribernik mit der Gründung von SINUS:consult in Singapur auch Teil der SINUS-Organisation mit dem Ziel, milieu-basierte Lösungen von SINUS für Kunden gewinnbringend anwendbar zu machen.

SINUS Consult Pte. Ltd.
16 Raffles Quay #33–03, Hong Leong Building, Singapore 048581
nh@sinusconsult.com

Rolf Küppers absolvierte sein Studium in den Bereichen Geographie, Soziologie und Verkehrswissenschaft an der Universität zu Köln. Von 1993 bis zu seinem Wechsel zur microm 1998 war er Mitarbeiter am Forschungsinstitut für Soziologie der Universität zu Köln bei Prof. Dr. Jürgen Friedrichs. Bei microm Micromarketing-Systeme und Consult startete er 1998 mit der Betreuung eines eigenen Data Mining Tools und der Datenentwicklung des Instituts. Die erstmalige Übertragung der Sinus-Milieus auf die microm Geo-Ebenen war eines seiner ersten großen Projekte. Von 2000 bis 2013 war er Director Solutions & Projects und von 2007 bis 2013 Mitglied der Geschäftsleitung von microm. Seit 2014 ist er als Geschäftsführer für die Bereiche Vertrieb, Entwicklung und Projektmanagement der microm tätig. Seit 2017 ist er auch Geschäftsführer der Internetagentur DIGITALRAUM, eine Agentur für zielgruppenorientiertes Onlinemarketing und Tochter von microm.

microm Micromarketing-Systeme und Consult GmbH
Hellersbergstr. 11, D – 41460 Neuss
r.kueppers@microm.de

Florian Mahrl leitet seit über 5 Jahren den Forschungsbereich Media-Research des globalen wie österreichischen Marktführers GroupM (Mediacom, Mindshare, MEC & Maxus). Seine langjährige Expertise konnte er in internationalen Netzwerkagenturen, aber auch als selbstständiger Mediaberater zahlreicher namhafter Kunden bilden und festigen. Florian Mahrl übt eine nebenberufliche Lehrtätigkeit an der Fachhochschule Wien aus, führt zahlreiche interne und externe Trainings durch, verfasst Studien und ist Mitglied zahlreicher Arbeitsgruppen im österreichischen Marketingwesen und in Fachverbänden. Sein derzeitiger Fokus liegt auf den Bereichen Realtime Advertising, Datenarchitektur, Big Data Analyse sowie konvergente Attributionsmodelle im Online wie Offline Marketing.

GroupM Austria
Vordere Zollamtsstrasse 13/7.OG, A – 1030 Wien
florian.mahrl@groupm.com

Mag. Martin Mayr wurde in Wien geboren und absolvierte an der dortigen Universität das Studium der Psychologie. Nach dem Studium begann er seine Karriere in der Markt- und Meinungsforschung und sammelte Erfahrungen sowohl auf der Instituts- als auch auf Kundenseite. Während seiner Zeit als Leiter der Betriebsmarktforschung einer führenden österreichischen Bankengruppe kam er mit den Sinus-Milieus erstmalig in Berührung und war im Konzern (mit)verantwortlich für die Implementierung des Modells in Österreich und mehreren CEE Ländern. Seit 2010 ist er Mitglied der Geschäftsleitung bei INTEGRAL und arbeitet in dieser Position auch an der Weiterentwicklung und den regelmäßigen Updates des Sinus-Milieumodells in Österreich mit.

INTEGRAL Markt- und Meinungsforschungsges.m.b.H
Mohsgasse 1, A – 1030 Wien
martin.mayr@integral.co.at

Prof. Dr. Sven Reinecke ist Direktor des Instituts für Marketing sowie Titularprofessor an der Universität St. Gallen (HSG). Die Universität St. Gallen strebt danach, auf Basis grundlegender Forschungserkenntnisse relevantes Wissen für Unternehmen, Wirtschaft und Gesellschaft bereitzustellen. Die Forschungs- und Anwendungsschwerpunkte von Sven Reinecke liegen in den Bereichen strategisches Marketing, Marketingcontrolling, Preismanagement und Managemententscheidungsverhalten. Seit mehr als 15 Jahren leitet er das Exzellenzprogramm „Best Practice in Marketing", in dem führende Unternehmen branchenübergreifend ihre Erfahrungen und Innovationen bzgl. Marketing & Verkauf austauschen und weiterentwickeln (u. v. a. B. Braun, Continental, Hansgrohe, Miele, UBS, Swisslife). Seit 2011 ist Sven Reinecke Mitglied des wissenschaftlichen Beirats von SINUS.

Universität St. Gallen, Institut für Marketing
Dufourstrasse 40a, CH – 9000 St. Gallen
sven.reinecke@unisg.ch

Norbert Schäuble studierte Politologie, Volkswirtschaft und Soziologie an der Universität Heidelberg. 1983 bis 1987 war er dort Lehrbeauftragter in den Bereichen Methoden der empirischen Sozialforschung und Wertewandel und verfasste mehrere Beiträge als Autor in politikwissenschaftlichen Standardwerken. Seit Anfang der 1980er Jahre arbeitet Norbert Schäuble für SINUS mit Schwerpunkt in den Bereichen Datenanalyse, Trend- und Milieuforschung. 1985 übernahm er die Leitung der Abteilung Methoden und EDV bei SINUS. Seit 1995 ist Norbert Schäuble Gesellschafter von SINUS, seit 2016 auch Gesellschafter der INTEGRAL-SINUS-Gruppe. Besondere Stärke von Norbert Schäuble ist sein analytisches und strategisches Denken, das ihn – mit über 30 Jahren Erfahrung in der soziokulturellen Forschung und deren Anwendung in unterschiedlichsten Märkten – zum kompetenten Berater macht. Schwerpunkt seiner Arbeit war von Beginn an die Lebenswelt- und Milieuforschung sowie die Entwicklung und Implementierung strategischer Zielgruppenkonzepte. Norbert Schäuble ist Mitentwickler der Sinus-Milieus und der Sinus-Meta-Milieus.

SINUS Markt- und Sozialforschung GmbH
Adenauerplatz 1, D – 69115 Heidelberg
norbert.schaeuble@sinus-institut.de

Dr. Christoph Schleer studierte Wirtschaftswissenschaften an der Otto-von-Guericke-Universität Magdeburg und der Albert-Ludwigs-Universität Freiburg. 2014 promovierte er an der Gottfried Wilhelm Leibniz Universität Hannover mit einem Stipendium des imug-Instituts für Markt-Umwelt-Gesellschaft. 2009 war er als Research Analyst bei Ceresana Research tätig. Ende 2009 wechselte er an das imug-Institut. Dort arbeitete er als Doktorand und wissenschaftlicher Mitarbeiter und unterstützte das Institut bei empirischen Forschungsprojekten zu den Themen Corporate Social Responsibility (CSR) und Nachhaltiger Konsum. Seit Januar 2014 ist er bei SINUS als Studienleiter und seit Mai 2017 als Senior Research & Consulting tätig. Für die SINUS-Akademie arbeitet er als Referent. Seine Forschungs- und Arbeitsschwerpunkte sind: Umwelt-, Klima- und Naturbewusstsein, Corporate Social Responsibility (CSR), Nachhaltiger Konsum, Migrationsforschung und Nachwuchsmarketing.

SINUS Markt- und Sozialforschung GmbH
Heimstraße 18, D – 10965 Berlin
christoph.schleer@sinus-institut.de

Frauke Stockmann studierte Soziologie, Psychologie und BWL an der Technischen Universität Darmstadt. Ihr Studium beendete sie mit einer Diplomarbeit über das Thema „Umweltbewusstsein 2.0: Apps und Anzug statt Birkenstock und Batik? Eine Bestandsaufnahme des Umweltbewusstseins junger Erwachsener", welche für den Lotte-Köhler-Preis für herausragende Studienleistungen in den interdisziplinären Wissenschaften vom Menschen der TU Darmstadt nominiert wurde. Nach ihrem Studium beschäftigte sie sich als Projektmanagerin bei der AGF (Arbeitsgemeinschaft Fernsehforschung) mit den methodischen Aspekten der Fernsehzuschauerforschung. Seit 2013 arbeitet sie als Studienleiterin für das SINUS-Institut am Heidelberger Standort im Bereich Marketingforschung. Zu ihren Arbeitsschwerpunkten gehören Mehr-Länder-Studien und kundenspezifische Segmentierungen.

SINUS Markt- und Sozialforschung GmbH
Adenauerplatz 1, D – 69115 Heidelberg
frauke.stockmann@sinus-institut.de

Manfred Tautscher begann seine berufliche Karriere 1987 mit der Gründung von INTEGRAL Markt- und Meinungsforschung. Seit Mitte der 90er Jahre beschäftigt sich Manfred Tautscher intensiv mit der Internet-Forschung. 1996 entwickelte er den AIM (Austrian Internet-Monitor) für den Konsumenten- und Business-Bereich, der seither einen kontinuierlichen und repräsentativen Überblick über Nutzung und Entwicklung des Internets und anderer neuer Kommunikationstechnologien in Österreich gibt. Von 2003 bis Anfang 2009 war Manfred Tautscher Geschäftsführer von Millward Brown Germany. In dieser Zeit konnte er seine Erfahrungen als Marktexperte und strategischer Berater im Bereich der Kommunikationsforschung und des Branding auf internationaler Ebene ausbauen. Seit 2009 ist er Geschäftsführer des SINUS-Instituts, seit 2010 – gemeinsam mit Bertram Barth – Geschäftsführender Gesellschafter von INTEGRAL – SINUS (der Muttergesellschaft von INTEGRAL und SINUS). Schwerpunkte seiner inhaltlichen Arbeit sind internationale Projekte zum Thema strategische Zielgruppen und konsumentenzentriertes Marketing auf Basis der Sinus-Meta-Milieus.

SINUS Markt- und Sozialforschung GmbH
Adenauerplatz 1, D – 69115 Heidelberg
manfred.tautscher@sinus-institut.de

Peter Martin Thomas ist Diplompädagoge, Lehrender für systemische Beratung, Supervision und Coaching (DGSF), systemischer Organisationsentwickler (DGSF), Professional Speaker GSA (SHB) sowie Erlebnispädagoge (Plano Alto CH). Seit mehr als 20 Jahren begleitet und berät er Organisationen und Unternehmen zu Fragestellungen rund um junge Menschen und andere Zielgruppen der Zukunft. Aktuell liegt sein Arbeitsschwerpunkt auf der Gewinnung und Begleitung von Nachwuchskräften für Unternehmen. Er ist Co-Autor der SINUS-Jugendstudien 2012 und 2016 sowie Autor zahlreicher weiterer Publikationen. Peter Martin Thomas war und ist für zahlreiche Institutionen tätig, u. a. als Leiter des Bischöflichen Jugendamtes der Diözese Rottenburg-Stuttgart, als Vorsitzender des Fernsehausschusses des SWR, als Mitglied im Kuratorium der Jugendpresse Deutschland sowie in weiteren Beratungsgremien zum Thema Jugend. Seit 2012 ist er Leiter der SINUS-Akademie, hat Lehraufträge an Hochschulen und ist vor allem als gefragter Speaker zum Thema Jugend im gesamten deutschsprachigen Raum und darüber hinaus unterwegs.

SINUS:akademie
Adenauerplatz 1, D – 69115 Heidelberg
petermartin.thomas@sinus-akademie.de

Christoph Wortmann, M. Sc. ist wissenschaftlicher Mitarbeiter am Institut für Marketing der Universität St. Gallen (HSG) und Redaktionsleiter der Fachzeitschrift „Marketing Review St. Gallen". Sein Masterstudium in Marketing Management hat er an der Universität Erlangen-Nürnberg absolviert. Im Rahmen seines Dissertationsprojekts beschäftigt er sich mit dem Einfluss von Big Data auf das Entscheidungsverhalten von Marketingmanagern. Darüber hinaus kann er – aufgrund verschiedener Praktika in namhaften Unternehmen – vielfältige praktische Erfahrungen in den Bereichen Marktforschung und Marketing Intelligence vorweisen.

Universität St. Gallen, Institut für Marketing
Dufourstrasse 40a, CH – 9000 St. Gallen
christoph.wortmann@unisg.ch

Printed in Germany
by Amazon Distribution
GmbH, Leipzig